enVisionmath 2.0 en español

Volumen 1 Temas 1 a 7

Autores

Randall I. Charles
Professor Emeritus
Department of Mathematics
San Jose State University
San Jose, California

Jennifer Bay-Williams
Professor of Mathematics Education
College of Education and Human
Development
University of Louisville
Louisville, Kentucky

Robert Q. Berry, III
Associate Professor of
Mathematics Education
Department of Curriculum,
Instruction and Special Education
University of Virginia
Charlottesville, Virginia

Janet H. Caldwell
Professor of Mathematics
Rowan University
Glassboro, New Jersey

Zachary Champagne
Assistant in Research
Florida Center for Research in Science,
Technology, Engineering, and
Mathematics (FCR-STEM)
Jacksonville, Florida

Juanita Copley
Professor Emerita, College of Education
University of Houston
Houston, Texas

Warren Crown
Professor Emeritus of Mathematics
Education
Graduate School of Education
Rutgers University
New Brunswick, New Jersey

Francis (Skip) Fennell
L. Stanley Bowlsbey Professor
of Education and Graduate and
Professional Studies
McDaniel College
Westminster, Maryland

Karen Karp
Professor of Mathematics Education
Department of Early Childhood and
Elementary Education
University of Louisville
Louisville, Kentucky

Stuart J. Murphy
Visual Learning Specialist
Boston, Massachusetts

Jane F. Schielack
Professor of Mathematics
Associate Dean for Assessment and
Pre K-12 Education, College of Science
Texas A&M University
College Station, Texas

Jennifer M. Suh
Associate Professor for
Mathematics Education
George Mason University
Fairfax, Virginia

Jonathan A. Wray
Mathematics Instructional Facilitator
Howard County Public Schools
Ellicott City, Maryland

SAVVAS
LEARNING COMPANY

Matemáticos

Roger Howe
Professor of Mathematics
Yale University
New Haven, Connecticut

Gary Lippman
Professor of Mathematics and
Computer Science
California State University, East Bay
Hayward, California

Revisores de los estándares de *Common Core*

Debbie Crisco
Math Coach
Beebe Public Schools
Beebe, Arkansas

Kathleen A. Cuff
Teacher
Kings Park Central School District
Kings Park, New York

Erika Doyle
Math and Science Coordinator
Richland School District
Richland, Washington

Susan Jarvis
Math and Science Curriculum Coordinator
Ocean Springs Schools
Ocean Springs, Mississippi

Velvet M. Simington
K–12 Mathematics Director
Winston-Salem/Forsyth County Schools
Winston-Salem, North Carolina

SAVVAS
LEARNING COMPANY

ISBN-13: 978-0-328-84189-9
ISBN-10: 0-328-84189-7

9 20

Recursos digitales

Visita SavvasRealize.com

 PM
Animaciones de Prácticas matemáticas para jugar en cualquier momento

 Glosario
Glosario animado en inglés y español

 Ayuda
Video de tareas ¡Revisemos!, como apoyo adicional

 ACTIVe-book
Libro del estudiante en línea, para mostrar tu trabajo

 Resuelve
Problemas de **Resuélvelo y coméntalo,** además de herramientas matemáticas

 Herramientas
Herramientas matemáticas que te ayudan a entender mejor

 Juegos
Juegos de Matemáticas que te ayudan a aprender mejor

 Aprende
Más aprendizaje visual **animado,** con animación, interacción y herramientas matemáticas

 Evaluación
Comprobación rápida para cada lección

 eText
Las páginas de tu libro en línea

SAVVAS realize™ Todo lo que necesitas para las matemáticas a toda hora y en cualquier lugar

Contenido

¡Y recuerda que tu *eText* está disponible en SavvasRealize.com!

SavvasRealize.com

Esto muestra cómo sumar las partes para hallar la suma o total.

$4 + 2 = \boxed{}$

TEMA I
Resolver problemas de suma y resta hasta 10

Puedes pensar en la suma para restar.

$7 - 3 = \boxed{?}$

$3 + \boxed{?} = 7$

TEMA 2
Sumar y restar con facilidad hasta 10

SavvasRealize.com

Puedes usar diferentes maneras para recordar las operaciones de suma.

Dobles | Casi dobles

Formar 10

TEMA 3
Operaciones de suma hasta 20: Usar estrategias

Puedes contar hacia atrás para resolver problemas de resta.

$$10 - 3 = \underline{7}$$

TEMA 4
Operaciones de resta hasta 20: Usar estrategias

SavvasRealize.com

Puedes usar diferentes maneras para sumar 3 números.

TEMA 5
Trabajar con ecuaciones de suma y resta

Puedes mostrar los datos en una tabla de conteo.

Negro	Rojo	Azul

TEMA 6
Representar e interpretar datos

Contar más de 100 es igual que contar menos de 100.

100, 101

TEMA 7
Ampliar la sucesión de conteo

CLAVE

● Estándares relacionados principales

● Estándares relacionados de apoyo

● Estándares relacionados adicionales

El contenido está organizado enfocándose en los estándares relacionados de *Common Core*.

Estimadas familias:

Los estándares de las siguientes páginas describen las matemáticas que los estudiantes aprenderán a lo largo del año. La mayor parte del tiempo estará dedicada a los estándares relacionados principales.

Estándares de *Common Core* para el contenido matemático

RAMA 1.OA
OPERACIONES Y RAZONAMIENTO ALGEBRAICO

ESTÁNDARES RELACIONADOS PRINCIPALES 1.OA.A
Representar y resolver problemas relacionados con la suma y la resta.

1.OA.A.1 Utilizar la suma y la resta hasta 20 para resolver problemas verbales relacionados con sumar, quitar, unir, separar y comparar con valores desconocidos en cualquier posición, por ej., representar el problema utilizando objetos, dibujos y ecuaciones con un símbolo en lugar del número desconocido.

1.OA.A.2 Resolver problemas verbales que requieren la suma de tres números enteros cuyo total es menor o igual a 20, por ej., representar el problema utilizando objetos, dibujos y ecuaciones con un símbolo en lugar del número desconocido.

ESTÁNDARES RELACIONADOS PRINCIPALES 1.OA.B
Entender y aplicar las propiedades de las operaciones y la relación entre la suma y la resta.

1.OA.B.3 Aplicar las propiedades de las operaciones como estrategias para sumar y restar. *Ejemplos: Si se sabe que 8 + 3 = 11, entonces también se sabe que 3 + 8 = 11. (Propiedad conmutativa de la suma). Para sumar 2 + 6 + 4, los dos últimos números se pueden sumar para formar diez, por lo que 2 + 6 + 4 = 2 + 10 = 12. (Propiedad asociativa de la suma).*

1.OA.B.4 Entender la resta como un problema de sumandos desconocidos. *Por ejemplo, restar 10 − 8 hallando el número que forma 10 cuando se suma a 8.*

Estándares de *Common Core* para el contenido matemático

ESTÁNDARES RELACIONADOS PRINCIPALES 1.OA.C
Sumar y restar hasta 20.

1.OA.C.5 Relacionar el conteo con la suma y la resta (por ej., contar de 2 en 2 para sumar 2).

1.OA.C.6 Sumar y restar hasta 20, demostrando facilidad para sumar y restar hasta 10. Utilizar estrategias tales como contar hacia adelante; formar diez (por ej., $8 + 6 = 8 + 2 + 4 = 10 + 4 = 14$); descomponer un número para llegar a diez (por ej., $13 - 4 = 13 - 3 - 1 = 10 - 1 = 9$); utilizar la relación entre la suma y la resta (por ej., sabiendo que $8 + 4 = 12$, se sabe que $12 - 8 = 4$); y crear sumas equivalentes pero más fáciles o conocidas (por ej., sumar $6 + 7$ creando el equivalente conocido $6 + 6 + 1 = 12 + 1 = 13$).

ESTÁNDARES RELACIONADOS PRINCIPALES 1.OA.D
Trabajar con ecuaciones de suma y resta.

1.OA.D.7 Entender el significado del signo igual y determinar si las ecuaciones relacionados con la suma y la resta son verdaderas o falsas. *Por ejemplo, ¿cuál(es) de las siguientes ecuaciones son verdaderas y cuáles son falsas? $6 = 6, 7 = 8 - 1, 5 + 2 = 2 + 5, 4 + 1 = 5 + 2$.*

1.OA.D.8 Determinar el número entero no negativo desconocido en una ecuación de suma o resta relacionada a tres números enteros no negativos. *Por ejemplo, determinar el número desconocido que hace que la ecuación sea verdadera en cada una de las ecuaciones $8 + ? = 11, 5 = ? - 3, 6 + 6 = ?$.*

RAMA 1.NBD
NÚMEROS Y OPERACIONES EN BASE DIEZ

ESTÁNDARES RELACIONADOS PRINCIPALES 1.NBD.A
Extender la secuencia de conteo.

1.NBD.A.1 Contar hasta 120, empezando con cualquier número menor que 120. En este rango, leer y escribir numerales y representar una cantidad de objetos con un numeral escrito.

ESTÁNDARES RELACIONADOS PRINCIPALES 1.NBD.B
Entender el valor de posición.

1.NBD.B.2 Entender que los dígitos de un número de dos dígitos representan cantidades de decenas y unidades. Entender los siguientes como casos especiales:

1.NBD.B.2a 10 puede concebirse como un grupo de diez unidades — llamado una "decena".

1.NBD.B.2b Los números de 11 a 19 están compuestos de una decena y una, dos, tres, cuatro, cinco, seis, siete, ocho o nueve unidades.

1.NBD.B.2c Los números 10, 20, 30, 40, 50, 60, 70, 80, 90 se refieren a una, dos, tres, cuatro, cinco, seis, siete, ocho o nueve decenas (y 0 unidades).

1.NBD.B.3 Comparar dos números de dos dígitos en base al significado de los dígitos de las unidades y las decenas, anotando los resultados de las comparaciones con los símbolos $>$, $=$ y $<$.

Estándares de *Common Core* para el contenido matemático

ESTÁNDARES RELACIONADOS PRINCIPALES **I.NBD.C**
Usar la comprensión del valor de posición y las propiedades de las operaciones para sumar y restar.

I.NBD.C.4 Sumar hasta 100, lo cual incluye la suma de un número de dos dígitos y un número de un dígito y la suma de un número de dos dígitos y un múltiplo de 10, utilizando modelos concretos o dibujos y estrategias basadas en el valor de posición, las propiedades de las operaciones y la relación entre la suma y la resta; relacionar la estrategia con un método escrito y explicar el razonamiento utilizado. Entender que al sumar números de dos dígitos, se suman decenas y decenas, unidades y unidades; y que a veces es necesario componer una decena.

I.NBD.C.5 Dado un número de dos dígitos, hallar mentalmente 10 más o 10 menos que el número sin tener que contar; explicar el razonamiento utilizado.

I.NBD.C.6 Restar múltiplos de 10 en el rango de 10 a 90 de los múltiplos de 10 en el rango de 10 a 90 (diferencias positivas o de cero), utilizando modelos concretos o dibujos y estrategias basadas en el valor de posición, las propiedades de las operaciones y la relación entre la suma y la resta; relacionar la estrategia con un método escrito y explicar el razonamiento utilizado.

RAMA **I.MD**
MEDICIÓN Y DATOS

ESTÁNDARES RELACIONADOS PRINCIPALES **I.MD.A**
Medir longitudes indirectamente y repitiendo (iterando) las unidades de longitud.

I.MD.A.1 Ordenar tres objetos según su longitud; comparar las longitudes de dos objetos indirectamente utilizando un tercer objeto.

I.MD.A.2 Expresar la longitud de un objeto como un número entero no negativo de unidades de longitud, colocando copias múltiples de un objeto más corto (la unidad de longitud) de extremo a extremo; entender que la medida de longitud de un objeto es el número de unidades de una misma longitud que lo cubren sin espacios ni superposiciones. *Limitar a contextos en los que el objeto que se está midiendo quede abarcado por un número entero de unidades de longitud sin espacios ni superposiciones.*

ESTÁNDARES RELACIONADOS ADICIONALES **I.MD.B**
Decir qué hora es y escribir la hora.

I.MD.B.3 Decir qué hora es y escribir la hora en horas y medias horas utilizando relojes tradicionales y digitales.

ESTÁNDARES RELACIONADOS DE APOYO **I.MD.C**
Representar e interpretar datos.

I.MD.C.4 Organizar, representar e interpretar datos que tienen hasta tres categorías; hacer y contestar preguntas acerca del número total de datos, cuántos hay en cada categoría y cuántos datos más o menos hay en una categoría que en otra.

Estándares de *Common Core* para el contenido matemático

RAMA I.G
GEOMETRÍA

ESTÁNDARES RELACIONADOS ADICIONALES **I.G.A**
Razonar usando las figuras y sus atributos.

I.G.A.1 Distinguir entre los atributos que definen las figuras (por ej., los triángulos son cerrados y tienen tres lados) y los atributos que no las definen (por ej., color, orientación, tamaño general); construir y dibujar figuras que tengan atributos que las definan.

I.G.A.2 Componer figuras bidimensionales (rectángulos, cuadrados, trapecios, triángulos, semicírculos y cuartos de círculos) o figuras tridimensionales (cubos, prismas rectos rectangulares, conos circulares rectos y cilindros circulares rectos) para crear una figura compuesta y componer nuevas figuras a partir de la figura compuesta.

I.G.A.3 Dividir círculos y rectángulos en dos y cuatro partes iguales, describir las partes utilizando las palabras *mitades y cuartos* y utilizar las frases *mitad de* y *un cuarto de*. Describir el entero como dos de las dos partes, o cuatro de las cuatro partes. Entender para estos ejemplos que al descomponer en más partes iguales se crean partes más pequeñas.

Estándares de *Common Core* para las prácticas matemáticas

PM.1 ENTENDER PROBLEMAS Y PERSEVERAR EN RESOLVERLOS.

Los estudiantes con buen dominio de las matemáticas comienzan por explicar el significado del problema y por buscar puntos de partida para su resolución. Analizan los elementos dados, las limitaciones, las relaciones y los objetivos. Hacen conjeturas sobre la forma y el significado de la solución y trazan un plan para llegar a ella en lugar de realizar un intento apresurado. Consideran problemas análogos y analizan casos especiales y versiones más simples del problema original para comprender mejor su solución. Monitorean y evalúan su progreso y cambian de dirección si es necesario. Los estudiantes de mayor edad pueden, dependiendo del contexto del problema, convertir expresiones algebraicas o modificar la ventana de la calculadora gráfica para obtener la información que necesitan. Los estudiantes con buen dominio de las matemáticas pueden explicar la correspondencia entre ecuaciones, descripciones verbales, tablas y gráficas o dibujar diagramas de elementos y relaciones importantes, graficar datos y buscar regularidades o tendencias. Los estudiantes de menor edad pueden utilizar objetos concretos o imágenes que los ayuden a conceptualizar y resolver un problema. Los estudiantes con buen dominio de las matemáticas pueden verificar sus respuestas utilizando un método diferente y se preguntan continuamente: "¿Tiene sentido lo que estoy haciendo?". Pueden entender los enfoques de otros para solucionar problemas complejos e identificar correspondencias entre diferentes enfoques.

PM.2 RAZONAR DE MANERA ABSTRACTA Y CUANTITATIVA.

Los estudiantes con buen dominio de las matemáticas entienden las cantidades y cómo se relacionan dentro de un problema. Aplican dos habilidades complementarias que los ayudan a resolver problemas que involucran relaciones cuantitativas: la habilidad de *descontextualizar*–abstraer una situación dada y representarla simbólicamente y de manipular los signos o símbolos representados como si estos tuvieran vida propia, sin necesariamente prestar atención a sus referentes–y la habilidad de *contextualizar*–hacer pausas cuando sea necesario durante el proceso de manipulación para comprobar los referentes de los signos o símbolos involucrados–. El razonamiento cuantitativo implica el hábito de crear representaciones coherentes del problema; considerar las unidades involucradas y no solamente saber calcularlas; y conocer y utilizar con flexibilidad diferentes propiedades de las operaciones y objetos.

PM.3 CONSTRUIR ARGUMENTOS VIABLES Y EVALUAR EL RAZONAMIENTO DE OTROS.

Los estudiantes con buen dominio de las matemáticas entienden y utilizan suposiciones, definiciones y resultados previamente establecidos en la construcción de argumentos. Hacen conjeturas y construyen una progresión lógica de enunciados para explorar la veracidad de sus conjeturas. Son capaces de analizar las situaciones al dividirlas en casos y pueden reconocer y utilizar contraejemplos. Justifican sus conclusiones, se las transmiten a otros y responden a los argumentos de otras personas. Razonan de forma inductiva sobre los datos, creando argumentos viables que toman en cuenta el contexto en el que se originaron dichos datos. Los estudiantes con buen dominio de las matemáticas también son capaces de comparar la efectividad de dos argumentos viables, distinguir el razonamiento correcto de otro que es erróneo, y–en caso de haber un error en el argumento–explicar en qué consiste. Los estudiantes de la escuela primaria pueden construir argumentos utilizando referentes concretos como objetos, dibujos, diagramas y acciones. Estos argumentos pueden tener sentido y ser correctos, aunque no se puedan generalizar o formalizar hasta los grados superiores. Más adelante, los estudiantes aprenderán a determinar las áreas a las cuales un argumento se aplica. Los estudiantes de todos los grados pueden escuchar o leer los argumentos de otros, decidir si tienen sentido y hacer preguntas útiles para clarificar o mejorar dichos argumentos.

PM.4 REPRESENTAR CON MODELOS MATEMÁTICOS.

Los estudiantes con buen dominio de las matemáticas pueden aplicar las matemáticas para resolver problemas de la vida cotidiana, la sociedad y el trabajo. En los grados iniciales, esto puede ser tan simple como escribir una ecuación de suma para describir una situación. En los grados intermedios, es posible que un estudiante use el razonamiento proporcional para planear un evento escolar o analizar un problema de la comunidad. En la preparatoria o bachillerato, un estudiante podrá usar la geometría para resolver un problema de diseño o usar una función para describir cómo una cantidad determinada depende de otra. Los estudiantes con buen dominio de las matemáticas que pueden aplicar lo que saben se sienten seguros al desarrollar suposiciones y aproximaciones para hacer más simple una situación compleja y entender que dichas suposiciones se podrían revisar más tarde. Son capaces de identificar cantidades importantes en una situación práctica y expresar las relaciones usando herramientas como diagramas, tablas de doble entrada, gráficas, diagramas de flujo y fórmulas. Pueden analizar matemáticamente dichas relaciones para sacar conclusiones. Interpretan rutinariamente sus resultados matemáticos dentro del contexto de la situación y analizan si los resultados tienen sentido para posiblemente mejorar el procedimiento si este no ha cumplido su propósito.

Estándares de *Common Core* para las prácticas matemáticas

PM.5 USAR LAS HERRAMIENTAS APROPIADAS DE MANERA ESTRATÉGICA.

Los estudiantes con buen dominio de las matemáticas consideran las herramientas disponibles durante la resolución de problemas matemáticos. Estas herramientas pueden incluir lápiz y papel, modelos concretos, una regla, un transportador, una calculadora, una hoja de cálculo, un sistema algebraico, un paquete estadístico o un programa de geometría dinámica. Los estudiantes competentes están suficientemente familiarizados con las herramientas apropiadas al nivel de grado o curso y pueden tomar decisiones acertadas para determinar si las herramientas son útiles en un momento dado y reconocen las limitaciones de las mismas. Por ejemplo, los estudiantes con buen dominio de las matemáticas de la preparatoria o bachillerato analizan las gráficas de funciones y soluciones generadas usando una calculadora gráfica. Detectan posibles errores al usar estratégicamente la estimación y otros conocimientos matemáticos. Al crear modelos matemáticos, saben que la tecnología puede ayudarlos a visualizar los resultados de las diversas suposiciones, explorar las consecuencias y comparar las predicciones con los datos. Los estudiantes con buen dominio de las matemáticas de varios niveles pueden identificar recursos matemáticos externos relevantes, como el contenido digital de una página en línea, y usarlos para plantear o resolver problemas. Son capaces de usar herramientas tecnológicas para explorar y profundizar su comprensión de los conceptos.

PM.6 PRESTAR ATENCIÓN A LA PRECISIÓN.

Los estudiantes con buen dominio de las matemáticas tratan de comunicarse con precisión. Tratan de usar definiciones claras durante un debate o en sus propios razonamientos. Comunican el significado de los símbolos que han elegido, incluyendo el uso apropiado y consistente del signo de igualdad. Son cuidadosos al especificar unidades de medida y al rotular ejes para clarificar la correspondencia con las cantidades en un problema. Calculan correcta y eficientemente, expresan respuestas numéricas con un grado de precisión apropiado al contexto del problema. En los grados de primaria, los estudiantes comentan entre ellos explicaciones cuidadosamente formuladas. Cuando pasan a preparatoria o bachillerato, ya han aprendido a examinar afirmaciones y a hacer uso explícito de definiciones.

PM.7 BUSCAR Y USAR LA ESTRUCTURA.

Los estudiantes con buen dominio de las matemáticas observan con atención para distinguir patrones y estructuras. Los estudiantes menores, por ejemplo, pueden darse cuenta de que tres y siete es la misma cantidad que siete y tres o pueden organizar un grupo de figuras de acuerdo a los lados que tengan. Más adelante, los estudiantes verán que 7×8 es igual a lo ya conocido $7 \times 5 + 7 \times 3$, en preparación para aprender acerca de la propiedad distributiva. En la expresión $x^2 + 9x + 14$, los estudiantes mayores pueden reconocer que 14 es 2×7 y que 9 es $2 + 7$. Reconocen el significado de una línea que existe en una figura geométrica y pueden usar la estrategia de dibujar una línea auxiliar para resolver problemas. También pueden volver atrás para tener una visión general y un cambio de perspectiva. Pueden ver algo complejo, tal como expresiones algebraicas, como elementos individuales o como un compuesto de varios elementos. Por ejemplo, pueden ver $5 - 3(x - y)^2$ como 5 menos un número positivo al cuadrado y usar esa información para darse cuenta de que su valor no puede ser mayor que 5 para cualquier número real x y y.

PM.8 BUSCAR Y EXPRESAR UNIFORMIDAD EN LOS RAZONAMIENTOS REPETIDOS.

Los estudiantes con buen dominio de las matemáticas pueden darse cuenta si los cálculos se repiten y buscan tanto métodos generales como métodos simplificados. Los estudiantes de los últimos grados en la escuela primaria tal vez pueden darse cuenta que al dividir 25 por 11, se repiten los mismos cálculos una y otra vez y concluir que hay un número decimal que se repite. Al poner atención al cálculo de la pendiente al mismo tiempo que comprueban constantemente si los puntos pertenecen a una línea que pasa por el punto $(1, 2)$ con la pendiente 3, los estudiantes de la escuela intermedia posiblemente podrán extraer la ecuación $(y - 2)/(x - 1) = 3$. Al notar la regularidad en la forma en que los términos se cancelan al ampliarse $(x - 1)(x + 1)$, $(x - 1)(x^2 + x + 1)$ y $(x - 1)(x^3 + x^2 + x + 1)$, puede llevarlos a la fórmula general de la suma de una serie geométrica. Al tratar de resolver un problema, los estudiantes con buen dominio de las matemáticas mantienen el control del proceso mientras se ocupan de los detalles. Evalúan continuamente qué tan razonables son sus resultados intermedios.

© Manual de Prácticas matemáticas y resolución de problemas

Las prácticas matemáticas son maneras en las que pensamos y trabajamos en matemáticas.

Las prácticas matemáticas te ayudan a resolver problemas.

Prácticas matemáticas

PM.1 Entender problemas y perseverar en resolverlos.

PM.2 Razonar de manera abstracta y cuantitativa.

PM.3 Construir argumentos viables y evaluar el razonamiento de otros.

PM.4 Representar con modelos matemáticos.

PM.5 Usar las herramientas apropiadas de manera estratégica.

PM.6 Prestar atención a la precisión.

PM.7 Buscar y usar la estructura.

PM.8 Buscar y expresar uniformidad en los razonamientos repetidos.

Existen buenos Hábitos de razonamiento para cada una de estas prácticas matemáticas.

PM.1 Entender problemas y perseverar en resolverlos.

Mi plan era hallar todas las maneras en las que 9 fichas se pueden agrupar en 2 grupos.

Los que razonan correctamente saben de qué se trata el problema y tienen un plan para resolverlo. Continúan intentándolo aunque estén estancados.

¿Qué pares de números del 0 al 9 suman 9?

$$0 + 9 = 9$$
$$1 + 8 = 9$$
$$2 + 7 = 9$$

Hábitos de razonamiento

¿Qué necesito hallar?

¿Qué sé?

¿Cuál es mi plan para resolver el problema?

¿Qué más puedo intentar si no puedo seguir adelante?

¿Cómo puedo comprobar si mi solución tiene sentido?

PM.2 Razonar de manera abstracta y cuantitativa.

Primero, pensé en los números que podrían formar 8. Luego, usé una ecuación con esos números para representar el problema.

Los que razonan correctamente en matemáticas saben cómo pensar en los números y las palabras para resolver el problema.

Luis tiene 8 canicas azules.
Quiere dárselas a Tom y a Rosi.
¿Cómo puede Luis separar las 8 canicas?

Tom   Rosi

$$8 = 3 + 5$$

Hábitos de razonamiento

¿Qué representan los números?

¿Cómo se relacionan los números del problema?

¿Cómo puedo mostrar un problema verbal con dibujos o números?

¿Cómo puedo usar un problema verbal para mostrar lo que significa una ecuación?

Manual de Prácticas matemáticas y resolución de problemas

PM.3 Construir argumentos viables y evaluar el razonamiento de otros.

Los que razonan correctamente en matemáticas usan las matemáticas para explicar por qué tienen razón. También pueden opinar sobre los problemas de matemáticas que otros hacen.

Usé palabras y un dibujo para explicar mi razonamiento.

Julia tiene 7 lápices y Sam tiene 9.
¿Quién tiene más lápices? Muestra cómo lo sabes.

Dibujé los lápices de Julia y los de Sam. Luego, los emparejé. Sam tiene más lápices que Julia.

Lápices de Julia

Lápices de Sam

Hábitos de razonamiento

¿Cómo puedo usar las matemáticas para explicar mi trabajo?

¿Estoy usando los números y los signos o símbolos correctamente?

¿Es clara mi explicación?

¿Qué preguntas puedo hacer para entender el razonamiento de otros?

¿Hay errores en el razonamiento de otros?

¿Puedo mejorar el razonamiento de otros?

PM.4 Representar con modelos matemáticos.

Los que razonan correctamente en matemáticas usan las matemáticas que saben para mostrar y resolver problemas.

Usé marcos de 10 para mostrar el problema.

Ali colecciona piedras. Puso 17 piedras en cajas. A cada caja le caben 10 piedras. Ali llenó una caja. ¿Cuántas piedras hay en la segunda caja?

Hábitos de razonamiento

¿Cómo puedo usar lo que sé de matemáticas para resolver este problema?

¿Puedo usar dibujos, diagramas, tablas, gráficas u objetos para representar el problema?

¿Puedo escribir una ecuación para representar el problema?

Manual de Prácticas matemáticas y resolución de problemas

PM.5 PM

Usar las herramientas apropiadas de manera estratégica.

Los que razonan correctamente en matemáticas saben escoger las herramientas adecuadas para resolver los problemas de matemáticas.

Escogí usar cubos para resolver el problema.

Ema encontró 5 nueces en el árbol y 4 más en el suelo. ¿Cuántas nueces encontró Ema?

Hábitos de razonamiento

¿Qué herramientas puedo usar?

¿Hay alguna otra herramienta que podría usar?

¿Estoy usando la herramienta correctamente?

PM.6 Prestar atención a la precisión.

Usé correctamente las palabras de matemáticas para escribir lo que observé.

Los que razonan correctamente en matemáticas son cuidadosos con lo que escriben y dicen, para que su pensamiento matemático sea claro.

¿En qué se parecen estas figuras?

Tienen 4 lados.
Tienen 4 esquinas.
Tienen lados rectos.

Hábitos de razonamiento

¿Estoy usando los números, las unidades y los símbolos correctamente?

¿Estoy usando las definiciones correctas?

¿Es clara mi respuesta?

Manual de Prácticas matemáticas y resolución de problemas

Los que razonan correctamente en matemáticas buscan patrones que les ayuden a resolver los problemas.

Encontré el patrón.

¿Cuáles son los dos números que siguen?
Escríbelos en los espacios en blanco.
Explica tu razonamiento.

15, 16, 17, 18, 19, _____, _____

Hábitos de razonamiento

¿Hay un patrón?

¿Cómo puedo describir un patrón?

¿Puedo descomponer el problema en partes más simples?

Buscar y expresar uniformidad en los razonamientos repetidos.

Cada persona nueva tiene 1 caja más. Usé lo que sabía sobre contar hacia adelante para resolver el problema.

Los que razonan correctamente en matemáticas buscan las cosas que se repiten en un problema. Usan lo que aprendieron de un problema para que les ayude a resolver otros problemas.

Elsa tiene 3 cajas.
Beto tiene 1 caja más que Elsa.
Cristina tiene 1 caja más que Beto.
¿Cuántas cajas tiene Beto?
¿Cuántas cajas tiene Cristina?
Explícalo.

1 más que 3 son 4.
Beto tiene 4 cajas.
1 más que 4 son 5.
Cristina tiene 5 cajas.

Hábitos de razonamiento

¿Hay algo que se repite en el problema?

¿Cómo puede la solución ayudarme a resolver otro problema?

Manual de Prácticas matemáticas y resolución de problemas

Guía para la resolución de problemas

Las prácticas matemáticas pueden ayudarte a resolver problemas.

Entender problemas

Razonar
- ¿Qué necesito hallar?
- ¿Qué información puedo usar?
- ¿Cómo se relacionan las cantidades?

Pensar en problemas similares
- ¿He resuelto problemas como este antes?

Perseverar en resolver el problema

Representar con modelos matemáticos
- ¿Cómo puedo usar lo que sé de matemáticas?
- ¿Cómo puedo mostrar el problema?
- ¿Hay algún patrón que pueda usar?

Usar las herramientas apropiadas
- ¿Qué herramientas podría usar?
- ¿Cómo puedo usar las herramientas?

Comprobar la respuesta

Entender la respuesta
- ¿Es lógica mi respuesta?

Verificar la precisión
- ¿Verifiqué mi trabajo?
- ¿Es clara mi respuesta?
- ¿Es clara mi explicación?

Maneras de representar los problemas

- Haz un dibujo
- Dibuja una recta numérica
- Escribe una ecuación

Algunas herramientas matemáticas

- Objetos
- Tecnología
- Papel y lápiz

Resolución de problemas: Hoja de anotaciones

Esta hoja te ayuda a organizar tu trabajo.

Nombre **Ehrin**

Elemento didáctico
1

Resolución de problemas: Hoja de anotaciones

Problema
José tiene 8 canicas verdes y 4 canicas azules.
¿Cuántas canicas tiene en total?

Forma 10 para resolver.
Muestra tu trabajo.

ENTIENDE EL PROBLEMA

Necesito hallar	**Puesto que...**
Necesito hallar cuántas canicas tiene José en total.	José tiene 8 canicas verdes y 4 canicas azules.

PERSEVERA EN RESOLVER EL PROBLEMA

Algunas maneras de representar problemas
☐ Hacer un dibujo
☐ Dibujar una recta numérica
☐ Escribir una ecuación

Algunas herramientas matemáticas
☐ Objetos
☐ Tecnología
☐ Papel y lápiz

Solución y respuesta

10   2

$8 + 2 = 10$
$10 + 2 = 12$
José tiene 12 canicas.

COMPRUEBA LA RESPUESTA

Conté las fichas que dibujé.
Hay 12 fichas.
Mi respuesta es correcta.

ED1

Nombre _____

Escribir números del 0 al 4

Practica la escritura de los números del 0 al 4.

1.

2.

3.

4.

5.

Escribir los números del 5 al 9

Practica la escritura de los números del 5 al 9.

1.

2.

3.

4.

5.

Grado I | Preparación

Nombre _____

Contar y escribir hasta 9

Cuenta y escribe el número de puntos.

1. _____

2. _____

3. _____

4. _____

5. _____

6. _____

7. _____

8. _____

9. _____

Comparar los números hasta el 5

Escribe el número que indica cuántos hay.
Luego, encierra en un círculo el número que es menor.

1.

2.

3.

4.

Grado 1 | Preparación

Comparar los números hasta el 10

Escribe el número que indica cuántos hay.
Luego, encierra en un círculo el número que es mayor.

1.

7

8

2.

_____   _____

_ _ _ _ _   _ _ _ _ _

Formar los números 6 a 9

Escribe cuántos hay adentro y afuera.
Luego, escribe el total.

1.

_____ adentro _____ afuera _____ en total

2.

_____ adentro _____ afuera _____ en total

Escribe cuántos hay para mostrar las partes.

3.

_____ 🎈 y _____ 🎈

4.

_____ 🎈 y _____ 🎈

Grado 1 | Preparación

Nombre _____

Hallar las partes que faltan de los números 6 a 9

> Halla las partes que faltan. Luego, escribe los números.

1. Hay 6 huesos en total.

_____   _____
parte que sé   parte que falta

2. Hay 6 huesos en total.

_____   _____
parte que sé   parte que falta

3. Hay 7 huesos en total.

_____   _____
parte que sé   parte que falta

4. | 8 |

_____   _____
parte que sé   parte que falta

5. | 9 |

_____   _____
parte que sé   parte que falta

6. | 8 |

_____   _____
parte que sé   parte que falta

Halla la parte que falta. Luego, completa la ecuación de suma.

7. Marco tiene 9 panes. Tuesta 4 de los panes. ¿Cuántos panes **NO** están tostados?

$$4 + \underline{\quad} = 9$$

8. Una gallina puso 7 huevos. 5 pollitos rompieron el cascarón. ¿Cuántos pollitos **NO** han roto el cascarón?

$$5 + \underline{\quad} = 7$$

Figuras

Grado 1 | Preparación

Resolver problemas de suma y resta hasta 10

Pregunta esencial: ¿De qué maneras se puede pensar acerca de la suma y la resta?

Miren la jirafa mamá y su bebé.

¿En qué se parecen? ¿En qué se diferencian?

¡Hagamos este proyecto para aprender más!

Proyecto de Matemáticas y Ciencias: Los animales y sus crías

Investigar Habla con tu familia o tus amigos acerca de los diferentes animales y sus crías o bebés. Pregúntales en qué se parecen y en qué se diferencian.

Diario: Hacer un libro Muestra lo que encontraste. En tu libro, también:

• dibuja algunos animales adultos con sus bebés.

• inventa y resuelve problemas de suma y resta sobre algunos animales y sus crías.

Nombre _____

✫ Repasa lo que sabes ✫

A-Z Vocabulario

1. **Cuenta** los peces. Escribe el número que muestra cuántos hay.

_____

- - - - -

_____

2. **Une** los dos grupos de frutas y escribe cuántas hay.

_____

- - - - -

_____

3. Escribe cuántas pelotas de futbol hay **en total.**

_____

_____

Contar

4. Tania tiene 4 pelotas. Haz un dibujo de sus pelotas.

5. Escribe el número que muestra cuántos gatos hay.

- - - - -

_____

Sumar

6. Encierra en un círculo el número que muestra cuántos cangrejos ves.

2   3   4   5

---

2 dos

Tema 1

Mis tarjetas de palabras

Estudia las palabras de las tarjetas.
Completa la actividad que está al reverso.

A-Z
Glosario

sumar

$$5 + 3 = 8$$

suma o total

$$2 + 3 = 5$$

↑

suma o total

más

$$5 + 4$$

5 **más** 4

Esto significa que 4 se suma a 5.

ecuación

$$6 + 4 = 10 \quad 6 - 2 = 4$$

$$10 = 6 + 4 \quad 4 = 6 - 2$$

$$6 + 4 = 8 + 2$$

Estas son **ecuaciones**.

igual a

$$5 = 4 + 1$$

5 es **igual a** 4 más 1.

$$5 + 2 = 7$$

5 más 2 es **igual a** 7.

parte

2 y 3 son partes de 5.

Mis tarjetas de palabras

Usa lo que sabes para completar las oraciones. Para ampliar lo que aprendiste, escribe tu propia oración usando cada palabra.

2 _____

2 es igual a 4.

La respuesta de una ecuación de suma se llama

_____.

Uso un signo más para

_____.

Una _____

es un pedazo de un todo.

4 más 4 es

_____ 8.

Puedo resolver un problema verbal escribiendo una

_____.

Mis tarjetas de palabras

Estudia las palabras de las tarjetas.
Completa la actividad que está al reverso.

todo

5

El **todo** es 5.

diferencia

$4 - 1 = 3$

↑

diferencia

restar

$5 - 3 = 2$

menos

$5 \quad - \quad 3$

5 **menos** 3

Esto significa que a 5
se le quitan 3.

más

La fila roja tiene **más.**

menos

La fila amarilla tiene
menos.

Mis tarjetas de palabras

Usa lo que sabes para completar las oraciones. Para ampliar lo que aprendiste, escribe tu propia oración usando cada palabra.

Uso un signo menos para

_____.

La respuesta de una ecuación de resta se llama

_____.

Cuando sumo todas las partes, hago un

_____.

El grupo con el menor número de objetos tiene

_____.

El grupo con el mayor número de objetos tiene

_____.

5 _____

3 es igual a 2.

Mis tarjetas de palabras

Estudia las palabras de las tarjetas.
Completa la actividad que está al reverso.

A-Z
Glosario

sumando

$$6 + 3 = 9$$

sumandos

Mis tarjetas de palabras

Usa lo que sabes para completar las oraciones. Para ampliar lo que aprendiste, escribe tu propia oración usando cada palabra.

En la ecuación de suma $6 + 3 = 9$, el 6 y el 3 son

_____.

Nombre _____

Resuélvelo y coméntalo

Jada tiene 2 🔲. Añade 1 🔲 más.
¿Cuántos 🔲 tiene ahora?

¿Cómo puedes mostrar este cuento con cubos
y una ecuación de suma?

Puedo...
resolver problemas verbales
de suma.

Ⓒ **Estándar de contenido**
1.OA.A.1
Prácticas matemáticas PM.1,
PM.2, PM.4, PM.6

_____ + _____ = _____

Pablo tiene 5 . Conecta 2 más. ¿Cuántos tiene ahora?

Puedes mostrar el problema en un tablero de partes.

Añade para hallar cuántos hay en total.

Puedes escribir una **ecuación** de suma para representar el problema.

$$\underline{5} + \underline{2} = \underline{7}$$

Puedo añadir al número para hallar la suma o total.

5 más 2 es igual a 7. Ahora, Pablo tiene 7 .

¿Lo entiendes?

¡Demuéstralo! Tienes 4 . Conectas 3 más. ¿Cómo puedes hallar cuántos tienes ahora?

☆ Práctica guiada ☆

Escribe una ecuación de suma que represente cada problema. Usa los dibujos para ayudarte.

1. Carlos tiene 3 . Conecta 3 más. ¿Cuántos tiene Carlos ahora?

$$\underline{3} + \underline{3} = \underline{6}$$

2. Ana tiene 2 🔵. Compra 6 🔵 más. ¿Cuántas 🔵 tiene Ana ahora?

$$\underline{} + \underline{} = \underline{}$$

☆ **Práctica** ☆
independiente

Escribe una ecuación de suma que represente cada problema.
Usa los dibujos para ayudarte.

3. 4 están en el jardín.

Otros 4 🐝 más se les unen.

Ahora, ¿cuántos 🐝 hay en el jardín?

_____ + _____ = _____

4. 3 están en la hoja.

Otras 6 🐞 más se les unen.

Ahora, ¿cuántas 🐞 hay en la hoja?

_____ + _____ = _____

 Haz un dibujo para resolver el problema-cuento.
Luego, escribe una ecuación de suma.

5. **Razonamiento de orden superior**

6 🦆 están en el estanque. 2 🦆 se les unen. 4 🐞 están en el pasto. ¿Cuántos 🦆 están en el estanque ahora?

_____ + _____ = _____

Prácticas matemáticas y resolución de problemas

Resuelve cada problema.

6. **A-Z** **Vocabulario** Hay 3 🐰.
4 🐰 más se les unen.
¿Cuántos 🐰 hay ahora?

Escribe una **ecuación** de suma.

_____ + _____ = _____

7. © **PM.4 Representar** 8 🐱 están jugando.
1 🐱 más se les une.
¿Cuántos 🐱 están jugando ahora?

Escribe una ecuación de suma.

_____ + _____ = _____

8. **Razonamiento de orden superior**
Escribe un cuento de suma sobre los pájaros.

Usa dibujos, números o palabras.

9. © **Evaluación** Lisa tiene 5 ⚾.
Encuentra 3 ⚾ más.
¿Cuántas ⚾ tiene Lisa ahora?

¿Qué ecuación de suma representa el cuento?

Ⓐ $5 + 1 = 6$

Ⓑ $5 + 2 = 7$

Ⓒ $5 + 3 = 8$

Ⓓ $5 + 4 = 9$

Nombre _____

Tarea y práctica 1-1

Resolver problemas: Añadir

¡Revisemos! Puedes usar la suma para resolver algunos problemas verbales.

5 🐰 juegan en el pasto.

Otros 3 🐰 más se les unen.

Ahora, ¿cuántos 🐰 hay en el pasto?

   $5 + 3 = 8$

7 🐞 están en una hoja.

Otras 2 🐞 más se les unen.

Ahora, ¿cuántas 🐞 hay en la hoja?

ACTIVIDAD PARA EL HOGAR
Consiga 9 monedas y dígale esta historia a su niño(a): "Hay 6 monedas en una caja. Pongo 3 monedas más. ¿Cuántas monedas hay ahora en la caja?". Pídale a su niño(a) que escriba una ecuación que represente el cuento.

Usa fichas de colores para hallar el total.

 $7 + 2 = 9$

Escribe una ecuación de suma que represente cada problema. Usa los dibujos para ayudarte.

1. 3 🐸 están en el estanque.

Otras 3 🐸 más se les unen.

Ahora, ¿cuántas 🐸 hay en el estanque?

   ___ + ___ = ___

2. 2 🐞 están en la piedra.

Otras 3 🐞 más se les unen.

Ahora, ¿cuántas 🐞 hay en la piedra?

   ___ + ___ = ___

3. © **PM.4 Representar**

2 están durmiendo.

Otros 4 más se les unen.

Ahora, ¿cuántos están durmiendo?

____ + ____ = ____

4. © **PM.4 Representar**

5 están en la cancha.

Otras 5 más ruedan a la cancha.

Ahora, ¿cuántas hay en la cancha?

____ + ____ = ____

5. Álgebra Lee el cuento y escribe los números que faltan en la ecuación.

3 están durmiendo. Otros 2 más se les unen.

Ahora, ¿cuántos están durmiendo?

____ + 2 = ____

6. Razonamiento de orden superior
Di un cuento de suma sobre las ranas. Luego, escribe una ecuación para mostrar cuántas hay.

____ + ____ = ____

7. © **Evaluación** ¿Qué ecuación describe el dibujo?

Ⓐ $3 + 0 = 3$

Ⓑ $2 + 2 = 4$

Ⓒ $3 + 1 = 4$

Ⓓ $3 + 2 = 5$

Nombre _____

Resuélvelo y coméntalo

Cada una de tus 2 bolsas tiene cubos de un color diferente. Toma un puño de cubos de cada bolsa.

¿Cómo puedes usar números para mostrar cuántos cubos tomaste en total? Muestra tu trabajo.

Sonia toma 4 y 2 .

Las **partes** son 4 y 2.

4   2

Suma las partes para hallar el **todo.**

4 + 2 = ___

Junté las partes para sumar.

Escribe una ecuación de suma para mostrar las partes y el todo.

4 + 2 = 6

Sonia tomó 6 cubos en total.

¿Lo entiendes?

¡Demuéstralo! Tienes 2 y 3 . ¿Cómo puedes hallar cuántos cubos tienes en total?

☆ Práctica guiada ☆

Escribe las partes. Luego, escribe una ecuación de suma que represente cada problema.

1. Charo tiene 3 y 5 . ¿Cuántos cubos tiene en total?

3 + 5

3 + 5 = 8

2. Lalo ve 1 y 6 . ¿Cuántos insectos vio Lalo en total?

___ + ___

___ = ___ + ___

Nombre _____

☆ Práctica independiente

Escribe las partes. Luego, escribe una ecuación de suma que represente cada problema.

3. La tienda de mascotas tiene 3 🐰 y 4 🐱. ¿Cuántas mascotas tiene en total?

____ + ____

____ + ____ = ____

4. En la caja caben 3 ⚾ y 3 ⚽. ¿Cuántas pelotas caben en la caja?

____ + ____

____ + ____ = ____

5. Razonamiento de orden superior

Marco se encontró 2 🟤 cafés, 7 🔴 rojas y 3 🐚. ¿Cuántas 🟤 se encontró Marco en total?

Haz un dibujo para resolver el problema. Luego, escribe una ecuación de suma.

____ + ____ = ____

6. © **PM.1 Entender** Pati encuentra 2 . Luego, encuentra 5 más. ¿Cuántas encontró Pati?

Haz un dibujo para mostrar que entendiste el cuento. Luego, escribe una ecuación de suma.

_____ + _____ = _____

---

7. Razonamiento de orden superior Haz un dibujo para mostrar un cuento de suma sobre unos gusanos cafés y otros gusanos rojos. Escribe una ecuación para decir cuántos gusanos hay en total.

_____ = _____ + _____

8. © **Evaluación** Tim recoge 4 🍎 y 5 🍎. ¿Cuántas manzanas recogió?

¿Qué ecuación de suma representa este cuento?

Ⓐ $9 + 4 = 13$

Ⓑ $4 + 5 = 9$

Ⓒ $3 + 6 = 9$

Ⓓ $4 + 4 = 8$

Nombre _____

¡Revisemos! Usa las partes para escribir una ecuación de suma.

> Tengo 2 fichas rojas y 3 amarillas. Esas son las partes. Tengo 5 fichas en total.

Greg tiene 3 ● y 5 ○. ¿Cuántas fichas tiene en total?

2 + 3
2 + 3 = 5

$\underline{3} + \underline{5}$
$\underline{3} + \underline{5} = \underline{8}$

> Escribe las partes. Luego, escribe una ecuación de suma que represente cada problema.

I. Estela tiene 4 ● y 2 ○. ¿Cuántas fichas tiene en total?

___ + ___

___ + ___ = ___

2. Glen tiene 4 ● y 4 ○. ¿Cuántas fichas tiene en total?

___ + ___

___ + ___ = ___

Escribe una ecuación de suma para cada cuento.

3. © **PM.4 Representar** Ian recoge 3 🍎.
   Luego, recoge 5 🍎 más.
   ¿Cuántas 🍎 recoge Ian en total?

   _____ + _____ = _____

4. © **PM.4 Representar** Sara tiene 2 🥔.
   Jonás tiene 4 🥔.
   ¿Cuántas 🥔 tienen en total?

   _____ + _____ = _____

5. **Razonamiento de orden superior**
   Encierra en un círculo 2 grupos de frutas.
   Escribe una ecuación de suma para
   representar cuántas frutas hay en total en
   los 2 grupos.

   _____ + _____ = _____

6. © **Evaluación** ¿Qué ecuación de
   suma representa el dibujo?

   Ⓐ $4 + 4 = 8$

   Ⓑ $4 + 5 = 9$

   Ⓒ $2 + 7 = 9$

   Ⓓ $4 + 6 = 10$

Nombre _____

Muestra cómo puedes poner los 5 lápices en estos 2 vasos. Completa la ecuación para mostrar tu trabajo. Luego, habla con un compañero. ¿Son iguales sus ecuaciones?

Puedo...

resolver problemas verbales separando el número total de objetos.

© **Estándar de contenido** 1.OA.A.1
Prácticas matemáticas PM.2, PM.3, PM.4, PM.7, PM.8

$5 =$ _____ $+$ _____

Hay 7 pingüinos. ¿Cuántos pueden estar dentro y fuera de la cueva?

Esta es una manera de mostrar 7 pingüinos.

Todavía hay 7 pingüinos. 4 es una parte y 3 es la otra parte.

Puedes escribir una ecuación para mostrar el todo y las partes.

7 = 4 + 3

Esta es otra manera de mostrar 7 pingüinos.

7 = 5 + 2

¿Lo entiendes?

¡Demuéstralo! ¿Cuáles son dos maneras de mostrar 4 pingüinos dentro y fuera de la cueva?

☆ Práctica guiada ☆

Haz un dibujo para mostrar las partes. Luego, escribe una ecuación.

1. Hay 5 en total. ¿Cuántos hay dentro y fuera de la cueva?

5 = 3 + 2

2. Hay 8 🐧 en total. ¿Cuántos hay dentro y fuera de la cueva?

___ = ___ + ___

---

22 veintidós

Tema 1 | Lección 3

☆ Práctica ☆ independiente ☆ Haz dibujos para mostrar cuántos hay dentro y fuera de la cueva. Luego, escribe una ecuación.

3. Hay 9 en total.

_____ = _____ + _____

4. Hay 8 🕷 en total.

_____ = _____ + _____

5. Hay 5 🕷 en total.

_____ = _____ + _____

6. Hay 7 🕷 en total.

_____ = _____ + _____

7. Matemáticas y Ciencias Hay 8 monos. Algunos son los papás y otros los bebés. ¿Cuántos de cada uno podría haber? Muestra dos maneras diferentes.

_____ papá y _____ bebés

O

_____ papás y _____ bebés

8. © PM.2 Razonar Carla tomó 2 fotos. Luego, tomó 5 más. ¿Cuántas fotos tomó Carla en total? Escribe una ecuación de suma para mostrar tu trabajo.

_____ + _____ = _____

_____ fotos

9. Razonamiento de orden superior

El equipo de Andy anotó 10 goles en dos juegos. Anotaron 1 o 2 goles en el primer juego. ¿Cuántos goles podrían haber anotado en el segundo juego? Explica cómo lo sabes.

10. © Evaluación Tere ve 9 pájaros. Algunos están volando y otros están en un árbol.

Une con líneas el número de pájaros volando con el número de pájaros que Tere pudo haber visto en el árbol.

7 volando	3 en el árbol
8 volando	1 en el árbol
5 volando	2 en el árbol
6 volando	4 en el árbol

Nombre _____

Ayuda   Herramientas   Juegos

¡Revisemos! Puedes mostrar el mismo número de maneras diferentes.

Amanda tiene 4 flores. Algunas son rojas y otras son blancas. ¿Cuántas flores de cada color tiene Amanda?

¡Siempre hay las mismas flores!

ACTIVIDAD PARA EL HOGAR
Póngale a su niño(a) el siguiente problema: "David se encuentra 8 hojas. Algunas son verdes y otras amarillas. Escribe una ecuación de suma para mostrar el número de hojas verdes y amarillas". Escojan juntos las partes para formar 8 y escriban una ecuación. Repitan la actividad con diferentes partes de 8.

3 rojas y 1 blanca
$4 = 3 + 1$

2 rojas y 2 blancas
$4 = 2 + 2$

1 roja y 3 blancas
$4 = 1 + 3$

Haz un dibujo para mostrar algunas ranas en el agua y otras en el pasto. Luego, escribe una ecuación para cada problema.

1. 9

$9 = \underline{} + \underline{}$

Haz un dibujo para mostrar algunas ranas en el agua y otras en el pasto. Luego, escribe una ecuación para cada problema.

2. © PM.4 Representar 8

¿Cómo muestra las partes tu ecuación?

8 = _____ + _____

3. **Razonamiento de orden superior** Laura recoge 7 manzanas. Algunas son rojas y otras son verdes. Menos de 4 manzanas son rojas. ¿Cuántas de las manzanas de Laura podrían ser verdes? Explica cómo lo sabes.

4. © **Evaluación** Marco ve 6 perritos. Algunos tienen manchas y otros no.

Une con líneas el número de perritos con manchas con el número de perritos sin manchas que Marco pudo haber visto.

1 con manchas	4 sin manchas
2 con manchas	2 sin manchas
4 con manchas	5 sin manchas
5 con manchas	1 sin manchas

Nombre _____

Resuélvelo y coméntalo

6 patos nadan en un estanque. 2 patos se van volando. ¿Cómo puedes usar los cubos conectables para mostrar cuántos patos quedan? ¿Qué ecuación de resta puedes escribir?

Puedo...
quitar de un grupo para resolver problemas verbales.

Ⓒ **Estándar de contenido**
 1.OA.A.1
 Prácticas matemáticas PM.2, PM.4, PM.5

_____ − _____ = _____

7 patos están en el estanque. 3 se van volando. ¿Cuántos hay todavía en el estanque?

Puedes usar cubos para representar el problema.

7 es el todo.

3 es la parte que le quitas a 7.

7

Por tanto, 4 es la **diferencia**.

Puedes **restar** para resolver el problema.

7 − 3 = 4

7 menos 3 es igual a 4. Hay 4 patos todavía en el estanque.

¿Lo entiendes?

¡Demuéstralo! Hay 6 abejas en el patio. 2 se van volando. ¿Cómo puedes usar cubos conectables para hallar la diferencia en este cuento de resta?

☆ Práctica guiada ☆

Completa el modelo. Luego, escribe una ecuación de resta.

1. Dan tiene 6 plumas. Regala 2. ¿Cuántas plumas le quedan a Dan?

6 − 2 = 4

2. 7 estudiantes están jugando. 1 se va. ¿Cuántos estudiantes están todavía jugando?

___ − ___ = ___

Herramientas Evaluación

☆ **Práctica** ☆ **independiente** ☆

Completa cada modelo. Luego, escribe una ecuación de resta.

3. 8 ranas están sentadas en un tronco. 4 se van saltando. ¿Cuántas ranas están todavía en el tronco?

8

___ − ___ = ___

4. 9 gatos están jugando. 6 se van corriendo. ¿Cuántos gatos están todavía jugando?

9

___ − ___ = ___

5. 7 insectos están en una hoja. 2 se van trepando. ¿Cuántos insectos están todavía en la hoja?

7

___ − ___ = ___

6. Razonamiento de orden superior 8 estudiantes están en un grupo de lectura. Algunos estudiantes se van. ¿Cuántos estudiantes están todavía en el grupo? ¿Tienes suficiente información para resolver el problema? Explícalo.

_____

_____

_____

_____

Prácticas matemáticas y resolución de problemas

Escribe una ecuación que represente cada problema.
Usa cubos o tableros de parte-parte-todo para resolverlo.

7. © **PM.5 Usar herramientas** Lin tiene 9 estampas. Le da 4 a Tom. ¿Cuántas estampas tiene Lin ahora?

_____ − _____ = _____

8. © **PM.5 Usar herramientas** Gloria tiene 8 flores. Le da 5 a su mamá. ¿Cuántas flores tiene Gloria ahora?

_____ − _____ = _____

9. **Razonamiento de orden superior**
Halla el número que falta. Luego, escribe un cuento de resta que corresponda con la ecuación.

$7 - 2 = $ _____

_____

_____

_____

10. © **Evaluación** 8 pájaros están en un árbol. 6 se van volando. ¿Cuántos pájaros están todavía en el árbol?

¿Qué ecuación de resta representa el cuento?

Ⓐ $8 - 2 = 6$　　Ⓑ $8 - 7 = 1$

Ⓒ $7 - 2 = 5$　　Ⓓ $8 - 6 = 2$

Nombre _____

Tarea y práctica 1-4

Resolver problemas: Quitar

¡Revisemos! Puedes escribir una ecuación de resta que represente el cuento numérico.

6 gatos están en la barda.
3 gatos saltan al piso. ¿Cuantos gatos hay todavía en la barda?

$$6 - 3 = 3$$

5 gatos están en la barda.
2 gatos saltan al piso. ¿Cuántos gatos hay todavía en la barda?

$$5 - 2 = 3$$

ACTIVIDAD PARA EL HOGAR
Ponga 8 objetos pequeños, como botones, en la mesa. Quite algunos botones y pídale a su niño(a) que le diga un cuento de resta. Luego, haga que su niño(a) escriba una ecuación de resta para representar el cuento, como $8 - 2 = 6$. Pida a su niño(a) que cuente los botones que quedaron para comprobar si su respuesta es correcta.

Escribe una ecuación de resta que represente cada problema.

1. 9 manzanas están sobre la mesa.
7 manzanas se ruedan al piso.
¿Cuántas manzanas están todavía en la mesa?

___ − ___ = ___

2. 10 crayones están en una caja.
7 crayones se caen de la caja.
¿Cuántos crayones están todavía en la caja?

___ − ___ = ___

3. © PM.2 Razonar 6 abejas están en una flor. 4 se van volando. ¿Cuántas abejas hay todavía en la flor?

_____ – _____ = _____

4. © PM.2 Razonar 8 patos están en un estanque. 4 patos se salen del agua. ¿Cuántos patos están todavía en el estanque?

_____ – _____ = _____

5. **Razonamiento de orden superior**

Halla el número que falta. Luego, escribe un cuento de resta que represente la ecuación.

$7 - 3 =$ _____

_____

_____

_____

_____

6. © Evaluación Jonás tiene 10 piedritas. Le da 2 a su hermana. ¿Cuántas piedritas tiene Jonás ahora?

¿Qué ecuación de resta representa el cuento?

Ⓐ $9 - 4 = 5$

Ⓑ $10 - 3 = 7$

Ⓒ $8 - 1 = 7$

Ⓓ $10 - 2 = 8$

Nombre _____

Lori ve 5 carros rojos y 3 azules. ¿Ve más carros rojos o más carros azules? ¿Cuántos más? ¿Cómo lo sabes?

Puedo...
resolver problemas verbales en los que hay que comparar.

© **Estándar de contenido**
1.OA.A.1
Prácticas matemáticas PM.2, PM.4, PM.5

5 gatos tienen sombreros azules.
2 gatos tienen sombreros anaranjados.
¿Cuántos sombreros azules más que
sombreros anaranjados hay?

Puedes usar cubos para comparar.

Puedes escribir una ecuación de resta para comparar.

$$5 - 2 = 3$$

Hay 3 sombreros azules más que sombreros anaranjados.

¿Lo entiendes?

¡Demuéstralo! Si tienes 2 grupos de objetos, ¿cómo puedes saber qué grupo tiene más?

☆ Práctica guiada ☆

Usa cubos para escribir una ecuación de resta. Luego, escribe cuántos más hay.

1. Paula dibuja 6 ranas. Miguel dibuja 3 ranas. ¿Cuántas ranas más dibuja Paula que Miguel?

$$\underline{6} - \underline{3} = \underline{3}$$ _____ ranas más

☆ **Práctica** ☆
independiente ☆ Dibuja cubos para mostrar la resta. Luego, escribe una ecuación que represente el cuento. Di cuántos hay.

2. Susi tiene 3 perros. Julio tiene 1 perro.

¿Cuántos perros más tiene Susi?

_____ – _____ = _____

_____ perros más

3. Toni contó 7 ratones. Contó 5 ratones más que Marta.

¿Cuántos ratones contó Marta?

_____ – _____ = _____

_____ ratones

Razonamiento de orden superior ¿Cuántos pájaros azules más que pájaros amarillos hay? Usa el dibujo para hallar el número que falta en cada problema.

4.

_____ – 3 = 1

5.

6 – _____ = 1

6. Sentido numérico Hay 4 peces en una pecera. 2 peces se vendieron. ¿Cuántos peces están todavía en la pecera? Escribe una ecuación para representar el cuento. Luego, di cuántos hay.

_____ – _____ = _____

_____ peces

7. © PM.4 Representar Luis ve 5 ranas verdes y 1 rana azul. ¿Cuántas ranas verdes más que ranas azules ve Luis? Escribe una ecuación para representar el cuento. Di cuántas más ve.

_____ – _____ = _____

_____ ranas verdes más

8. Razonamiento de orden superior Dibuja algunas flores amarillas. Dibuja más flores rojas que amarillas. Escribe una ecuación de resta para decir cuántas flores rojas más que amarillas hay.

_____ – _____ = _____

9. © Evaluación Ben contó 6 gatos grises y 4 blancos.

¿Cuántos gatos grises más que blancos contó Ben?

Ⓐ 2

Ⓑ 4

Ⓒ 6

Ⓓ 10

Puedes hacer un dibujo para ayudarte.

Tema 1 | Lección 5

Nombre _____

Ayuda   Herramientas   Juegos

**Tarea y práctica
1-5**

Resolver
problemas:
Comparar
situaciones

¡Revisemos! Empareja los cubos rojos con los azules.
Luego, cuenta cuántos más hay.

1   2   3

¿Cuántos cubos rojos hay? ___8___

¿Cuántos cubos azules hay? ___5___

¿Cuántos cubos rojos más hay? ___3___

___8___ – ___5___ = ___3___

ACTIVIDAD PARA EL HOGAR
Dele a su niño(a) 5 botones
azules y 2 verdes. Pregúntele:
"¿De qué color hay más
botones?". Pídale que le diga
cuántos botones azules más que
verdes hay. Repita la actividad
con hasta 10 botones azules y
10 verdes.

Escribe cuántos cubos rojos y cubos azules hay. Luego, di cuántos
más hay. Escribe la ecuación de resta que corresponda.

1.

____ cubos rojos

____ cubos azules

¿De qué color hay más cubos? _____

¿Cuántos más? ____

____ – ____ = ____

2.

____ cubos azules

____ cubo rojo

¿De qué color hay más cubos? _____

¿Cuántos más? ____

____ – ____ = ____

Resuelve cada problema.

3. **Sentido numérico** Sam está jugando con 5 perros. 3 perros se van. ¿Cuántos perros están todavía jugando con Sam?

Escribe una ecuación que represente el cuento. Luego, di cuántos perros.

_____ – _____ = _____

_____ perros

4. © **PM.4 Representar** David tiene 6 boletos. Mimí tiene 2 boletos. ¿Cuántos boletos más tiene David que Mimí? Dibuja cubos para mostrar la resta. Luego, escribe una ecuación que represente el cuento. Di cuántos boletos más tiene.

_____ – _____ = _____

_____ boletos más

5. **Razonamiento de orden superior**
Dibuja algunos cubos rojos. Luego, dibuja más cubos azules que rojos. Escribe una ecuación de resta que muestre cuántos cubos azules más que rojos dibujaste.

_____ – _____ = _____

6. © **Evaluación** Lucy tiene 6 manzanas. Julia tiene 7 manzanas. ¿Cuántas manzanas más tiene Julia que Lucy?

0   1   6   7
Ⓐ   Ⓑ   Ⓒ   Ⓓ

Nombre _____

Resuélvelo y coméntalo

Amy tiene 7 calcomanías. Sergio tiene 5 calcomanías. ¿Cuántas calcomanías menos que Amy tiene Sergio?

Puedo...
resolver problemas verbales en los que hay que comparar.

© **Estándar de contenido** 1.OA.A.1
Prácticas matemáticas PM.1, PM.2, PM.4

Troy tiene 5 carritos. Rosa tiene 9 carritos. ¿Quién tiene menos carritos? ¿Cuántos menos?

Troy tiene menos carritos que Rosa porque 5 es menos que 9.

Usa cubos para hallar cuántos menos. Empieza en 9 y cuenta hacia atrás.

$9 - 5 = 4$

También puedes restar para hallar cuántos menos. Troy tiene 4 carritos menos.

¿Lo entiendes?

¡Demuéstralo! Si tienes 2 grupos de objetos, ¿cómo sabes cuál de los grupos tiene menos?

☆ Práctica guiada ☆

Usa los cubos para mostrar la resta. Luego, escribe la ecuación. Di cuántos menos.

1. Esteban tiene 8 monedas. Sara tiene 2 monedas. ¿Cuántas monedas menos tiene Sara que Esteban?

____ – ____ = ____

____ monedas menos

2. Ana encontró 4 pañuelos en una caja. Beto encontró 7 pañuelos. ¿Cuántos pañuelos menos encontró Ana que Beto?

____ – ____ = ____

____ pañuelos menos

☆ **Práctica** ☆
independiente
☆

Usa los dibujos para mostrar la resta. Luego, escribe una ecuación. Di cuántos menos.

3. Elsa compró 10 manzanas en la tienda.

Cristina compró 5 manzanas.

¿Cuántas manzanas menos compró

Cristina que Elsa?

____ — ____ = ____

____ manzanas menos

4. Beba usa 3 tarjetas.

José usa 9 tarjetas.

¿Cuántas tarjetas menos usa

Beba que José?

____ — ____ = ____

____ tarjetas menos

5. Razonamiento de orden superior Haz un dibujo para mostrar una resta.

Luego, escribe una ecuación. Di cuántos menos.

Juan hace 4 sándwiches.

Memo hace 8 sándwiches.

¿Cuántos sándwiches menos hace

Juan que Memo?

____ — ____ = ____

____ sándwiches menos

6. © **PM.2 Razonar** Lola usa 3 clips. Raúl usa 6 clips. ¿Cuántos clips usaron Lola y Raúl en total? Escribe una ecuación. Di cuántos clips.

_____ + _____ = _____

_____ clips

7. © **PM.2 Razonar** Hay 7 naranjas en la rama del árbol. 3 naranjas se caen. ¿Cuántas naranjas están todavía en la rama? Escribe una ecuación de resta. Di cuántas naranjas.

_____ − _____ = _____

_____ naranjas

8. **Razonamiento de orden superior** Dibuja unos globos azules. Dibuja menos globos amarillos. Escribe una ecuación que represente tu dibujo.

_____ − _____ = _____

9. © **Evaluación** En un huerto hay 8 árboles de manzanas y 6 de peras. ¿Cuáles de las siguientes opciones responden correctamente a cuántos más o cuántos menos? Selecciona todas las que apliquen.

☐ 2 árboles más de peras

☐ 2 árboles más de manzanas

☐ 2 árboles menos de peras

☐ 2 árboles menos de manzanas

Nombre _____

Ayuda   Herramientas   Juegos

Tarea y práctica
1-6

Más sobre
resolver
problemas:
Comparar
situaciones

¡Revisemos!   ¿Cuántos cubos anaranjados menos que morados hay?
Empareja los cubos morados con los cubos anaranjados. Luego, cuenta
cuántos menos hay. Escribe la ecuación de resta que corresponda.

1 2 3 4 5

¿Cuántos cubos morados hay?   8

¿Cuántos cubos anaranjados hay?   3

¿Cuántos cubos anaranjados menos hay?   5

8 − 3 = 5

Escribe cuántos cubos anaranjados y morados hay.
Luego, di cuántos menos hay. Escribe la ecuación
de resta que corresponda.

1.

_____ cubos morados

_____ cubos anaranjados

¿Qué color tiene menos cubos? _____

¿Cuántos menos? _____

_____ − _____ = _____

2.

_____ cubos morados

_____ cubos anaranjados

¿Qué color tiene menos cubos? _____

¿Cuántos menos? _____

_____ − _____ = _____

Resuelve los siguientes problemas.

3. © **PM.2 Razonar** Ema vendió 5 donas para recaudar fondos. Luego, vendió 2 más. ¿Cuántas donas vendió Ema en total? Escribe una ecuación. Di cuántas donas.

_____ + _____ = _____

_____ donas

4. © **PM.2 Razonar** 6 mariposas están en un árbol. 3 mariposas se van volando. ¿Cuántas mariposas quedan en el árbol? Escribe una ecuación. Di cuántas mariposas.

_____ − _____ = _____

_____ mariposas

5. **Razonamiento de orden superior** Dibuja unos cubos rojos. Dibuja menos cubos verdes. Escribe una ecuación que represente tu dibujo.

_____ − _____ = _____

6. © **Evaluación** Hay 10 gatos y 6 perros en un refugio de animales. ¿Cuáles de las siguientes opciones responden correctamente a cuántos más o cuántos menos? Selecciona todas las que apliquen.

- ☐ 4 gatos más
- ☐ 4 perros más
- ☐ 4 gatos menos
- ☐ 4 perros menos

Resuélvelo *y* **coméntalo**

5 vagones de tren están sobre las vías. Otros vagones se les unen. Ahora hay 9 vagones. ¿Cuántos vagones de tren se unieron a los 5 vagones? Usa cubos conectables para representar este cuento. Escribe una ecuación de suma.

Puedo...

usar la suma o la resta para ayudarme a hallar el sumando que falta.

© **Estándar de contenido**
1.OA.A.1
Prácticas matemáticas PM.1, PM.4

_____ + _____ = _____

_____ vagones de tren que se unieron.

Hay 7 vagones de tren en la estación. Algunos vagones más llegan a la estación. Ahora hay 9 vagones. ¿Cuántos vagones llegaron?

¿7 más qué es igual a 9?

Usa cubos y un modelo para ayudarte a hallar el **sumando** que falta.

9

Puedes escribir una ecuación de suma para representar el cuento.

$$\underline{7} + \underline{2} = \underline{9}$$

sumandos   suma o total

Llegaron 2 vagones más.

¿Lo entiendes?

¡Demuéstralo! ¿Cómo resuelves un problema de suma si solamente conoces una parte y el total?

✩ Práctica guiada ✩

Completa el modelo y la ecuación. Luego, di cuántos.

1. Bob tiene 4 peces. Compra algunos peces más. Ahora tiene 7 peces. ¿Cuántos peces compró Bob?

7

$$4 + \underline{3} = 7$$

_____ peces

☆ **Práctica independiente** ☆ Completa el modelo. Luego, escribe la ecuación que corresponda. Di cuántos.

2. Mary tiene 4 calcamonías. Pat le da algunas más. Ahora Mary tiene 8 calcamonías. ¿Cuántas calcamonías le dio Pat a Mary?

| 8 |

___ + ___ = ___

___ calcamonías

3. Memo lee 4 páginas el lunes. Lee unas páginas más el martes. Lee 10 páginas en total. ¿Cuántas páginas leyó Memo el martes?

| 10 |

___ + ___ = ___

___ páginas

4. Razonamiento de orden superior

Megan tiene 6 zapatos en total. Algunos zapatos están en el tapete. 2 zapatos están en una caja. ¿Cuántos zapatos están en el tapete?

Haz un dibujo para resolver. Luego, escribe una ecuación que corresponda. Di cuántos.

___ + ___ = ___

___ zapatos en el tapete

5. © **PM.4 Representar** El perro de Gabriel enterró 4 huesos el lunes. Enterró algunos huesos el viernes. En total enterró 10 huesos. ¿Cuántos huesos enterró el perro de Gabriel el viernes? Escribe una ecuación que represente el cuento. Luego, di cuántos huesos.

____ + ____ = ____

____ huesos

6. © **PM.4 Representar** Natalia tiene 3 galletas de animalitos y 7 galletas saladas. ¿Cuántas galletas tiene en total? Escribe una ecuación que represente el cuento. Luego, di cuántas galletas.

____ + ____ = ____

____ galletas

7. **Razonamiento de orden superior**
5 hámsters están en una jaula. Algunos son cafés y otros negros. ¿Cuántos hámsters de cada color podría haber en la jaula? Haz un dibujo y escribe una ecuación que represente el cuento.

____ = ____ + ____

8. © **Evaluación** 4 perritos están jugando en el parque. Algunos perritos más se les unen. Ahora hay 7 perritos jugando en el parque. ¿Cuántos perritos se unieron a los primeros 4?

¿Qué ecuación representa el cuento?

☐ $9 = 4 + 5$

☐ $7 = 6 + 1$

☐ $7 = 4 + 3$

☐ $10 = 7 + 3$

Nombre _____

¡Revisemos! Puedes usar un modelo para resolver un cuento de suma y escribir una ecuación.

Diego tiene 4 pelotas de golf. Se encuentra algunas pelotas de golf más en su bolsa. Ahora tiene 7. ¿Cuántas pelotas de golf se encontró Diego en su bolsa?

7

$\underline{4} + \underline{3} = \underline{7}$

_____ pelotas de golf

Completa el modelo. Luego, escribe la ecuación que corresponda. Di cuántos.

ACTIVIDAD PARA EL HOGAR
Dele a su niño(a) un grupo de objetos pequeños para que los use como fichas. Dígale esta historia: "4 hormigas están en el piso. Llegan algunas hormigas más. Ahora hay 8 hormigas en el piso. ¿Cuántas hormigas se unieron a las primeras 4 hormigas?". Pida a su niño(a) que use los objetos pequeños para resolver el cuento de suma. Luego, pídale que escriba una ecuación que represente el cuento.

1. 2 gatos están jugando. Algunos gatos más se acercan a jugar. Ahora hay 7 gatos. ¿Cuántos gatos se acercaron a jugar con los primeros 2 gatos?

7

_____ + _____ = _____

_____ gatos

2. 8 amigos están almorzando. Algunos amigos más se les unen. Ahora hay 10 amigos almorzando. ¿Cuántos amigos más se unieron a almorzar?

10

_____ + _____ = _____

_____ amigos

Resuelve cada problema.

3. **© PM.4 Representar** Linda tiene
4 limones. Compra 4 limones más.
¿Cuántos limones tiene ahora? Escribe
una ecuación que represente el cuento.
Luego, di cuántos limones.

_____ + _____ = _____

_____ limones

4. **© PM.4 Representar** Tere pone 5 fresas
en una canasta. Beto pone más fresas en la
canasta. Ahora hay 9 fresas en la canasta.
¿Cuántas fresas puso Beto? Escribe una
ecuación que represente el cuento. Luego, di
cuántas fresas.

_____ + _____ = _____

_____ fresas

5. **Razonamiento de orden superior**
Completa la ecuación. Luego, escribe
un cuento de suma que represente la
ecuación.

$8 + \underline{\hspace{1cm}} = 10$

6. **© Evaluación** Mirna tiene 7 monedas.
Gaby le da algunas más. Ahora Mirna tiene
10 monedas. ¿Cuántas monedas le dio
Gaby a Mirna?

Ⓐ 2

Ⓑ 3

Ⓒ 4

Ⓓ 5

Resuélvelo y coméntalo Sofía ve 5 piedras pequeñas en el lago. También ve algunas piedras grandes. Ve en total 7 piedras. ¿Cuántas piedras grandes vio Sofía? Muestra cómo lo sabes.

Puedo...

resolver problemas verbales en los que se junta o se separa.

© **Estándares de contenido** 1.OA.D.8, 1.OA.A.1
Prácticas matemáticas PM.1, PM.3, PM.4, PM.5

Tema 1 | Lección 8
Recursos digitales en SavvasRealize.com
cincuenta y uno **51**

8 gatos y perros están en la pista de baile. 5 perros están bailando. ¿Cuántos gatos están bailando?

Piensa en el todo y la parte que ya conoces del cuento.

8

?

Hay 5 perros bailando.

Resta para hallar la parte que falta.

8

$8 - 5 = 3$

Puedes también sumar para hallar la parte que falta.

$5 + 3 = 8$

6   7   8

3 gatos están bailando.

¿Lo entiendes?

¡Demuéstralo! Si conoces el todo y una de las partes, ¿cómo puedes hallar la parte que falta?

★ Práctica guiada ★

Completa el modelo. Luego, escribe una ecuación de suma o de resta.

1. Nico y Amauri tienen 9 robots en total. Nico tiene 3 robots. ¿Cuántos robots tiene Amauri?

9

3 (+) ___ (=) 9

2. Gael tiene 6 cometas. Algunas son rojas y otras son azules. Si 2 cometas son rojas, ¿cuántas son azules?

6

___ ◯ ___ ◯ ___

☆ Práctica independiente ☆

Completa el modelo. Luego, escribe una ecuación. Di cuántos.

3. Julia camina 9 cuadras. 5 de las cuadras las camina con una amiga. ¿Cuántas cuadras camina sola Julia?

9

___ ◯ ___ ◯ ___

____ cuadras

4. Rita tiene 3 globos amarillos. El resto de sus globos son rosas. Ella tiene 7 globos en total. ¿Cuántos globos rosas tiene Rita?

7

___ ◯ ___ ◯ ___

____ globos rosas

5. Razonamiento de orden superior

Lalo tiene 8 caracoles en total. 3 son caracoles grandes. El resto son pequeños. ¿Cuántos caracoles pequeños tiene Lalo?

Haz un dibujo para resolver el problema. Luego, escribe una ecuación. Di cuántos.

___ ◯ ___ ◯ ___

____ caracoles pequeños

Prácticas matemáticas y resolución de problemas

Resuelve cada problema. Haz un dibujo para ayudarte.

6. PM.1 Entender Javier compró 2 peces rojos y algunos azules. Compró 9 peces en total. ¿Cuántos peces azules compró Javier?

_____ peces azules

7. PM.1 Entender Raquel tiene 8 monedas de 5¢. Regala 4 monedas de 5¢. ¿Cuántas monedas de 5¢ le quedan a Raquel?

_____ monedas de 5¢

8. Razonamiento de orden superior

Nina tiene 8 animales de peluche. Algunos son osos y otros tigres. Haz un dibujo para mostrar cuántos de cada animal de peluche podría tener Nina. Luego, escribe los números.

_____ osos y _____ tigres

9. Evaluación Lisa y Mónica tienen 7 peces en total. Lisa tiene 2 peces.

¿Qué ecuación puedes usar para hallar cuántos peces más tiene Mónica?

La ecuación debe corresponder con el cuento numérico.

Ⓐ 9 − 2 = 7

Ⓑ 6 − 1 = 5

Ⓒ 7 − 2 = 5

Ⓓ 8 − 7 = 1

Nombre _____

¡Revisemos! El perro tiene 8 manchas en el lomo.

6 manchas son cafés. El resto son negras.

¿Cuántas manchas son negras?

Tiene 8 manchas en total. Resta o cuenta hacia adelante a partir del 6 para hallar el número de manchas negras.

$$\underline{8} - \underline{6} = \underline{2}$$

manchas   manchas   manchas
en total   cafés   negras

$$\underline{6} + \underline{2} = \underline{8}$$

manchas   manchas   manchas
cafés   negras   en total

ACTIVIDAD PARA EL HOGAR
Ponga de 6 a 9 objetos pequeños en un vaso. Pida a su niño(a) que vacíe algunos de los objetos en la mesa. Pregúntele: "¿Cuántos hay todavía en el vaso?" Pídale que reste el número de objetos que están sobre la mesa del número total de objetos con los que empezaron. Luego, pídale que cuente los objetos que quedaron en el vaso, para comprobar si su respuesta fue correcta.

Cada perro tiene manchas negras y cafés. Dibuja las manchas cafés que faltan. Escribe una ecuación para representar el problema.

1. 6 manchas en total

◯ ◯

2. 9 manchas en total

◯ ◯

3. 7 manchas en total

◯ ◯

Resuelve cada problema.

4. © **PM.4 Representar** Juan tiene 9 camisas. 6 de sus camisas son blancas. El resto **NO** son blancas.

Haz un dibujo y escribe una ecuación para mostrar cuántas de las camisas de Juan **NO** son blancas.

___ ◯ ___ ◯ ___

5. **Razonamiento de orden superior** Haz dibujos para mostrar cuántas hay de cada fruta. Luego, escribe los números para completar la tabla.

	Dibujos	🍌 Plátanos	🍊 Naranjas
Amy tiene 8 en total.		4	
José tiene 6 en total.			2

6. © **Evaluación** Pedro y Pilar tienen 9 tarjetas de beisbol en total. Pilar tiene I tarjeta. ¿Cuántas tarjetas tiene Pedro?

¿Que ecuación representa el cuento?

Ⓐ $9 - 1 = 8$ Ⓑ $8 - 1 = 7$ Ⓒ $8 - 7 = 1$ Ⓓ $7 - 1 = 6$

Nombre _____

Resuélvelo y coméntalo

Ema necesita 8 boletos para el cine. Tiene 5 boletos. Compra 3 más. ¿Tiene suficientes boletos ahora? Usa dibujos, números o palabras para explicar cómo lo sabes.

Lección 1-9
Construir argumentos

Puedo...

construir argumentos matemáticos usando la suma y la resta.

© **Prácticas matemáticas**
PM.3. También, PM.1, PM.2.
Estándar de contenido
1.OA.A.1

Hábitos de razonamiento

¿Cómo puedo usar las matemáticas para explicar mi trabajo?

¿Es clara mi explicación?

¿Tienen 6 − 2 el mismo valor que 1 + 3?

Crea un argumento matemático usando dibujos, números o palabras.

¿Cómo puedo usar las matemáticas para mostrar mi razonamiento?

Puedo usar dibujos y números para crear un argumento.

6 − 2   1 + 3

Puedo usar palabras y números para crear un argumento.

6−2 es igual a 4 y
1+3 es igual a 4.

6−2 es igual a 1+3.
Por tanto, tienen el mismo valor.

¿Lo entiendes?

¡Demuéstralo! ¿De qué manera los dos argumentos matemáticos son iguales o diferentes?

☆ Práctica guiada ☆

Usa dibujos, números o palabras para crear un argumento.

1. Melisa dibuja 6 cuadrados. 4 son rojos y el resto son verdes. ¿Cuántos cuadrados verdes dibujó Melisa? Explica cómo lo sabes.

☆ Práctica ☆ independiente

Usa dibujos, números o palabras para crear un argumento.

2. Alicia tiene 7 monedas de 1¢. Quiere comprar un carrito de 3¢ y un avioncito de 5¢. ¿Cuántas monedas más de 1¢ necesita Alicia? Explícalo.

3. Lidia tiene 7 lápices. Pablo tiene 2 lápices. ¿Quién tiene menos lápices? ¿Cuántos menos? Explícalo.

4. Razonamiento de orden superior Max tiene 3 manzanas. Compra 2 manzanas más. Quiere quedarse con 1 manzana y darle 1 manzana a cada uno de sus 5 amigos.

¿Tendrá Max suficientes manzanas? Explícalo.

Prácticas matemáticas y resolución de problemas

© **Evaluación del rendimiento**

Puesto de limonada Alex abrió un puesto de limonada.

La tabla muestra cuántos vasos de limonada vendió en varios días. Usa la información para resolver los siguientes problemas.

Vasos de limonada vendidos			
Viernes	Sábado	Domingo	Lunes
3	5	2	

5. **PM.3 Explicar** ¿Cuántos vasos menos vendió Alex el viernes que el sábado? Usa dibujos, palabras o números para desarrollar un argumento.

6. **PM.1 Entender** El lunes Alex vendió 4 vasos más que el domingo. ¿Cuántos vasos vendió Alex el lunes? Completa la tabla. Explica cómo sabes que tienes razón.

_____

_____

_____

_____

_____

¡Revisemos! Guille tiene 3 plátanos. Compra 3 más. Quiere quedarse con 1 plátano y darle 1 plátano a cada uno de sus 5 amigos. ¿Tendrá Guille suficientes plátanos? Explícalo.

El dibujo y las ecuaciones muestran que Guille sí tiene suficientes plátanos.

$3 + 3 = \underline{6}$ plátanos $1 + 5 = \underline{6}$ personas

ACTIVIDAD PARA EL HOGAR
Dígale este cuento a su niño(a): "Fernando tiene 2 canicas. Compra 1 más. Quiere quedarse con 1 canica y darle canicas a 3 de sus amigos. ¿Tendrá Fernando suficientes canicas?". Pídale a su niño(a) que use dibujos, números y palabras para explicar si Fernando tiene o no suficientes canicas.

Usa dibujos, números o palabras para crear un argumento.

1. Tim tiene 7 carritos. Compra 2 más. Quiere quedarse con 1 carrito y darle 1 a cada uno de sus 8 amigos. ¿Tendrá Tim suficientes carritos? Explícalo.

Caminata de fin de semana Jada quiere caminar un total de 8 millas en 3 días.

La tabla muestra cuántas millas caminó Jada el viernes y el sábado. ¿Cuántas millas más necesita caminar Jada el domingo para alcanzar su objetivo?

Millas caminadas		
Viernes	Sábado	Domingo
3	2	

2. **PM.2 Razonar** ¿Qué significan los números en la tabla? ¿Cómo te ayudan a resolver el problema?

_____

_____

_____

_____

_____

3. **PM.3 Explicar** ¿Cuántas millas necesita caminar Jada el domingo para alcanzar su objetivo? Completa la tabla de arriba. Explica cómo encontraste la respuesta. Usa dibujos, palabras o números en tu argumento.

Nombre _____

Sigue la ruta

Colorea las casillas que tengan estas sumas y diferencias. Deja el resto en blanco.

| 4 | 3 | 5 |

TEMA
1

Actividad de práctica de fluidez

Puedo...
sumar y restar hasta 5.

© Estándar de contenido
K.OA.A.5

8 − 3	0 + 1	0 + 5	5 − 2	3 + 0	5 − 2	5 − 1	0 + 1	3 + 1
2 + 3	0 + 2	7 − 2	1 + 2	0 + 2	4 − 1	3 + 1	4 − 0	0 + 4
10 − 5	5 + 0	3 + 2	3 + 0	4 − 3	3 − 0	2 + 0	1 + 3	5 − 4
4 + 1	5 − 4	5 − 0	4 − 1	4 − 4	2 + 1	2 + 0	4 + 0	0 + 1
9 − 4	1 + 1	1 + 4	3 − 0	5 − 2	0 + 3	3 − 2	0 + 4	3 − 1

La palabra es

_____ _____ _____

Repaso del vocabulario

Glosario

Lista de palabras
- diferencia
- ecuación
- igual a
- más
- menos
- parte
- restar
- signo más
- suma o total
- sumandos
- sumar
- todo

Comprender el vocabulario

1. Escribe una ecuación de suma.

____ ◯ ____ ◯ ____

2. Escribe una ecuación de resta.

____ ◯ ____ ◯ ____

3. Encierra en un círculo la diferencia.

$$8 - 2 = 6$$

4. Encierra en un círculo la parte.

$$5 + 3 = 8$$

5. Encierra en un círculo el signo más.

$$3 + 4 = 7$$

Usar el vocabulario al escribir

6. Di cómo hallar $8 - 4$. Usa al menos un término de la Lista de palabras.

Nombre _____

Grupo A

Puedes resolver problemas sobre añadir.

Cindy tiene 3 caracoles. Se encuentra 1 más. ¿Cuántos caracoles tiene Cindy en total?

3 más **1** más es igual a **4**.

$$3 + 1 = 4$$

Escribe una ecuación de suma para resolver el problema.

1. Rubén planta 5 flores. Luego, planta 2 más. ¿Cuántas flores plantó Rubén en total?

____ + ____ = ____

Grupo B

Puedes resolver problemas sobre juntar.

Tom tiene 3 y 2 . ¿Cuántos cubos tiene en total? Las partes son 3 y 2.

$$3 + 2$$

$$3 + 2 = 5$$

Tom tiene 5 cubos en total.

Escribe las partes. Luego, escribe una ecuación de suma que represente el problema.

2. Brandon tiene 4 y 2 . ¿Cuántos cubos tiene en total?

____ + ____

____ + ____ = ____

Puedes resolver problemas con dos sumandos desconocidos.

Hay 7 en total. ¿Cuántos están dentro y fuera de la cueva?

7 es el todo.
Si 5 es una parte,
2 es la otra parte.

$7 = 5 + 2$

Haz un dibujo y escribe una ecuación para resolver el problema.

3. Hay 6 en total. ¿De qué manera pueden estar dentro y fuera de la cueva?

___ + ___ = ___

4. Hay 9 en total. ¿De qué manera pueden estar dentro y fuera de la cueva?

___ = ___ + ___

Puedes usar cubos para representar problemas sobre quitar.

Rob tiene 8 peras. Le da 3 a Sara. ¿Cuántas peras le quedan a Rob?

8

?

$8 - 3 = 5$

Usa cubos para ayudarte a completar el modelo. Luego, escribe la ecuación que corresponda.

5. Hay 7 zanahorias en el patio. Carlos recoge 3 zanahorias. ¿Cuántas zanahorias hay todavía en el patio?

7

___ − ___ = ___

66 sesenta y seis

Tema 1 | Refuerzo

Nombre _____

Grupo E

Puedes usar cubos para resolver problemas sobre comparar.

Carla tiene 4 lápices azules y 3 amarillos. ¿Cuántos lápices azules más que amarillos tiene Carla?

4 − 3 = 1

Escribe la ecuación que represente cada problema.

6. Mosi tiene 4 bolígrafos. Ana tiene 1. ¿Cuántos bolígrafos más tiene Mosi que Ana?

_____ − _____ = _____

7. Martín tiene 7 pelotas de beisbol y 3 de futbol. ¿Cuántas pelotas de beisbol más que de futbol tiene Martín?

_____ − _____ = _____

Grupo F

Puedes usar modelos para resolver problemas sobre sumar.

Tomás tiene 4 uvas. Toma unas uvas más del plato. Ahora tiene 9 uvas. ¿Cuántas uvas tomó Tomás?

9 = 4 + 5

Tomás tomó 5 uvas más.

Completa el modelo para resolver el cuento de suma.

8. Iván tiene 2 peces en una pecera. Pone algunos peces más. Ahora tiene 5 peces en la pecera. ¿Cuántos peces añadió a la pecera?

2 + _____ = 5

Puedes escribir una ecuación para hallar la parte que falta en un problema de juntar o de quitar.

Tom tiene 9 camisas. Algunas son azules y otras son rojas. Si Tom tiene 4 camisas rojas, ¿cuántas camisas azules tiene?

$$9 - 4 = 5$$

Completa el modelo. Luego, escribe una ecuación para resolver el problema.

9. Juan y Rosa tienen 8 pares de zapatos en total. Rosa tiene 4 pares. ¿Cuántos pares de zapatos tiene Juan?

___ ◯ ___ ◯ ___

Hábitos de razonamiento

Construir argumentos

¿Cómo puedo usar las matemáticas para explicar mi trabajo?

¿Es clara mi explicación?

Usa dibujos, números o palabras para crear un argumento. Explícalo.

10. Lucas tiene 4 peces dorados y 2 azules. Compra 2 peces azules más. Quiere darle 2 de cada pez a su amigo y quedarse con 2 de cada pez. Explica si Lucas tendrá suficientes peces.

Nombre _____

1. Hay 8 pingüinos. Algunos se van adentro y otros se quedan afuera.

Empareja el número de pingüinos adentro de la cueva con el número de pingüinos afuera.

Adentro: 5 pingüinos 4 pingüinos 7 pingüinos

Afuera: I pingüino 3 pingüinos 4 pingüinos

---

2. Silvia tiene 8 pimientos. Cocina 3. ¿Cuántos pimientos le quedan a Silvia?

Escribe una ecuación que represente el cuento.

____ – ____ = ____

3. Usa el modelo para escribir las partes. Luego, escribe y resuelve la ecuación.

____ + ____

____ + ____ = ____

4. Dina tiene 4 marcadores. Su mamá le regala 5 más.

¿Qué ecuación de suma muestra cuántos marcadores tiene Dina en total?

Ⓐ $5 + 2 = 7$

Ⓑ $4 + 3 = 7$

Ⓒ $4 + 4 = 8$

Ⓓ $4 + 5 = 9$

5. Jorge tiene 7 postales. Luego, recibe algunas más. Ahora tiene 9 postales.

¿Cuántas postales nuevas recibió Jorge?

Ⓐ 1

Ⓑ 2

Ⓒ 3

Ⓓ 4

---

6. Dante tiene 5 libros. Quiere tener 7 en su colección. ¿Cuántos libros más necesita comprar Dante para tener 7 libros en total?

7	5	4	2
Ⓐ	Ⓑ	Ⓒ	Ⓓ

© **Evaluación**
(continuación)

7. Lucía y Elena tienen 6 cubos en total. Elena tiene 5 cubos. ¿Cuántos cubos tiene Lucía?

¿Qué ecuaciones representan el cuento?
Selecciona todas las que apliquen.

$6 - 4 = 2$ ☐ $6 - 5 = 1$ ☐ $5 + 1 = 6$ ☐ $3 + 3 = 6$ ☐

8. Rita tiene 6 listones. Jacinta tiene 2 listones.

¿Qué ecuación de suma muestra cuántos listones tienen en total?

Ⓐ $7 = 5 + 2$

Ⓑ $8 = 5 + 3$

Ⓒ $8 = 6 + 2$

Ⓓ $9 = 6 + 3$

9. Dibuja los cubos que faltan. Luego, escribe una ecuación que represente el cuento.

Óscar tiene 5 bloques. Le da 1 a Tony.
¿Cuántos bloques le quedan a Óscar?

____ – ____ = ____

5

10. Nora ve 7 flores. Carolina ve 6.
¿Qué ecuación muestra cuántas flores menos
ve Carolina que Nora?

$7 - 7 = 0$ $7 - 6 = 1$ $7 + 1 = 8$ $7 + 2 = 9$

  Ⓐ   Ⓑ   Ⓒ   Ⓓ

---

11. Laura tiene 4 peras. Compra 3 peras más.
Quiere quedarse con 2 peras y darle una a
cada uno de sus 6 amigos.

Usa dibujos y palabras para explicar si
Laura tendrá suficientes peras.

---

12. Nati tiene 8 pelotas de tenis. Tomás tiene 6.
¿Qué ecuación muestra cuántas pelotas
de tenis más tiene Nati que Tomás?

$4 + 4 = 8$ $8 - 3 = 5$ $2 - 0 = 2$ $8 - 6 = 2$

  Ⓐ   Ⓑ   Ⓒ   Ⓓ

Nombre _____

Premios de patinaje

Marta es una patinadora de hielo que ha ganado premios.

1. Marta ganó 2 cintas azules y 4 cintas rojas.

   ¿Cuántas cintas azules y rojas ha ganado en total?

   _____ cintas

2. Marta tiene 4 cintas rojas.
   Ganó algunas cintas rojas más.
   Ahora tiene 7 cintas rojas.

   ¿Cuántas cintas rojas más ganó Marta?

   _____ más

   Escribe una ecuación para mostrar por qué tu respuesta es correcta.

3. Marta tiene 8 cintas amarillas. Quiere colgar unas en la puerta y otras en la pared. ¿Cuáles son dos maneras en las que puede colgar las cintas en la puerta y la pared?

Escribe dos ecuaciones de suma diferentes para mostrar cómo puede colgar las cintas en la puerta y la pared.

4. Marta tiene 8 cintas amarillas y 2 azules. ¿Cuántas cintas amarillas más que azules tiene?

_____ más

5. Explica por qué tu respuesta a la pregunta 4 es correcta. Usa números, dibujos o palabras.

Tema 1 | Evaluación del rendimiento

TEMA 2

Sumar y restar con facilidad hasta 10

Pregunta esencial: ¿Qué estrategias puedes usar cuando sumas y restas?

¡Increíble! Hagamos este proyecto para aprender más.

La cáscara protege a la bellota cuando se cae del árbol.

¿Qué podría usar la gente para protegerse del frío?

Proyecto de Matemáticas y Ciencias: Protégete a ti mismo

Investigar Piensa en otras cosas que ayudan a las plantas y los animales a sobrevivir. ¿Qué ayuda a los humanos a sobrevivir? ¿Hacemos cosas que nos ayudan a protegernos?

Diario: Hacer un libro Muestra lo que encontraste. En tu libro, también:

• haz una lista de algunas de las cosas que los humanos hacemos para protegernos.

• inventa y resuelve problemas de suma y resta sobre esas cosas.

Nombre _____

★Repasa lo que sabes★

A-Z **Vocabulario**

1. Encierra en un círculo los números que son las **partes.**

$$3 + 5 = 8$$

2. Encierra en un círculo el número que es el **todo.**

$$3 + 5 = 8$$

3. Encierra en un círculo el signo **igual.**

$$3 + 5 = 8$$

Entender la suma

4. Escribe una suma que represente el dibujo.

___ + ___ = ___

5. Bob ve 5 abejas. Ema ve algunas abejas. En total, ven 9 abejas. ¿Cuántas abejas vio Ema?

Escribe una suma para resolver el problema.

___ + ___ = ___

Formar números

6. Dibuja fichas para mostrar una manera de formar 8.

Mis tarjetas de palabras

Estudia las palabras de las tarjetas.
Completa la actividad que está al reverso.

recta numérica

0 1 2 3 4 5 6 7 8 9 10

Esta **recta numérica** muestra los números del 1 al 10.

suma de dobles

$4 + 4 = 8$

Esta es una **suma de dobles.**

suma de casi dobles

$4 + 5 = 9$

Esta es una **suma de casi dobles.**

Mis tarjetas de palabras

Usa lo que sabes para completar las oraciones. Para ampliar lo que aprendiste, escribe tu propia oración usando cada palabra.

Una operación de suma donde un sumando es 1 o 2 más que el otro es una

_____

_____.

Una operación de suma donde un sumando es igual al otro sumando es una

_____.

Una _____

_____

muestra los números en orden de izquierda a derecha.

Nombre _____

Resuélvelo y coméntalo

El conejo puso 5 zanahorias en una olla. Necesita añadir 1 más. ¿Puedes saber cuántas zanahorias habrá en total sin contarlas todas?

Puedo...

sumar contando hacia adelante desde un número.

© **Estándares de contenido** 1.OA.C.5, 1.OA.C.6
Prácticas matemáticas PM.2, PM.4, PM.5, PM.8

_____ + _____ = _____

Hay 4 tomates en la olla. Si añade 2 más, ¿cuántos tomates habrá en total?

Puedes sumar para unir los dos grupos.

$$\underline{4} + \underline{2} = \underline{6}$$

2 más 4 es 6. Hay 6 tomates en total.

Puedes usar también una **recta numérica** para contar hacia adelante y hallar el total.

Empieza en el 4 y cuenta 2 más.

4, 5, 6

$$\underline{4} + \underline{2} = \underline{6}$$ Hay 6 tomates en la olla.

¿Lo entiendes?

¡Demuéstralo! ¿Cómo le sumas 1 a un número? ¿Cómo le sumas 2 a un número?

☆ Práctica guiada ☆
Cuenta hacia adelante para hallar la suma o total.

1.

$$\underline{3} + \underline{2} = \underline{5}$$

2.

$$\underline{} + \underline{} = \underline{}$$

3.

$$\underline{} + \underline{} = \underline{}$$

4.

$$\underline{} + \underline{} = \underline{}$$

☆ Práctica independiente ☆

Cuenta hacia adelante para sumar. Usa la recta numérica para ayudarte.

0 1 2 3 4 5 6 7 8 9 10

5. $3 + 2 =$ _____

6. $8 + 1 =$ _____

7. $7 + 1 =$ _____

8. $9 + 1 =$ _____

9. $4 + 3 =$ _____

10. $9 = 6 +$ _____

11. $2 + 6 =$ _____

12. $6 = 5 +$ _____

13. $5 + 3 =$ _____

14. **Sentido numérico** Encierra en un círculo **Falso** o **Verdadero**.

Cuenta hacia adelante para ayudarte.

$8 + 0 = 8$ Verdadero   Falso $3 + 1 = 5$ Verdadero   Falso

$7 + 1 = 7$ Verdadero   Falso $6 = 4 + 0$ Verdadero   Falso

$8 = 6 + 2$ Verdadero   Falso $5 + 2 = 7$ Verdadero   Falso

Prácticas matemáticas y resolución de problemas

Haz un dibujo y escribe una ecuación para resolver cada problema.
Decide cuántos números necesitas contar hacia adelante para resolverlo.

15. © PM.4 Representar Diana tiene 8 uvas. Su hermana le da 2 más. ¿Cuántas uvas tiene Diana ahora?

_____ + _____ = _____

Diana tiene _____ uvas.

16. © PM.4 Representar Alina llenó 6 tazones. Julio llenó algunos más. Ahora hay 9 tazones llenos. ¿Cuántos tazones llenó Julio?

_____ + _____ = _____

Julio llenó _____ tazones.

17. Razonamiento de orden superior

Max tiene 1 zanahoria más que Teresa.
Teresa tiene 3 zanahorias más que Susi.
Susi tiene 4 zanahorias.

Escribe cuántas zanahorias tiene cada uno.

_____   _____   _____
Max   Teresa   Susi

18. © Evaluación María es 2 años mayor que Tim. María tiene 7 años.

¿Qué ecuación de suma te ayuda a hallar la edad de Tim?

Ⓐ $2 + 7 = 9$

Ⓑ $5 + 1 = 6$

Ⓒ $5 - 2 = 3$

Ⓓ $5 + 2 = 7$

Nombre _____

¡Revisemos! Cuenta hacia adelante para hallar la suma o total.

Si añades 1, la suma
es 1 más.

3, 4

$3 + 1 = 4$

Si añades 2, la suma
es 2 más.

3, 4, 5

$3 + 2 = 5$

Si añades 3, la suma
es 3 más.

3, 4, 5, 6

$3 + 3 = 6$

ACTIVIDAD PARA EL HOGAR
Ponga entre 1 y 7 objetos
pequeños sobre la mesa. Pídale a
su niño(a) que cuente los objetos.
Luego, añada 0, 1 o 2 más.
Pídale a su niño(a) que sume los
objetos. Pídale que escriba una
ecuación de suma que represente
los objetos que hay en la mesa.
Repita la actvidad con un número
diferente de objetos.

Cuenta hacia adelante para completar las sumas.

1.

6, _____

$6 + 1 =$ _____

2.

5, _____, _____, _____

$5 + 3 =$ _____

3.

7, _____, _____

$7 + 2 =$ _____

4. Max ganó 5 dólares lavando platos. Luego, ganó más dólares paseando al perro. En total, Max ganó 7 dólares. ¿Cuántos dólares ganó por pasear al perro?

Haz un dibujo. Escribe el número.

_____ dólares

5. Ema leyó 7 libros en una semana. Luego, leyó 3 libros más. ¿Cuántos libros leyó Ema en total?

Haz un dibujo. Escribe el número.

_____ libros

6. Razonamiento de orden superior
Escribe el número que falta.

$3 + 2 = 2 +$ _____

Usa el dibujo como ayuda.

7. © Evaluación Hay 6 abejas en una colmena. 3 abejas más llegan volando. Cuenta hacia adelante para hallar cuántas abejas hay en la colmena ahora.

¿Qué operación de suma representa el cuento?

Ⓐ $6 + 2 = 8$

Ⓑ $6 + 3 = 9$

Ⓒ $6 + 0 = 6$

Ⓓ $8 + 0 = 8$

Nombre _____

Resuélvelo y coméntalo

Emily y yo tenemos 3 juguetes cada uno. ¿Cuántos juguetes tenemos en total? Usa cubos para hallar la respuesta. Luego, escribe una ecuación que represente el cuento.

Resuelve

Lección 2-2
Dobles

Puedo...
usar dobles para resolver problemas.

© **Estándares de contenido**
1.OA.C.5, 1.OA.C.6
Prácticas matemáticas PM.1, PM.2, PM.3, PM.4, PM.8

____ + ____ = ____

Esto es una **suma de dobles.**

$$2 + 2 = 4$$

Los sumandos son iguales.

Cada cubo en este grupo

$$\begin{array}{r} 2 \\ + 2 \\ \hline 4 \end{array}$$

tiene un compañero en este grupo.

Esta no es una suma de dobles. No hay un compañero para cada cubo.

$$2 + 1 = 3$$

Los sumandos no son iguales.

Piensa en dobles cuando los dos sumandos son iguales.

$$\begin{array}{r} 2 \\ + 2 \\ \hline 4 \end{array} \qquad \begin{array}{r} 1 \\ + 1 \\ \hline 2 \end{array}$$

¿Lo entiendes?

¡Demuéstralo! ¿Es $6 + 4$ un doble? Explícalo.

Práctica guiada Escribe la ecuación de suma para cada doble.

1.

$$\underline{4} + \underline{4} = \underline{8}$$

2.

$$\underline{} + \underline{} = \underline{}$$

3.

$$\underline{} = \underline{} + \underline{}$$

4.

$$\underline{} + \underline{} = \underline{}$$

☆ Práctica ☆ independiente
Escribe la ecuación o el total para cada suma de dobles.

5.

___ + ___ = ___

6.

___ + ___ = ___

7.

___ + ___ = ___

8. 2
$+2$
☐

9. 4
$+4$
☐

10. 0
$+0$
☐

11. **A-Z Vocabulario** Haz un dibujo para mostrar una **suma de dobles**.

Escribe una ecuación de suma que represente el dibujo.

___ + ___ = ___

12. © **PM.I Entender** Nadia hace 4 pasteles. Juan hace el mismo número de pasteles.

¿Cuántos pasteles hacen Nadia y Juan en total?

_____ pasteles

13. © **PM.I Entender** Irma tiene 2 bolsillos. En cada bolsillo tiene 5 monedas de 1¢.

¿Cuántas monedas de 1¢ tiene Irma en total?

_____ monedas de 1¢

14. Razonamiento de orden superior

¿Hay alguna suma de dobles que tenga un total de 9?

Haz un dibujo para hallar la respuesta.

Encierra en un círculo **Sí** o **No**.

Sí   **No**

15. © **Evaluación** Daniel tiene 2 canastas. Tiene el mismo número de lápices en cada canasta. Tiene 6 lápices en total.

¿Cuántos lápices tiene Daniel en cada canasta?

3   4   5   6
Ⓐ   Ⓑ   Ⓒ   Ⓓ

Nombre _____

¡Revisemos! Cuando los sumandos son iguales, es una suma de dobles. Estas son algunas sumas de dobles.

$$2$$
$$+2$$
$$\overline{\hphantom{0}4}$$

$$2 + 2 = 4$$
↑   ↑   ↑
sumando   sumando   suma o total

$$3$$
$$+3$$
$$\boxed{6}$$

$$3 + 3 = 6$$
↑   ↑   ↑
sumando   sumando   suma o total

ACTIVIDAD PARA EL HOGAR
Pídale a su niño(a) que use objetos pequeños para mostrar 2 grupos de 4. Luego, pídale que escriba una ecuación de suma para mostrar el doble ($4 + 4 = 8$). Repita la actividad con los dobles de $1 + 1$ a $5 + 5$.

Escribe el total para cada suma de dobles.

1.

$$1$$
$$+1$$
$$\boxed{}$$

2.

$$4$$
$$+4$$
$$\boxed{}$$

3.

$$5$$
$$+5$$
$$\boxed{}$$

4. © **PM.2 Razonar** Óscar hizo 5 dibujos. Luis también hizo 5 dibujos. ¿Cuántos dibujos hicieron Óscar y Luis en total?

_____ + _____ = _____

5. © **PM.2 Razonar** Tami y Maya sembraron 6 flores en total. Tami sembró 3 flores. ¿Cuántas flores sembró Maya?

_____ = _____ + _____

Escribe el número que falta en cada problema.

6. Álgebra

$4 = 2 +$ _____

7. Álgebra

_____ $+ 4 = 8$

8. Álgebra

$0 +$ _____ $= 0$

9. Razonamiento de orden superior Hay 6 canicas en total. ¿Cuántas canicas hay dentro del vaso?

_____ canicas están dentro del vaso.

10. © **Evaluación** Hay 10 canicas en total. Hay 5 canicas fuera del vaso. ¿Cuántas canicas hay dentro del vaso?

Ⓐ 2
Ⓑ 4
Ⓒ 5
Ⓓ 10

Nombre _____

Resuélvelo y coméntalo

Emily tiene 4 conchas de mar y yo tengo 5. ¿Cómo puedes usar fichas para mostrar cuántas conchas de mar tenemos en total? Escribe una ecuación.

____ + ____ = ____

Puedes usar una suma de dobles para resolver una **suma de casi dobles.**

$4 + 5 = ?$

$4 + 6 = ?$

> Puedo usar la suma de dobles $4 + 4$ para hallar $4 + 5$ y $4 + 6$.

$4 + 5$ es $4 + 4$ y 1 más.

8 más 1 son 9.

$4 + 6$ es $4 + 4$ y 2 más.

8 más 2 son 10.

$$\begin{array}{r} 4 \\ + 5 \\ \hline 9 \end{array} \qquad \begin{array}{r} 4 \\ + 6 \\ \hline 10 \end{array}$$

> El saber las sumas de dobles te ayuda a resolver las sumas de casi dobles.

¿Lo entiendes?

¡Demuéstralo! ¿De qué manera el saber la suma de $3 + 3$ te ayuda a hallar la suma de $3 + 4$?

☆ **Práctica guiada** ☆ Usa una suma de dobles para resolver cada suma de casi dobles.

1. $2 + 3 = ?$

   $\underline{2} + \underline{2} = \underline{4}$

   Por tanto, $\underline{2} + \underline{3} = \underline{5}$

2. $2 + 4 = ?$

   $\underline{} + \underline{} = \underline{}$

   Por tanto, $\underline{} + \underline{} = \underline{}$

Nombre _____

☆ Práctica ☆ independiente ☆

Usa una suma de dobles para resolver cada suma de casi dobles.

3. 3 + 4 = ?

_____ + _____ = _____

Por tanto, _____ + _____ = _____

4. 3 + 5 = ?

_____ + _____ = _____

Por tanto, _____ + _____ = _____

5. 4
    + 5
    ☐

6. 2
    + 4
    ☐

7. 2
    + 1
    ☐

Piensa en una suma de dobles y súmale 1 o 2 más.

8. 3 + 2 = _____

9. 1 + 3 = _____

Sentido numérico Escribe los números que faltan.

10. Si 2 + _____ = 4, entonces 2 + _____ = 5.

11. Si 4 + _____ = 8, entonces 4 + _____ = 9.

Prácticas matemáticas y resolución de problemas

Usa una suma de dobles para resolver cada suma de casi dobles.
Escribe una ecuación que represente cada problema.

12. © **PM.2 Razonar** Omar se come 2 peras. Gilda se come 2 peras y luego 1 más. ¿Cuántas peras se comieron Omar y Gilda en total?

_____ + _____ = _____

Omar y Gilda se comieron _____ peras.

13. © **PM.2 Razonar** Sam encuentra 3 caracoles y Beto encuentra 4 caracoles. ¿Cuántos caracoles encontraron en total?

_____ + _____ = _____

Sam y Beto encontraron _____ caracoles.

14. **Razonamiento de orden superior** Escribe un problema-cuento sobre un casi doble. Luego, haz un dibujo para mostrar el cuento.

15. © **Evaluación** Pati saltó la cuerda 4 veces. Malena saltó la cuerda 4 veces y luego 1 vez más.

¿Cuántas veces saltaron la cuerda Pati y Malena en total?

Ⓐ 10

Ⓑ 9

Ⓒ 8

Ⓓ 7

Puedes usar una suma de casi dobles para ayudarte a resolver el problema.

Ayuda   Herramientas   Juegos

¡Revisemos! Puedes usar dobles para sumar casi dobles.

$2 + 2 = 4$ $2 + 3 = 5$

$\underline{3} + \underline{3} = \underline{6}$ $\underline{3} + \underline{4} = \underline{7}$

Si $2 + 2 = 4$, entonces
$2 + 3$ es 1 más
$2 + 3 = 5$

Si $3 + 3 = 6$, entonces $3 + 4$ es 1 más.
$\underline{3} + \underline{4} = \underline{7}$

ACTIVIDAD PARA EL HOGAR
Juegue con su niño(a) con objetos pequeños como monedas de 1¢. Primero, use las monedas para representar los números que sean dobles. Pídale a su niño(a) que sume el grupo de dobles. Luego, añada otra moneda y pídale que sume el grupo de casi dobles.

Suma los dobles. Luego, suma los casi dobles.

1.

___ + ___ = ___   ___ + ___ = ___

2.

___ + ___ = ___   ___ + ___ = ___

Halla el número que complete cada suma de casi dobles.

3. Álgebra

$3 + \underline{\hspace{1cm}} = 7$

4. Álgebra

$9 = 4 + \underline{\hspace{1cm}}$

5. Álgebra

$1 + \underline{\hspace{1cm}} = 4$

Escribe una ecuación de suma para resolver cada problema.

6. Sandy juega 3 juegos. Bob juega 3 juegos y luego 1 más. ¿Cuántos juegos jugaron Sandy y Bob en total?

$\underline{\hspace{1cm}} = \underline{\hspace{1cm}} + \underline{\hspace{1cm}}$

Sandy y Bob jugaron $\underline{\hspace{1cm}}$ juegos.

7. Nina se tomó 2 vasos de agua. Karen se tomó 4 vasos de agua. ¿Cuántos vasos se tomaron en total?

$\underline{\hspace{1cm}} + \underline{\hspace{1cm}} = \underline{\hspace{1cm}}$

Nina y Karen se tomaron $\underline{\hspace{1cm}}$ vasos.

8. Razonamiento de orden superior
Usa cada tarjeta una vez para escribir ecuaciones de suma con dobles y casi dobles.

| 2 | 3 | 2 | 5 | 2 | 4 |

$\underline{\hspace{1cm}} + \underline{\hspace{1cm}} = \underline{\hspace{1cm}}$

$\underline{\hspace{1cm}} + \underline{\hspace{1cm}} = \underline{\hspace{1cm}}$

9. © Evaluación ¿Qué operación de dobles te puede ayudar a resolver $4 + 5 = ?$

Ⓐ $1 + 1 = 2$

Ⓑ $2 + 2 = 4$

Ⓒ $3 + 3 = 6$

Ⓓ $4 + 4 = 8$

Lección 2-4

Operaciones con 5 en un marco de 10

Resuélvelo y coméntalo

Pon algunas fichas en la fila de abajo del marco de 10. ¿Qué ecuación de suma puedes escribir para representar las fichas?

Puedo...

usar un marco de 10 para ayudarme a resolver sumas con 5 y 10.

© **Estándar de contenido** 1.OA.C.6
Prácticas matemáticas PM.3, PM.4, PM.7

____ + ____ = ____

Puedes usar un marco de 10 para mostrar una operación de suma con 5.

$5 + 3 = ?$

Empieza con 5 y suma 3 más.

5 más 3 son 8.

Hay 8 fichas en el marco de 10.

$5 + 3 = 8$

Puedes mostrar otra operación de suma en el marco de 10. Hay 8. Forma 10.

2 casillas están vacías. Añade 2 fichas.

8 más 2 son 10.

$8 + 2 = 10$

¿Lo entiendes?

¡Demuéstralo! ¿De qué manera un marco de 10 te ayuda a sumar $5 + 4$?

☆ Práctica guiada ☆

Mira los marcos de 10.
Escribe una operación de suma con 5.
Luego, escribe una operación que sume 10.

1.

$5 + \underline{2} = 7$

$7 + \underline{3} = 10$

2.

$5 + \underline{} = \underline{}$

$\underline{} + \underline{} = 10$

☆ **Práctica** ☆
independiente
☆

Mira cada marco de 10. Escribe una operación de suma con 5.
Luego, escribe una operación de suma que sume 10.

3.

5 + ____ = ____

____ + ____ = 10

4.

5 + ____ = ____

____ + ____ = 10

5.

5 + ____ = ____

____ + ____ = 10

---

6. Razonamiento de orden superior Usa 2 colores para dibujar
fichas en los marcos de 10 que representen las ecuaciones de
suma. Luego, escribe los números que faltan.

8 + ____ = 10

7 + ____ = 10

¿Qué número falta para formar 10?

7. © **PM.4 Representar** Un equipo tiene 5 pelotas. El entrenador trae 3 más. ¿Cuántas pelotas tiene el equipo ahora?

Dibuja fichas en el marco de 10. Luego, escribe una operación de suma.

_____ + _____ = _____   _____ pelotas

8. © **PM.4 Representar** Cami lee 5 libros. Susana lee 4 libros. ¿Cuántos libros leyeron las niñas en total?

Dibuja fichas en el marco de 10. Luego, escribe una operación de suma.

_____ + _____ = _____   _____ libros

9. **Razonamiento de orden superior**

Escribe otro cuento sobre sumar hasta 10, usando el marco de 10 del Ejercicio 7. Luego, escribe una ecuación para tu cuento.

_____ + _____ = _____

10. © **Evaluación** El equipo de Toño tiene 5 pelotas de futbol. El entrenador trae algunas pelotas más. El equipo de Toño tiene ahora 10 pelotas de futbol.

¿Qué operación de suma muestra cuántas pelotas de futbol trajo el entrenador?

Ⓐ $5 + 5 = 10$

Ⓑ $10 + 3 = 13$

Ⓒ $7 + 3 = 10$

Ⓓ $10 + 7 = 17$

Ayuda   Herramientas   Juegos

¡Revisemos! Puedes escribir una operación de suma con 5 usando un marco de 10. También puedes escribir una operación que sume 10 usando un marco de 10.

$$5 + 1 = 6$$

$$6 + 4 = \underline{10}$$

ACTIVIDAD PARA EL HOGAR
Juegue con su niño(a). Dibujen marcos de 10 en una hoja y dibujen círculos en cada marco. Luego, pídale a su niño(a) que escriba una ecuación que acompañe al marco, usando 5 o 10 abajo de cada marco de 10.

Mira los marcos de 10.
Escribe una operación de suma con 5.
Luego, escribe una operación que sume 10.

1.

$$5 + 2 = \underline{}$$

$$\underline{} + \underline{} = 10$$

2.

$$5 + 4 = \underline{}$$

$$\underline{} + \underline{} = 10$$

3.

$$5 + 0 = \underline{}$$

$$\underline{} + \underline{} = 10$$

4. $5 +$ ___ $=$ ___

$6 +$ ___ $= 10$

5. $5 +$ ___ $=$ ___

$9 +$ ___ $= 10$

6. $5 +$ ___ $=$ ___

$8 +$ ___ $= 10$

---

7. Matemáticas y Ciencias Ricardo va a ir a escalar rocas con sus amigos. Necesita llevar 10 cascos de protección. Pone 4 cascos en la camioneta. ¿Cuántos cascos más necesita llevar Ricardo?

Dibuja fichas para resolver el problema. Luego, escribe una ecuación.

___ $+$ ___ $=$ ___

___ cascos

---

8. Razonamiento de orden superior

Hay 7 tiendas de campaña en total en un campamento. Primero, los campistas armaron 5 tiendas. ¿Cuántas tiendas más armaron los campistas?

Dibuja fichas para resolver el problema. Luego, escribe una ecuación.

___ $=$ ___ $+$ ___

___ tiendas

9. © Evaluación La mamá de Manuel hizo 10 panqueques en total. Primero hizo 6 y luego hizo algunos más.

¿Qué operación de suma muestra cuántos panqueques más hizo la mamá de Manuel?

Ⓐ $6 + 1 = 7$

Ⓑ $6 + 4 = 10$

Ⓒ $10 + 4 = 14$

Ⓓ $6 + 6 = 12$

Lección 2-5

Sumar en cualquier orden

Resuélvelo y coméntalo Escribe una ecuación de suma que represente los cubos verdes y amarillos en cada torre. ¿En qué se parecen las ecuaciones de suma? ¿En que se diferencian?

Puedo...

usar los mismos sumandos para escribir dos ecuaciones diferentes con la misma suma o total.

© **Estándar de contenido**
1.OA.B.3
Prácticas matemáticas PM.2, PM.3, PM.4, MP.7

_____ + _____ = _____   _____ + _____ = _____

Aprende Glosario

4 y 2 son 6.

2 y 4 son 6.

Puedes cambiar el orden de los sumandos. La suma o total será la misma.

$$4 + 2 = 6$$
$$2 + 4 = 6$$

Puedes escribir 2 ecuaciones de suma.

4 más 2 es igual a 6.

2 más 4 es igual a 6.

¿Lo entiendes?

¡Demuéstralo! ¿De qué manera puedes usar cubos para mostrar que $5 + 3$ es igual a $3 + 5$?

☆ **Práctica guiada** ☆ Colorea para cambiar el orden de los sumandos. Luego, escribe las ecuaciones de suma.

1.

$$\underline{3} + \underline{4} = \underline{7}$$

$$\underline{} + \underline{} = \underline{}$$

2.

$$\underline{} + \underline{} = \underline{}$$

$$\underline{} + \underline{} = \underline{}$$

---

104 ciento cuatro

Tema 2 | Lección 5

Herramientas Evaluación

Escribe la suma o total. Luego, cambia el orden de los sumandos y escribe la nueva ecuación de suma.

3. 2 + 3 = ____

___ + ___ = ___

4. 1 + 6 = ____

___ + ___ = ___

5. ____ = 3 + 6

____ = ___ + ___

6. 5 + 2 = ____

___ + ___ = ___

7. 4 + 5 = ____

___ + ___ = ___

8. 6 + 2 = ____

___ + ___ = ___

Sentido numérico Usa los números en las tarjetas para escribir dos ecuaciones de suma.

9.

3 **8** **5**

___ + ___ = ___

___ + ___ = ___

10.

  2

4 **6** **2**

___ = ___ + ___

___ = ___ + ___

11. © PM.4 Representar Lisa y Ana recogieron 6 latas el lunes y 4 latas el martes. ¿Cuántas latas recogieron en total?

Haz un dibujo. Luego, escribe dos ecuaciones diferentes de suma.

_____ + _____ = _____

_____ + _____ = _____

12. Razonamiento de orden superior

Haz un dibujo de 5 pájaros. Dibuja algunos pájaros azules y otros rojos.

Escribe dos ecuaciones de suma que representen el dibujo.

_____ + _____ = _____

_____ + _____ = _____

13. © Evaluación Mira las dos ecuaciones de suma. ¿Cuál es el sumando que falta?

$9 = \underline{\ ?\ } + 2$

$9 = 2 + \underline{\ ?\ }$

Ⓐ 6

Ⓑ 7

Ⓒ 8

Ⓓ 9

Las dos ecuaciones tienen un 2 y un 9.

¡Revisemos! Cuando cambias el orden los sumandos, la suma es la misma.

$$4 \quad + \quad 2 \quad = 6$$

$$2 \quad + \quad 4 \quad = 6$$

ACTIVIDAD PARA EL HOGAR
Escriba varias ecuaciones de suma para su niño(a). Pídale que cambie el orden de los sumandos y luego escriba la nueva ecuación. Pregúntele: "¿De qué manera son iguales las ecuaciones? ¿De que manera son diferentes?".

$$\underline{5} \quad + \quad \underline{2} = \underline{7}$$

$$\underline{2} \quad + \quad \underline{5} = \underline{7}$$

Suma. Escribe ecuaciones de suma con los sumandos en un orden diferente.

1.

$$\underline{} \quad + \quad \underline{} = \underline{}$$

$$\underline{} \quad + \quad \underline{} = \underline{}$$

2.

_____ + _____ = _____

_____ + _____ = _____

3.

_____ + _____ = _____

_____ + _____ = _____

4. Razonamiento de orden superior Usa estos cubos.

Escoge dos colores de cubos y escribe un cuento de suma.

Luego, escribe dos ecuaciones de suma para tu cuento.

_____ + _____ = _____

_____ + _____ = _____

5. © **Evaluación** ¿Qué opción muestra dos maneras de sumar los cubos en el tren de cubos?

Ⓐ 4 + 3, 3 + 4

Ⓑ 2 + 6, 6 + 2

Ⓒ 2 + 7, 7 + 2

Ⓓ 5 + 2, 2 + 5

6. © **Evaluación** ¿Qué suma tiene el mismo valor que 5 + 1?

Ⓐ 1 + 2

Ⓑ 5 + 3

Ⓒ 2 + 6

Ⓓ 1 + 5

Nombre _____

Resuélvelo y coméntalo Hay 5 personas en un autobús. 2 personas se bajan. Usa la recta numérica para mostrar cuántas personas están todavía en el autobús. Escribe el número.

Puedo...
contar hacia atrás para resolver problemas de resta.

© **Estándares de contenido**
1.OA.C.5, 1.OA.C.6
Prácticas matemáticas PM.2, PM.4, PM.7

0 1 2 3 4 5 6 7 8 9 10

_____ personas quedan en el autobús.

Puedes usar la recta numérica para ayudarte a restar.

7, 6, 5 $7 - 2 = \underline{5}$

Si empiezo en 7 y cuento 2 hacia atrás, termino en 5.

Cuando restas 3, cuentas 3 hacia atrás.

7, $\underline{6}$, $\underline{5}$, $\underline{4}$

$\begin{array}{r} 7 \\ -3 \\ \hline \boxed{4} \end{array}$

Cuando restas 0, cuentas 0 hacia atrás.

$\begin{array}{r} 7 \\ -0 \\ \hline \boxed{7} \end{array}$

Si empiezo en 7 y no cuento ninguno hacia atrás, ¡me quedo en 7!

¿Lo entiendes?

¡Demuéstralo! Escribe ecuaciones de resta que muestren que contaste hacia atrás 1, 2 o 3.

Práctica guiada Cuenta hacia atrás para completar cada operación de resta.

1. $\begin{array}{r} 4 \\ -1 \\ \hline \boxed{3} \end{array}$ $\begin{array}{r} 4 \\ -0 \\ \hline \boxed{4} \end{array}$

2. $\begin{array}{r} 6 \\ -0 \\ \hline \boxed{} \end{array}$ $\begin{array}{r} 6 \\ -2 \\ \hline \boxed{} \end{array}$

3. $\begin{array}{r} 9 \\ -5 \\ \hline \boxed{} \end{array}$ $\begin{array}{r} 9 \\ -3 \\ \hline \boxed{} \end{array}$

Herramientas Evaluación

☆ **Práctica** ☆
independiente
☆

Completa cada operación de resta. Cuenta hacia atrás o usa la recta numérica para ayudarte.

```
  0   1   2   3   4   5   6   7   8   9   10
```

4.   6
      −5
     ☐

5.   8
      −0
     ☐

6.   10
      −8
     ☐

7.   7
      −3
     ☐

8.   9
      −4
     ☐

Haz un dibujo para resolver el problema.
Escribe una ecuación de resta.

9. Razonamiento de orden superior Ale y Raúl compran lápices en la tienda.
Ale compra 10 lápices. Raúl compra 8. ¿Cuántos lápices menos compró Raúl?

_____ − _____ = _____ lápices menos

Prácticas matemáticas y resolución de problemas

Resuelve cada problema. Escribe una ecuación de resta que represente el problema.

10. © **PM.2 Razonar** Manuel escoge un número que es 4 menos que 8. ¿Cuál es el número de Manuel?

_____ − _____ = _____

El número de Manuel es _____.

11. © **PM.2 Razonar** Berta está pensando en un número que es 0 menos que 10. ¿Cuál es el número de Berta?

_____ − _____ = _____

El número de Berta es _____.

12. **Razonamiento de orden superior** Completa la ecuación de resta. Luego, escribe un cuento que represente la ecuación.

$5 - 1 =$ _____

_____

_____

_____

13. © **Evaluación** Laura tiene 10 boletos. Les da 2 a sus amigas. ¿Cuántos boletos le quedan a Laura?

Ⓐ 8

Ⓑ 6

Ⓒ 4

Ⓓ 2

Puedes escribir una ecuación para ayudarte a resolver el problema.

Nombre _____

¡Revisemos! Puedes contar hacia atrás para resolver problemas de resta.

0   1   2   3   4   5   6   7   8   9   10

$4 - 2 = ?$

Empieza en 4.

Cuenta hacia atrás 2.

4, 3, 2

Resuelve el problema.

$4 - 2 = 2$

$6 - 1 = ?$

Empieza en 6.

Cuenta hacia atrás 1.

6, 5

Resuelve el problema.

$6 - 1 = 5$

Cuenta hacia atrás para restar.

ACTIVIDAD PARA EL HOGAR
Usen fichas u otros objetos para contar hasta 6. Pídale a su niño(a) que le diga a qué es igual 6 menos 2. Pregúntele: "¿Qué ecuación de resta hiciste?". Repita la actividad pidiéndole que reste 0, 1 o 2.

Cuenta hacia atrás o usa una recta numérica para ayudarte a restar.

1.

9

Cuenta hacia atrás 1.   Resuelve el problema.

$9 - 1 = \underline{\quad}$

2.

10

Cuenta hacia atrás 0.   Resuelve el problema.

$10 - 0 = \underline{\quad}$

3. Hay 9 manzanas en la canasta de Vero.
Vero se come 1.
¿Cuántas manzanas quedan?

___ – ___ = ___

4. Hay 6 vasos en la bandeja. 4 vasos se caen de la bandeja. ¿Cuántos vasos quedan?

___ – ___ = ___

5. Razonamiento de orden superior
Escribe una ecuación de resta.
Luego, escribe un cuento que represente tu ecuación.

___ = ___ – ___

_____

_____

_____

_____

_____

6. © Evaluación Noemí tiene que leer 8 páginas de su libro. Lee 3 en el autobús. ¿Qué ecuación muestra cuántas páginas le falta leer a Noemí?

Ⓐ $10 - 5 = 5$

Ⓑ $10 - 2 = 8$

Ⓒ $8 - 2 = 6$

Ⓓ $8 - 3 = 5$

Nombre _____

Elena está jugando en la piscina con 6 pelotas de playa. 4 se le fueron al otro lado de la piscina. ¿Cuántas le quedan?

¿De qué manera puedes usar una operación de suma para hallar la respuesta de $6 - 4 =$ ____? Usa fichas para ayudarte a resolver el problema.

Puedo...
usar operaciones de suma que ya conozco para ayudarme a resolver problemas de resta.

© **Estándares de contenido**
1.OA.B.4, 1.OA.C.6, 1.OA.D.8
Prácticas matemáticas PM.2, PM.4, PM.5, PM.7

____ + ____ = ____   Por tanto, ____ − ____ = ____.

Aprende Glosario

Puedes usar la suma para ayudarte a restar.

$7 - 3 = \boxed{?}$

7

$3 + \boxed{?} = 7$

¿Qué le puedo sumar a 3 para formar 7?

7

$3 + \boxed{4} = 7$

La parte que falta es 4.

7

Piensa en la operación de suma para resolver una ecuación de resta.

$7 - 3 = \boxed{4}$

$3 + 4 = 7$

¿Lo entiendes?

¡Demuéstralo! ¿De qué manera una operación de suma te ayuda a resolver $7 - 6$?

☆ **Práctica guiada** ☆ Piensa en la suma para ayudarte a restar. Dibuja la parte que falta. Luego, escribe los números.

1.

5

$5 - 4 = ?$

$4 + \underline{} = 5$

Por tanto, $5 - 4 = \underline{}$.

2.

6

$6 - 5 = ?$

$5 + \underline{} = 6$

Por tanto, $6 - 5 = \underline{}$.

⭐ **Práctica independiente**

Piensa en la suma para ayudarte a restar. Dibuja la parte que falta. Luego, escribe los números.

3.

| 8 |

6 + ____ = 8

Por tanto, 8 − 6 = ____ .

4.

| 7 |

4 + ____ = 7

Por tanto, 7 − 4 = ____ .

5.

| 4 |

3 + ____ = 4

Por tanto, 4 − 3 = ____ .

---

6. Razonamiento de orden superior Dibuja la figura para completar la ecuación.

Si ⬤ + ▲ = ⬛ ,

entonces ⬛ − ⬤ = ____ .

Escribe una ecuación de suma y una de resta para resolver el problema.

7. © **PM.5 Usar herramientas** Pamela necesita 8 boletos para subirse a un juego. Tiene 2, así que necesita más boletos.

¿Cuantos boletos más necesita Pamela? Puedes usar herramientas para resolver el problema.

¿Qué herramienta puede ayudarte a resolver este problema?

_____ + _____ = _____

_____ − _____ = _____

_____ boletos

8. **Razonamiento de orden superior**
Celia tiene una caja de 6 crayones.
4 crayones están dentro de la caja.
Celia usó esta suma para saber cuántos crayones faltaban en la caja.
¿Hizo lo correcto? Explícalo.

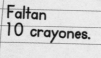

$6 + 4 = 10$

Faltan 10 crayones.

9. © **Evaluación** ¿Qué operaciones de suma pueden ayudarte a resolver el problema? Selecciona todas las que apliquen.

9

$9 - 2 = ?$

☐ $7 + 2 = 9$

☐ $5 + 4 = 9$

☐ $2 + 7 = 9$

☐ $8 + 1 = 9$

Ayuda   Herramientas   Juegos

Pensar en la
suma para restar

¡Revisemos! Usa la suma para ayudarte a restar.

Sé que
2 + 6 = 8.
Por tanto,
8 − 6 = 2.

$3 + 6 = 9$

Por tanto, $9 − 6 = 3$.

ACTIVIDAD PARA EL HOGAR
Doble una hoja de papel por la mitad para tener dos secciones iguales. Ponga de 1 a 8 monedas de 1¢ en la sección izquierda. Diga un número mayor que el número de monedas en esa sección, pero no mayor que 9. Pregúntele a su niño(a): "¿Qué ecuación de resta puedes escribir? ¿Qué ecuación de suma está relacionada?". Repita la actividad con diferentes combinaciones de números.

Escribe una operación de suma que te ayude
a escribir y resolver la operación de resta.

I. ___ + ___ = ___

___ − ___ = ___

2. ___ + ___ = ___

___ − ___ = ___

3. ___ + ___ = ___

___ − ___ = ___

Escribe una ecuación de resta y una de suma para resolver el problema.

4. © **PM.7 Buscar patrones** Dibuja fichas.

6

____ − ____ = ____

____ + ____ = ____

5. © **PM.2 Razonar** Rosi compra 10 cuentas para hacer una pulsera. Compra 3 cuentas azules y algunas blancas.

¿Cuántas cuentas blancas compra Rosi?

_____ cuentas blancas

____ + ____ = ____

____ − ____ = ____

Razonamiento de orden superior Dibuja las figuras para completar cada ecuación.

6. Si △ + ◯ = ▢ ,

entonces ____ − ____ = ____ .

7. Si ▢ = ▢ + ▢ ,

entonces ____ = ____ − ____ .

8. © **Evaluación** Tami y Sonia hacen 8 canastas. Si Sonia hace 2 canastas, ¿cuántas canastas hace Tami?

¿Qué operaciones de suma pueden ayudarte a restar? Selecciona todas las que apliquen.

☐ $8 + 6 = 14$

☐ $2 + 8 = 10$

☐ $6 + 2 = 8$

☐ $2 + 6 = 8$

Nombre _____

Resuélvelo y coméntalo

¿Cómo puedes usar una operación de suma para hallar la respuesta de 8 − 5 = _____? Usa fichas para ayudarte a resolver el problema.

Puedo...

usar las operaciones de suma hasta 10 para resolver problemas de resta.

© **Estándares de contenido** 1.OA.B.4, 1.OA.C.6, 1.OA.D.8 **Prácticas matemáticas** PM.2, PM.3, PM.8

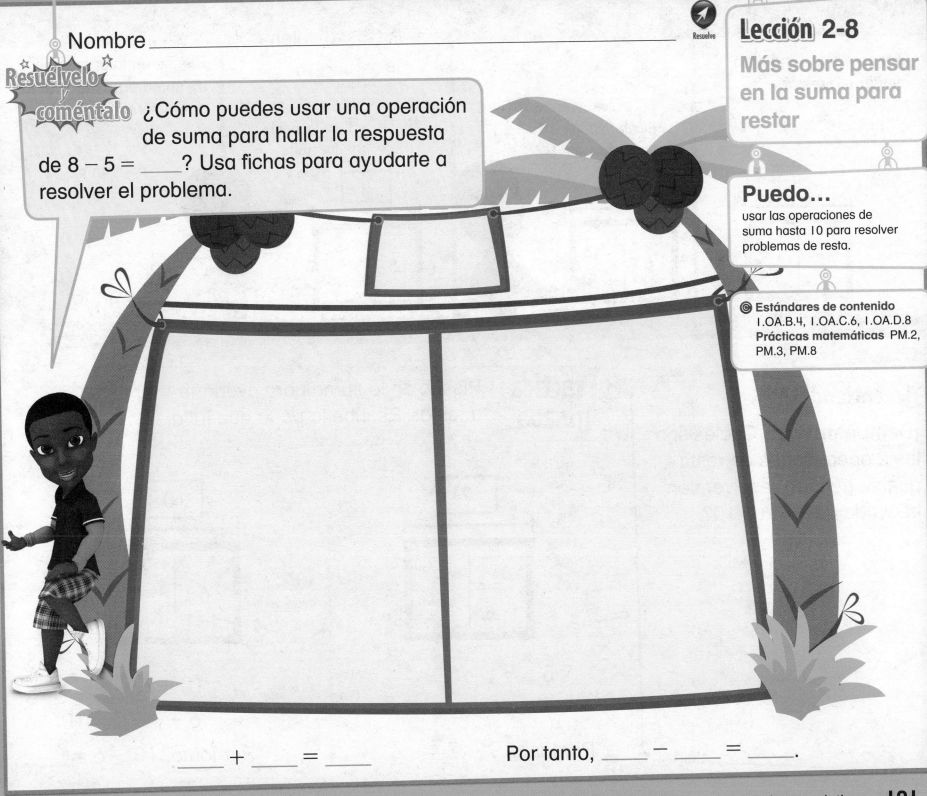

_____ + _____ = _____   Por tanto, _____ − _____ = _____.

Aprende   Glosario

Piensa en la suma para ayudarte a restar.

$9 - 5 = \boxed{?}$

$5 + \boxed{?} = 9$

¿Qué número le puedo sumar a 5 para formar 9?

$5 + \boxed{4} = 9$

4 es la parte que falta.

Piensa en la operación de suma para resolver la operación de resta.

$5 + 4 = 9$; por tanto, $9 - 5 = 4.$

¿Lo entiendes?

¡Demuéstralo! ¿Cuáles son las 2 operaciones de resta que se pueden resolver con la ayuda de $4 + 6 = 10$?

 Práctica guiada   Piensa en la suma para ayudarte a restar. Escribe la parte que falta.

1.

$\boxed{9}$

| 7 | 2 |

$9 - 7 = ?$

$7 + \underline{2} = 9$

Por tanto, $9 - 7 = \underline{2}.$

2.

$\boxed{10}$

| 6 | |

$10 - 6 = ?$

$6 + \underline{} = 10$

Por tanto, $10 - 6 = \underline{}.$

Herramientas Evaluación

☆ Práctica ☆ independiente ☆

Piensa en la suma para ayudarte a restar. Escribe la parte que falta.

3.

8

2

$2 + \underline{} = 8$

Por tanto, $8 - 2 = \underline{}$.

4.

6

3

$3 + \underline{} = 6$

Por tanto, $6 - 3 = \underline{}$.

5.

9

2

$2 + \underline{} = 9$

Por tanto, $9 - 2 = \underline{}$.

---

6. Matemáticas y Ciencias Las tortugas tienen caparazones para protegerse de los peligros en el mar. Había 10 tortugas en la playa, pero algunas se fueron nadando. Ahora hay 7 tortugas en la playa. ¿Cuántas se fueron nadando?

Escribe una ecuación de suma y una de resta que representen el cuento.

¡Puedes pensar en la suma para ayudarte a restar!

$\underline{} + \underline{} = \underline{}$

$\underline{} - \underline{} = \underline{}$ $\underline{}$ tortugas

Prácticas matemáticas y resolución de problemas

Resuelve cada cuento de resta. Escribe una operación de suma relacionada para ayudarte a restar.

7. © **PM.8 Generalizar** Jaime trae 7 pelotas de beisbol al juego. 2 de las pelotas las batean fuera del parque. ¿Cuántas pelotas le quedan a Jaime?

_____ + _____ = _____

_____ − _____ = _____

_____ pelotas de beisbol

8. © **PM.8 Generalizar** El equipo de los Morados anota 5 puntos. El equipo de los Verdes anota 9 puntos. ¿Cuántos puntos más que el equipo de los Morados anotó el equipo de los Verdes?

_____ + _____ = _____

_____ − _____ = _____

_____ puntos

9. **Razonamiento de orden superior**
Escribe un cuento de resta sobre los peces.

_____

_____

_____

_____ ◯ _____ = _____

_____ ◯ _____ = _____

10. © **Evaluación** La maestra Márquez tiene 9 estudiantes. Algunos están dibujando. 6 están leyendo. ¿Cuántos estudiantes están dibujando?

¿Qué operaciones de suma puedes usar para hallar la respuesta? Selecciona todas las que apliquen.

☐ $3 + 5 = 8$

☐ $3 + 6 = 9$

☐ $6 + 3 = 9$

☐ $4 + 6 = 10$

Ayuda Herramientas Juegos

**Tarea y práctica
2-8**

Más sobre pensar
en la suma para
restar

¡Revisemos! Puedes usar operaciones de suma para ayudarte a restar. Mira la operación de resta. Luego, mira la operación de suma que te puede ayudar.

$9 - 1 = 8$

$8 - 2 = 6$

$8 + 1 = 9$

$6 + 2 = 8$

ACTIVIDAD PARA EL HOGAR
Dele a su niño(a) una operación de resta para resolver. Pídale que use monedas o fichas para resolver el problema. Luego, pídale que le diga la operación de suma relacionada. Repita la actividad con varias operaciones de resta.

 Resta. Luego, escribe la operación de suma que te ayudó a restar.

1.

$10 - \underline{} = 8$

$8 + \underline{} = 10$

2.

$9 - \underline{} = 5$

$5 + \underline{} = 9$

3.

$8 - \underline{} = 1$

$1 + \underline{} = 8$

Piensa en la suma para ayudarte a restar. Escribe la parte que falta.

4.

$4 + \underline{\quad} = 6$

Por tanto, $6 - 4 = \underline{\quad}$.

5.

$1 + \underline{\quad} = 7$

Por tanto, $7 - 1 = \underline{\quad}$.

6. Razonamiento de orden superior

Escribe un cuento numérico para $10 - 3$. Luego, escribe la operación de suma que te ayudó a restar.

_____

_____

_____

_____

7. © **Evaluación** Miguel y Andy recogen manzanas. Miguel recoge 9. Andy recoge 4. ¿Cuántas manzanas menos recogió Andy que Miguel?

¿Qué operaciones de suma te pueden ayudar a resolver este cuento numérico? Selecciona todas las que apliquen.

☐ $5 + 4 = 9$

☐ $4 + 4 = 8$

☐ $6 + 3 = 9$

☐ $4 + 5 = 9$

Resuélvelo y coméntalo

6 peces están nadando. Algunos peces más se acercan. Ahora hay 10 peces. ¿Cuántos peces se acercaron?

Haz un dibujo para resolver el problema. Luego, escribe una ecuación.

Resolver problemas verbales con operaciones hasta 10

Puedo…
hacer dibujos y escribir ecuaciones para ayudarme a resolver problemas verbales.

© **Estándar de contenido** 1.OA.A.1
Prácticas matemáticas PM.1, PM.2, PM.4, PM.6

_____ + _____ = _____

Aprende   Glosario

Norman tiene 7 libros. Le da algunos a Rosa. Ahora Norman tiene 2 libros. ¿Cuántos libros le dio a Rosa?

Puedes escribir una ecuación para representar el problema.

$$7 - \underline{\quad ? \quad} = 2$$

Los libros de Norman menos los libros que le dio a Rosa es igual a 2. Por tanto, le dio 5 libros a Rosa.

También puedes contar hacia atrás desde 7 hasta 2.

Cuando cuentes hacia atrás, cuenta cada salto empezando en 7. Hay 5 saltos.

¿Lo entiendes?

¡Demuéstralo! 7 cubos están en la mesa. Algunos se caen al suelo. Ahora hay 3 cubos en la mesa. ¿Cuántos cubos se cayeron al suelo?

☆ Práctica guiada

Haz un dibujo. Luego, escribe una ecuación de suma o de resta.

1. María ve 3 pájaros azules. Luego, ve algunos pájaros rojos más. Ve 9 pájaros en total. ¿Cuántos pájaros rojos vio María?

$$\underline{\quad\quad} \bigcirc \underline{\quad\quad} = \underline{\quad\quad}$$

Copyright © Savvas Learning Company LLC. All Rights Reserved.

☆ Práctica independiente ☆

Haz un dibujo. Luego, escribe una ecuación de suma o de resta.

2. Neto recoge 9 fresas. Luego, Edy recoge más fresas. Neto y Edy recogieron 12 fresas en total. ¿Cuántas fresas recogió Edy?

_____ ◯ _____ = _____

3. Hay 8 flores en el jardín. Verónica corta algunas flores. Ahora hay 4 flores en el jardín. ¿Cuántas flores cortó Verónica?

_____ ◯ _____ = _____

4. Razonamiento de orden superior Escribe un cuento numérico que represente el dibujo. Luego, escribe una ecuación.

_____

_____

_____

_____ = _____ ◯ _____

Prácticas matemáticas y resolución de problemas

Haz un dibujo para ayudarte a entender el problema.
Luego, escribe una ecuación de suma o de resta.

5. © **PM.I Entender** Carlos dibujó 7 estrellas. Nora dibujó 4. ¿Cuántas estrellas menos dibujó Nora que Carlos?

___ = ___ ◯ ___

6. © **PM.I Entender** Ben encontró 3 piedras el lunes y 7 el viernes. ¿Cuántas piedras más encontró Ben el viernes que el lunes?

___ ___ = ___ ◯ ___

7. Razonamiento de orden superior
Escribe un cuento numérico y una ecuación que represente el dibujo.

_____

_____

_____

_____

8. © **Evaluación** ¿Qué ecuación representa este cuento?

5 patitos van en una fila.
Más patitos se les unen.
Ahora hay 8 patitos.
¿Cuántos patitos se les unieron?

Ⓐ $5 - 3 = 2$

Ⓑ $5 + 5 = 10$

Ⓒ $6 - 3 = 3$

Ⓓ $5 + 3 = 8$

Nombre _____

¡Revisemos! Puedes usar dibujos para resolver un cuento numérico.

Linda tiene 4 botones.
Compra algunos más.
Ahora Linda tiene 7 botones.

¿Cuántos botones más compró Linda?

$$4 \oplus 3 = 7$$

__3__ botones

ACTIVIDAD PARA EL HOGAR
Dígale a su niño(a) un cuento sobre sumar o restar. Diga. "Haz un dibujo y escribe una ecuación para este cuento." Asegúrese de que el dibujo y la ecuación correspondan con el cuento. Repitan la actividad con 1 o 2 cuentos diferentes.

Haz un dibujo para resolver el problema. Luego, escribe una ecuación que corresponda.

1. Ariel tiene 6 manzanas. Juan tiene 9.

   ¿Cuántas manzanas más tiene Juan que Ariel?

____ ◯ ____ = ____

____ manzanas más

Escribe una ecuación para resolver cada problema.

2. Tim tiene 9 peras.

3 peras son amarillas.

El resto son verdes.

¿Cuántas peras son verdes?

_____ ◯ _____ = _____

3. Ian tiene 5 globos rojos.

Max tiene 6 globos azules.

¿Cuántos globos tienen los amigos en total?

_____ ◯ _____ = _____

4. Razonamiento de orden superior Usa la tabla. Escribe un cuento numérico. Luego, escribe una ecuación de suma o de resta que represente el cuento.

Fruta	¿Cuántos?
Arándanos	
Frambuesas	

_____

_____

_____

_____

_____ ◯ _____ = _____

5. © Evaluación 7 pájaros están en la rama. Algunos pájaros se van volando.

Ahora hay 4 pájaros en la rama. ¿Cuántos pájaros se fueron volando?

¿Qué ecuación representa el cuento?

Ⓐ $7 - 2 = 5$

Ⓑ $7 - 4 = 3$

Ⓒ $9 - 7 = 2$

Ⓓ $4 - 3 = 1$

Resuelve

Resuélvelo y coméntalo

Usa fichas y un tablero de parte-parte-todo para mostrar diferentes maneras de formar 10. Escribe las diferentes maneras en la tabla.

10

Prácticas matemáticas y resolución de problemas

Lección 2-10
Buscar y usar la estructura

Puedo...
buscar patrones y usar la estructura para resolver problemas.

© **Prácticas matemáticas PM.7. También, PM.2, PM.4, PM.8. Estándares de contenido 1.OA.B.3, 1.OA.C.6**

Hábitos de razonamiento

¿Hay un patrón?

¿Cómo puedo describir el patrón?

10 = [ ] + [ ]

10 = [ ] + [ ]

10 = [ ] + [ ]

10 = [ ] + [ ]

Aprende Glosario

Los osos y los leones quieren cruzar el mar. Solamente 10 animales caben en el bote. Muestra todas las maneras en que pueden ir en el bote.

¿Cómo puedo usar la estructura para resolver el problema?

Osos	Leones
0	10
1	9

 Puedo buscar patrones para ayudarme a hallar cuántos osos y cuántos leones hay.

Hay un patrón en la tabla. Las partes en cada fila suman 10. Al aumentar el número de osos, el número de leones disminuye.

Osos	Leones
0	10
1	9
2	8
3	7
4	6
5	5
6	4
7	3
8	2
9	1
10	0

La tabla muestra todas las formas en que los osos y los leones pueden ir en el bote.

¿Lo entiendes?

¡Demuéstralo! ¿Cuál es el patrón de la tabla que muestra cuántos osos y leones hay?

⭐ Práctica guiada ⭐

Usa un patrón para ayudarte a resolver el problema.

1. Pati tiene 4 calcomanías de perros y 4 de gatos. Pega 6 calcomanías en una página de su libro.

   Usa la estructura para mostrar 3 maneras diferentes en las que Pati puede poner las calcomanías en la página de su libro.

4	2

Herramientas Evaluación

☆ Práctica independiente ☆

Usa un patrón para ayudarte a resolver cada problema.

2. Max tiene 5 marcadores. Puede guardar algunos marcadores en su escritorio y otros en su mochila.

Completa la tabla para mostrar todas las maneras en las que Max puede guardar los marcadores.

Escritorio	Mochila
0	_____
_____	4
2	3
3	_____
_____	1
_____	_____

3. La señora Davis quiere llenar una caja con 10 premios. Tiene 7 pelotas y 7 globos.

Completa la tabla para mostrar todas las maneras en las que la señora Davis puede llenar la caja.

7	3
6	4
5	_____
4	_____
_____	_____

Usa un patrón para ayudarte a resolver el problema.

4. Razonamiento de orden superior Julia quiere plantar 10 flores. Las quiere plantar cerca de un árbol o en una maceta. Usa la estructura para ayudarte a hallar 3 maneras diferentes en las que Julia puede plantar las flores.

_____ cerca del árbol y _____ en la maceta

_____ cerca del árbol y _____ en la maceta

_____ cerca del árbol y _____ en la maceta

Prácticas matemáticas y resolución de problemas

Frutas

Pedro quiere comer 7 frutas. Puede comer fresas o uvas. Completa la tabla para mostrar las diferentes maneras en las que Pedro puede escoger las frutas que quiere comer.

El Estudiante A y el Estudiante B resolvieron el cuento numérico. A la derecha se muestra la tabla de cada estudiante.

Estudiante A

🍓	🍇
0	
1	
2	
3	
4	
5	
6	
7	

Estudiante B

🍓	🍇
	6
	1
	4
	3
	2
	5
	0
	7

5. **PM.4 Representar** Completa cada tabla con los números que faltan. Usa cubos para ayudarte.

6. **PM.7 Buscar patrones** Describe un patrón que se haya usado en cada tabla.

_____

_____

_____

Nombre _____

Ayuda Herramientas Juegos

Tarea y práctica
2-10
Buscar y usar la estructura

¡Revisemos! Carmen tiene 5 canicas moradas y 4 amarillas. Solo caben 5 canicas en su bolsillo. ¿De qué maneras diferentes puede combinar canicas moradas y amarillas para ponerlas en su bolsillo? Usa un patrón para ayudarte a resolver el problema. Luego, completa la tabla para mostrar las combinaciones de canicas que Carmen puede poner en su bolsillo.

La suma de los números en cada fila es ___5___.

⬤	⬤
5	0
4	1
3	2
2	3
1	4

ACTIVIDAD PARA EL HOGAR Junte 5 de cada uno de dos objetos pequeños como botones o clips. Ponga 5 botones en una fila. Pregúntele a su niño(a): "¿Cuántos botones y cuántos clips hay?". Luego, reemplace 1 botón por 1 clip y hágale la misma pregunta. Continúe remplazando los botones, uno a la vez, y hágale la misma pregunta. Luego, pregúntele: "¿Cuál es el total cada vez que cambiamos algo?".

Usa la estructura para encontrar patrones que te ayuden a resolver los problemas de abajo.

1. Tom tiene 5 carritos. Los puede guardar en su caja de juguetes o ponerlos en el estante. Completa la tabla para mostrar todas las maneras en las que Tom puede guardar sus carritos.

Caja	Estante
5	___
___	1
___	___
2	___
___	4
___	___

2. Sofía tiene 5 tulipanes y 5 rosas. Quiere plantar 5 flores en el jardín. Completa la tabla para mostrar todas las maneras en las que Sofía puede plantar las flores en el jardín.

🌷	🌹
0	___
___	___
___	3
3	___
___	1
5	___

El platón de frutas

Luis tiene 5 manzanas y 5 plátanos.
Solo puede poner 5 frutas en un platón.
¿Cómo puede Luis hacer una tabla
para mostrar las diferentes maneras
en las que puede combinar las frutas
en el platón?

🍎	🍌
0	
1	
2	
3	
4	
5	

3. **PM.8 Generalizar** ¿Qué es igual en cada fila de la tabla?

_____

_____

4. **PM.2 Razonar** ¿Es más pequeño o más grande el número de plátanos en la parte de abajo de la tabla? ¿Cómo lo sabes?

_____

_____

_____

5. **PM.7 Buscar patrones** Escribe los números que faltan en la tabla. ¿Cómo sabes que tus respuestas son correctas?

_____

_____

_____

_____

_____

_____

Nombre _____

Emparéjalo

Trabaja con un compañero. Señala una pista y léela. Mira la tabla de la parte de abajo de la página y busca la pareja de esa pista. Escribe la letra de la pista en la casilla al lado de su pareja. Halla una pareja para cada pista.

Puedo...
sumar y restar hasta 10.

© **Estándar de contenido** 1.OA.C.6

Pistas

A $3 + 1$	**E** $1 + 2$
B $8 + 2$	**F** $5 - 3$
C $4 + 3$	**G** $9 - 1$
D $2 + 3$	**H** $5 + 4$

☐ $3 + 2$	☐ $2 + 8$	☐ $2 + 1$	☐ $4 + 5$
☐ $3 + 4$	☐ $4 - 2$	☐ $1 + 3$	☐ $8 - 0$

Las respuestas de Emparéjalo *están en la siguiente página.*

Comprender el vocabulario

1. Encierra en un círculo la ecuación de suma que muestra la recta numérica.

Lista de palabras
- más
- menos
- recta numérica
- suma de casi dobles
- suma de dobles

$1 + 1 = 2$ $2 + 1 = 3$ $2 + 4 = 6$ $3 + 3 = 6$

---

2. Tacha las partes que **NO** son sumas de dobles.

$3 + 7$

$2 + 2$

$1 + 2$

3. Encierra en un círculo las sumas de casi dobles.

$4 + 5$

$2 + 7$

$3 + 6$

4. Encierra en un círculo la palabra que complete la oración. Sam tiene 6 plumas y Bety tiene 4 plumas. Bety tiene 2 plumas _____ que Sam.

más   rojas   menos

Usar el vocabulario al escribir

5. Escribe y resuelve un problema-cuento. Usa al menos una de las palabras de la Lista de palabras.

Nombre _____

Grupo A

Hay 8 pimientos en la olla. Puedes sumar 1 más contando 1 más.

1 más que 8 es 9.

$$8 + 1 = 9$$

Suma 1, 2 o 0 para hallar el total. Escribe la operación de suma.

1.

____ + ____ = ____

2.

____ + ____ = ____

Grupo B

Puedes usar sumas de dobles para sumar.

$$2 + 2 = 4$$

$$3 + 3 = 6$$

Si los dos sumandos son iguales, es una suma de dobles.

Escribe una ecuación de suma para cada suma de dobles.

3.

____ + ____ = ____

4.

¿Cuántas monedas hay en total?

____ + ____ = ____

Puedes usar una suma de dobles para
sumar una suma de casi dobles.

$2 + 2$

$2 + 2 = 4$ $2 + 3 = 5$

$2 + 2$ y
1 más

Halla la suma.

5.

___ + ___ = ___

___ + ___ = ___

Puedes usar un marco de 10 para
aprender operaciones con 5.

Mira la ecuación de suma.
Dibuja fichas en el marco.

$+$

8
2
___
10

$5 + 3 = 8$

**Dibuja fichas y completa los
problemas de suma.**

6.

$5 + 1 =$ ___

$+$
___
10

Nombre _____

Grupo E

Halla la suma.

$$2 + 5 = \underline{7}$$
suma o total

Puedes cambiar el orden de los sumandos.

Escribe la nueva ecuación de suma.

$$\underline{5} + \underline{2} = \underline{7}$$
suma o total

La suma o total es la misma.

Escribe la suma. Luego, cambia el orden de los sumandos y escribe una nueva ecuación de suma.

7. $1 + 4 =$ _____

_____ + _____ = _____

8. $6 + 3 =$ _____

_____ + _____ = _____

Cuando cambias el orden de los sumandos, la suma sigue siendo la misma.

Grupo F

Puedes restar contando hacia atrás.

9 menos 2 es _____7_____.

Escribe la ecuación de resta.

Cuenta hacia atrás para hallar la diferencia. Escribe una operación de resta.

9.

4 menos 1 son _____.

10.

6 menos 0 son _____.

Puedes pensar en la suma
para ayudarte a restar.

8

La parte que falta es 3.

$$5 + \underline{3} = 8$$

Por tanto, $8 - 5 = \underline{3}$.

Piensa en la suma para ayudarte a restar.

11.

6

?

$$4 + \underline{} = 6$$

Por tanto, $6 - 4 = \underline{}$.

12.

7

?

$$6 + \underline{} = 7$$

Por tanto, $7 - 6 = \underline{}$.

Hábitos de razonamiento

Buscar y usar la estructura

¿Hay un patrón?

¿Cómo puedo describir
el patrón?

La familia de Daniela puede cuidar 3 animales.
Daniela hizo una lista del número de gatos y perros
que pueden cuidar.

13. Completa la tabla de abajo.

Perros	0	1	2	3
Gatos				

14. Describe el patrón que ves en la tabla.

_____

_____

144 ciento cuarenta y cuatro

Nombre _____

1. Mónica tiene 5 carritos. Le regalaron 2 más. ¿Cuántos carritos tiene Mónica ahora?

Ⓐ 5

Ⓑ 6

Ⓒ 7

Ⓓ 8

2. Brad tiene 5 libros. Su mamá le da 4 más. ¿Cuántos libros tiene Brad ahora?

Ⓐ 1

Ⓑ 4

Ⓒ 5

Ⓓ 9

3. Sami se ganó 4 estrellas en la clase de gimnasia y 3 en la clase de música. ¿Cuántas estrellas se ganó Sami en total? ¿Cómo puedes contar hacia adelante para hallar la respuesta?

_____ estrellas

4. Cuenta hacia atrás para hallar la diferencia. Muestra tu trabajo.

$8 - 2 =$ _____

5. Escribe la suma de dobles que te ayuda a hallar $3 + 4$. Halla el número que falta.

_____ + _____ = _____

$3 + 4 =$ _____

6. Yuri está pensando en un número. Su número es 0 menos que 9. Usa la ecuación de resta para hallar ese número.

$9 - 0 =$ _____

7. Halla la parte que falta.

$1 +$ _____ $= 6$

$6 - 1 =$ _____

8. ¿Qué ecuaciones de suma representan el dibujo? Selecciona todas las que apliquen.

_____ ? _____ + _____ ? _____ = _____ ? _____

☐ $1 + 4 = 5$

☐ $2 + 2 = 4$

☐ $3 + 1 = 4$

☐ $4 + 1 = 5$

9. ¿Qué ecuaciones de suma te ayudan a resolver 9 − 3? Selecciona todas las que apliquen.

☐ 6 + 3 = 9

☐ 9 + 3 = 12

☐ 3 + 6 = 9

☐ 9 + 1 = 10

10. Halla 5 + 4. Usa la recta numérica para contar hacia adelante.

© **Evaluación**
(continuación)

0 1 2 3 4 5 6 7 8 9 10

5 + 4 = _____

11. Pablo tiene 5 uvas. Su amigo le da 3 más. ¿Cuántas uvas tiene Pablo en total?

Ⓐ 8

Ⓑ 9

Ⓒ 10

Ⓓ 11

12. 3 ranas están sobre una piedra. 3 más se les unen. ¿Cuántas ranas hay en total? Haz un dibujo y escribe una ecuación.

_____ ◯ _____ = _____

_____ ranas

13. Suma los dobles.
Halla el número que falta.

$4 + 4 =$ ___?___

Ⓐ 6

Ⓑ 7

Ⓒ 8

Ⓓ 9

14. Érica está pensando en un número. Su número es 5 menos que 10. ¿Qué suma de dobles podría usar Érica para resolver el problema?

$10 - 5 =$ ___?___

___ + ___ = ___

15. Pensar en la suma te ayuda a restar. Halla la parte que falta. Escribe los números.

$4 +$ ___ $= 11$

$11 - 4 =$ ___

16. Tina quiere comprar 6 cuentas para hacer un collar. Puede comprar cuentas rojas y azules. Muestra las diferentes maneras en que Tina puede comprar las cuentas. Escribe los números en la tabla.

Rojo	⬤	___	___	2	3	___	5	___
Azul	⬤	6	5	___	___	___	___	0

Nombre _____

Frutas preferidas

Los alumnos del primer grado contestaron una encuesta sobre sus frutas preferidas. Luego, hicieron esta tabla.

Nuestras frutas preferidas	
Fruta	**Número de votos**
Manzana	5
Naranja	4
Plátano	6
Fresa	2
Arándano	3
Cereza	3
Durazno	4
Uva	1

1. ¿Cuántos estudiantes menos votaron por **Fresa** que por **Manzana**? Haz un dibujo y escribe una ecuación para resolver el problema.

2. Laura dice que puede usar casi dobles para hallar el número total de votos para **Plátano** y **Fresa**. ¿Estás de acuerdo?

Encierra **Sí** o **No.**

Explícalo.

3. 2 niñas votaron por **Naranja.**
Algunos niños votaron por **Naranja.**
¿Cuántos niños votaron por **Naranja**?

Haz un dibujo para resolver el problema.
Luego, escribe una ecuación de suma
o de resta.

Escribe cuántos niños votaron por
Naranja.

_____

4. Menos niñas votaron por **Plátano** que niños.
Completa la tabla. Muestra diferentes maneras
en las que los niños y las niñas podrían
haber votado.

Niñas	Niños

5. Gilda dice que **Arándano** y **Naranja** tienen el
mismo número de votos que **Cereza** y **Durazno.**
¿Tiene razón? Explica cómo lo sabes.

Recursos digitales

Resuelve Aprende Glosario

Herramientas Evaluación Ayuda Juegos

TEMA 3 — Operaciones de suma hasta 20: Usar estrategias

Pregunta esencial: ¿Qué estrategias puedes usar para sumar hasta 20?

Los dientes de algunos animales son especiales para comer plantas.

Los dientes de otros animales son especiales para comer carne.

¡Qué interesante! Hagamos este proyecto para aprender más.

Proyecto de Matemáticas y Ciencias: ¿Qué comen?

Investigar Habla con tus amigos y tu familia acerca de lo que comen diferentes animales. Pregúntales cómo los dientes de los animales los ayudan a sobrevivir y satisfacer sus necesidades.

Diario: Hacer un libro Muestra lo que encontraste. En tu libro, también:

- dibuja diferentes animales y lo que comen.
- inventa y resuelve problemas de suma sobre los animales y lo que comen.

Tema 3

ciento cincuenta y uno **151**

Repasa lo que sabes

A-Z Vocabulario

1. Encierra en un círculo el problema que muestra un **doble.**

   $5 + 5 = 10$

   $5 + 6 = 11$

   $5 + 7 = 12$

2. Encierra en un círculo la estrategia que se puede usar para sumar los números.

   $7 + 8 = ?$

   dobles

   casi dobles

   contar hacia atrás

3. Encierra en un círculo la **suma** o **total.**

   $7 + 4 = 11$

Sumar y restar

4. Rosa tiene 9 estampillas. José le da 4 más. ¿Cuántas estampillas tiene Rosa ahora?

   _____ estampillas

5. Estela tiene 18 galletas para su perro. Le da algunas galletas y le quedan 9 galletas. ¿Cuántas galletas le dio a su perro?

   _____ galletas

Suma de dobles

6. Resuelve esta suma de dobles.

   $7 + 7 = $ _____

Mis tarjetas de palabras

Estudia las palabras de las tarjetas.
Completa la actividad que está al reverso.

A-Z
Glosario

recta numérica vacía

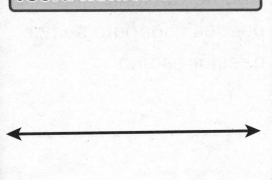

suma de dobles más 1

Uno de los sumandos es
1 más que el otro.

$$3 + 4 = 7$$

sumandos

suma de dobles más 2

Uno de los sumandos es
2 más que el otro.

$$3 + 5 = 8$$

sumandos

Mis tarjetas de palabras

Usa lo que sabes para completar las oraciones. Para ampliar lo que aprendiste, escribe tu propia oración usando cada palabra.

Cuando sumes un número que es 2 más que el otro, puedes usar una

_____

_____.

Cuando sumes un número que es 1 más que el otro, puedes usar una

_____

_____.

Una herramienta que puedes usar para sumar o restar es una

_____

_____.

Lección 3-1

Contar hacia adelante para sumar

Resuélvelo y coméntalo

Ale tiene 5 cubos.

Celina le da 7 cubos más.

¿Cuántos cubos tiene Ale ahora? Muestra tu razonamiento en la siguiente recta numérica.

Puedo…

contar hacia adelante para sumar usando la recta numérica.

© **Estándar de contenido**
1.OA.C.5
Prácticas matemáticas PM.2, PM.4

_____ cubos

Resuelve **7 + 8 = ?** usando una recta numérica.

0 1 2 3 4 5 6 7 8 9 10 11 12 13 14 15 16 17 18 19 20

Esta recta numérica tiene números del 0 al 20.

Busca el 7 en la recta numérica. Luego, cuenta hacia adelante 8 más para sumar $7 + 8$.

6 7 8 9 10 11 12 13 14 15 16

Empieza en el 7 y haz 8 saltos para terminar en el 15.

Por tanto, $7 + 8 = 15$.

Si empiezas en el 8 y haces 7 saltos, vas a terminar en el mismo número.

7 8 9 10 11 12 13 14 15 16

Por tanto, ¡$8 + 7 = 15$ también!

¿Lo entiendes?

¡Demuéstralo! ¿Cómo sabes en qué número empezar a contar? ¿Cómo sabes cuántos números hay que contar?

Práctica guiada Usa la recta numérica para contar hacia adelante y hallar la suma.

1. $9 + 7 =$ __16__

0 1 2 3 4 5 6 7 8 9 10 11 12 13 14 15 16 17 18 19 20

2. $9 + 9 =$ _____

0 1 2 3 4 5 6 7 8 9 10 11 12 13 14 15 16 17 18 19 20

Tema 3 | Lección 1

☆ **Práctica** ☆
independiente Usa una recta numérica para contar hacia adelante y hallar cada suma.

3. 7 + 4 = _____

4. 6 + 8 = _____

5. 9 + 4 = _____

6. 9 + 6 = _____

7. 7 + 7 = _____

8. 9 + 8 = _____

9. 6 + 4 = _____

10. 8 + 5 = _____

11. 3 + 9 = _____

Usa una recta numérica para resolver el problema.

12. Matemáticas y Ciencias Kim trabaja en el zoológico. A los
tigres les da de comer 9 libras de carne. A las tortugas les
da de comer 7 libras de hojas y frutas.

¿Cuántas libras de comida les da en total a los animales?

_____ libras de comida

Prácticas matemáticas y resolución de problemas

Usa una recta numérica para resolver los problemas.

13. © **PM.2 Razonar** Sergio camina 6 cuadras y luego camina 3 cuadras más. Escribe los números que te ayudan a saber cuántas cuadras caminó en total.

$6 + 3 =$ _____

Empieza en _____ . Cuenta _____ más.

14. © **PM.2 Razonar** Ramona envía 7 cartas y luego envía 8 cartas más. Escribe los números que te ayudan a saber cuántas cartas envió Ramona en total.

$7 + 8 =$ _____

Empieza en _____ . Cuenta _____ más.

15. **Razonamiento de orden superior** Escribe y resuelve un cuento-problema. Muestra tu trabajo en una recta numérica.

_____

_____   _____ + _____ = _____

_____

16. © **Evaluación** Resuelve $5 + 9 = ?$ en la recta numérica. Muestra tu trabajo.

Nombre _____

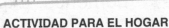

¡Revisemos! Hay más de una manera de contar hacia adelante para sumar $2 + 8$.

Empieza en 2 y luego haz 8 saltos.

Empieza en 8 y luego haz 2 saltos.

Si empiezas en 8 en lugar de 2, no necesitas contar tantos números. Recuerda que se obtiene la misma respuesta de las dos maneras.

$2 + 8 = \underline{10}$

ACTIVIDAD PARA EL HOGAR
Dibuje una recta numérica con números del 0 al 20. Dele a su niño(a) una operación de suma, como $5 + 9$. Pida a su niño(a) que use la recta numérica para mostrar cómo contar hacia adelante para sumar 5 y 9. Pregúntele: "¿Me puedes mostrar más de una manera de sumar estos números? ($5 + 9$ y $9 + 5$)". Repita la actividad con otras sumas.

Usa una recta numérica para contar hacia adelante y hallar cada suma.

1. $9 + 4 = $ _____

2. $4 + 8 = $ _____

3. $9 + 7 = $ _____

4. $9 + 6 =$ _____

5. $7 + 4 =$ _____

6. $8 + 5 =$ _____

---

7. Razonamiento de orden superior Escribe la ecuación de suma que se muestra en la recta numérica. Explica cómo sabes que tienes razón.

_____ + _____ = _____

---

8. © Evaluación Darío mostró una ecuación en esta recta numérica. ¿Cuál de las siguientes ecuaciones puede ser la de Darío?

Ⓐ $9 + 9 = 18$ Ⓑ $7 + 10 = 17$ Ⓒ $9 + 8 = 17$ Ⓓ $10 + 7 = 17$

Nombre _____

Resuelve

Lección 3-2

Contar hacia
adelante para
sumar con una
recta numérica
vacía

Resuélvelo y coméntalo

Felipe corrió 8 millas el jueves y
9 millas el viernes. ¿Cuántas millas
corrió Felipe en total? Usa la recta numérica
para mostrar cómo los sabes.

Puedo...

contar hacia adelante para sumar
usando una recta numérica vacía.

© **Estándar de contenido**
1.OA.C.5
Prácticas matemáticas PM.3,
PM.4, PM.5

0 1 2 3 4 5 6 7 8 9 10 11 12 13 14 15 16 17 18 19 20

_____ millas

Una **recta numérica vacía** puede ayudarte a sumar.

$$7 + 6 = ?$$

7

Empiezo por poner el 7 en la recta numérica.

Contar de 1 en 1 es una manera de sumar 6. Empieza en 7 y luego cuenta hacia adelante 6 más.

+1 +1 +1 +1 +1 +1

7 8 9 10 11 12 13

$$7 + 6 = \underline{13}$$

Puedes también descomponer el 6. Sumar 3 más 3 es otra manera de sumar 6.

+3   +3

7   10   13

$$7 + 3 + 3 = \underline{13}$$

Obtengo el mismo resultado sin importar cómo lo sume.

¿Lo entiendes?

¡Demuéstralo! ¿Qué número se debe siempre incluir en una recta numérica vacía?

☆Práctica guiada☆

Usa la recta numérica vacía para resolver los problemas. Muestra tu trabajo.

1. $7 + 5 = \underline{12}$

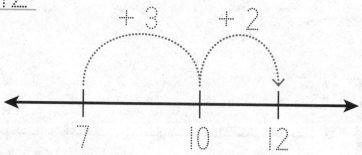

+3   +2

7   10   12

2. $6 + 2 = \underline{}$

Nombre _____

☆ Práctica ☆ independiente

Usa la recta numérica vacía para resolver cada problema. Muestra tu trabajo.

3. $4 + 7 =$ _____

4. $8 + 8 =$ _____

5. $6 + 6 =$ _____

6. $9 + 7 =$ _____

7. **A-Z Vocabulario** Resuelve el problema. Muestra tu trabajo en la **recta numérica vacía.**

$8 + 6 =$ _____

Piensa qué números tienes que incluir en tu recta numérica.

Prácticas matemáticas y resolución de problemas

Usa una recta numérica vacía para resolver cada problema.

8. © PM.5 **Usar herramientas** Marco anda en bicicleta 7 millas y luego 9 millas más. ¿Cuántas millas anduvo Marco en bicicleta en total?

___ + ___ = ___

___ millas

9. © PM.5 **Usar herramientas** Ana lee 10 libros en enero y 10 libros en febrero. ¿Cuántos libros leyó Ana en total?

___ + ___ = ___

___ libros

10. **Razonamiento de orden superior** Sara tiene 8 rosas y corta algunas más. Ahora tiene 17. ¿Cuántas rosas más cortó Sara? Usa palabras o dibujos para explicar cómo lo sabes.

11. © **Evaluación** Resuelve la ecuación. Muestra tu trabajo en esta recta numérica vacía.

$9 + 6 =$ ___

Nombre _____

¡Revisemos! Puedes contar hacia adelante en una recta numérica vacía para resolver problemas de suma.

$8 + 9 = ?$

8   10   17

Empieza en ___8___ y cuenta hacia adelante ___9___ más.

$8 + 9 = \underline{17}$

ACTIVIDAD PARA EL HOGAR
Dibuje una recta numérica vacía. Dele a su niño(a) una operación de suma, como 6 + 8. Pregúntele: "¿Qué número puedes poner al principio de la recta numérica?". Pídale que le muestre dos maneras diferentes de sumar 6 y 8. Repita la actividad con otras sumas.

Usa la recta numérica vacía para resolver los problemas. Muestra tu trabajo.

1. $8 + 4 = $ ___

2. $8 + 7 = $ ___

Usa la recta numérica vacía para resolver los problemas.

3. Laura lee 8 páginas el lunes y 6 páginas el martes. ¿Cuántas páginas leyó Laura en total?

_____ + _____ = _____

_____ páginas

¿Cuántas páginas en total leyó Laura el lunes y el martes?

4. Andy anotó 6 goles en la primera mitad de la temporada de futbol. En la segunda mitad de la temporada, anotó 7 goles. ¿Cuántos goles anotó Andy durante toda la temporada?

_____ + _____ = _____

_____ goles

5. Razonamiento de orden superior
Sam tiene 9 estampillas en su colección. Le regalan algunas más. Ahora tiene 18 estampillas. ¿Cuántas estampillas le regalaron a Sam? Usa palabras o dibujos para mostrar cómo lo sabes.

6. © Evaluación Resuelve la ecuación. Muestra tu trabajo en la siguiente recta numérica vacía.

$5 + 7 =$ _____

Nombre _____

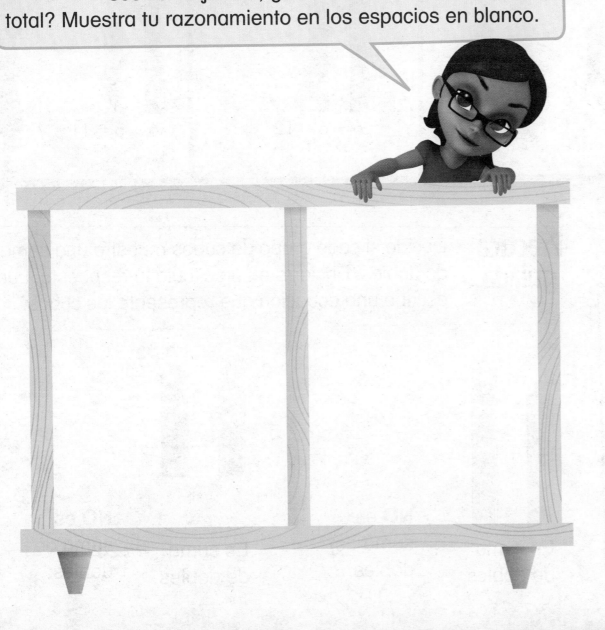

Resuélvelo y coméntalo

Carlos y Lisa tienen cada uno 6 libros. Si ponen sus libros juntos, ¿cuántos libros tendrán en total? Muestra tu razonamiento en los espacios en blanco.

Puedo...

memorizar las sumas de dobles.

Estándares de contenido
I.OA.C.5, I.OA.C.6
Prácticas matemáticas PM.I, PM.3, PM.4, PM.8

_____ + _____ = _____

Miremos algunas sumas de dobles que tú ya sabes.

$3 + 3 = 6$
$5 + 5 = 10$

Estas operaciones se pueden representar de esta manera.

$3 + 3 = 6$ $5 + 5 = 10$

Puedes representar la suma de dobles $6 + 6$ de la misma manera.

$6 + 6 = 12$

Esta no es una suma de dobles.

$6 + 5 = 11$

¿Lo entiendes?

¡Demuéstralo! Vero muestra $6 + 7$ con cubos y dice que no es una suma de dobles. ¿Tiene razón? ¿Cómo lo sabes?

Práctica guiada

Decide si cada grupo de cubos muestra una suma de dobles. Encierra en un círculo tu respuesta. Luego, escribe una ecuación que represente los cubos.

1.

Es suma de dobles.

NO es suma de dobles.

$\underline{5} + \underline{6} = \underline{11}$

2.

Es suma de dobles.

NO es suma de dobles.

$\underline{} + \underline{} = \underline{}$

---

168 ciento sesenta y ocho

☆ **Práctica**
independiente
☆

Decide si cada grupo de cubos muestra una suma de dobles. Encierra en un círculo tu respuesta. Luego, escribe una ecuación que represente los cubos.

3.

Es suma de dobles.

NO es suma de dobles.

_____ + _____ = _____

4.

Es suma de dobles.

NO es suma de dobles.

_____ + _____ = _____

5.

Es suma de dobles.

NO es suma de dobles.

_____ + _____ = _____

6.

Es suma de dobles.

NO es suma de dobles.

_____ + _____ = _____

Completa cada suma de dobles.

7. $0 + 0 = \boxed{}$

8. $\boxed{} = 9 + 9$

9. $8 + 8 = \boxed{}$

10. $5 + 5 = \boxed{}$

Prácticas matemáticas y resolución de problemas

Usa cubos para ayudarte a resolver cada cuento numérico.

11. © **PM.1 Entender** Andrés y su hermana cortaron cada uno 10 flores. ¿Cuántas flores cortaron en total?

Escribe una ecuación que represente el problema.

_____ + _____ = _____

_____ flores

12. © **PM.1 Entender** Pilar y Jorge reciben 5 libros cada uno para su cumpleaños. ¿Cuántos libros recibieron en total?

Escribe una ecuación que represente el problema.

_____ + _____ = _____

_____ libros

13. Razonamiento de orden superior Mario jugó 2 partidos de futbol y anotó 8 goles en total. Anotó el mismo número de goles en cada partido. ¿Cuántos goles anotó Mario en cada partido? Muestra tu trabajo y escribe la ecuación que usaste para resolver el problema.

_____ = _____ + _____

14. © **Evaluación** Linda tomó el mismo número de fotos el sábado y el domingo. ¿Qué ecuaciones muestran el número de fotos que Linda podría haber tomado? Selecciona todas las que apliquen.

☐ $7 + 7 = 14$

☐ $8 + 6 = 14$

☐ $8 + 8 = 16$

☐ $9 + 7 = 16$

Usa cubos para ayudarte si lo necesitas.

Nombre _____

¡Revisemos! Algunas sumas son dobles y otras sumas no lo son.

Esta no es una suma de dobles.

Esta es una suma de dobles.

Los sumandos no son iguales.

En una suma de dobles, los dos sumandos son iguales.

ACTIVIDAD PARA EL HOGAR
Divida una tira de papel en 6 a 10 partes de tal manera que parezca una torre de cubos. Pídale a su niño(a) que cuente las partes. Luego, corte cada tira de papel verticalmente de tal manera que haya 2 tiras con 6 a 10 partes cada una. Pregúntele a su niño(a) cuántas partes hay en cada tira. Pídale que le diga la suma de dobles que las tiras representan. Repita la actividad con otros números del 1 al 10.

$3 + 2 = \underline{5}$

$2 + 2 = \underline{4}$

Decide si cada grupo de cubos muestra una suma de dobles. Encierra en un círculo tu respuesta. Luego, escribe una ecuación que represente los cubos.

1.

Es suma de dobles.

NO es Suma de dobles.

___ + ___ = ___

2.

Es suma de dobles.

NO es Suma de dobles.

___ + ___ = ___

Resuelve cada operación. Encierra en un círculo los dobles. Si necesitas, usa cubos.

3.

$$\_\_\_ = 8 + 5$$

4.

$$5 + 5 = \_\_\_$$

5.

$$9 + 5 = \_\_\_$$

6.

$$10 + 10 = \_\_\_$$

7.

$$\_\_\_ = 7 + 6$$

8.

$$\_\_\_ = 9 + 9$$

9.

$$8 + 8 = \_\_\_$$

10.

$$\_\_\_ = 3 + 4$$

11.

$$7 + 7 = \_\_\_$$

12. Razonamiento de orden superior
Miguel compró el mismo número de carritos que de aviones de juguete. Muestra con una suma de dobles que Miguel tiene 14 carritos y aviones en total. Explica cómo lo sabes.

13. © Evaluación Silvia recogió el mismo número de manzanas rojas que de manzanas verdes. ¿Cuántas manzanas pudo haber recogido? Selecciona todas las que apliquen.

☐ 19

☐ 18

☐ 17

☐ 16

Resuélvelo y coméntalo

Carlos y yo recogimos 5 fresas cada uno. ¿Qué suma de dobles muestra cuántas fresas tenemos en total? Si recojo 1 fresa más, ¿cómo podrías hallar cuántas fresas hay en total?

Puedo...
usar sumas de dobles para ayudarme a resolver sumas de dobles más 1.

© **Estándares de contenido**
1.OA.C.5, 1.OA.C.6
Prácticas matemáticas PM.1, PM.2, PM.6

___ + ___ = ___

___ + ___ = ___

Dobles

Puedes usar dobles para resolver **sumas de dobles más 1.**

$$6$$
$$+7$$
$$?$$

Las sumas de dobles más 1 también se llaman sumas de casi dobles.

Ya has visto 6 + 6.

$$6$$
$$+6$$
$$12$$

6 + 7 es 6 + 6 y 1 más.

$$6$$
$$+6$$
$$12$$

y 1 más

$$6$$
$$+7$$
$$13$$

12 más 1 son 13.

¿Lo entiendes?

¡Demuéstralo! ¿Cómo te ayuda saber 7 + 7 para hallar 7 + 8?

★ **Práctica guiada** ★

Suma los dobles. Luego, usa las sumas de dobles para ayudarte a resolver las sumas de dobles más 1.

1.

$$\underline{5} + \underline{5} = \underline{10}$$

Por tanto, $5 + 6 = \underline{11}$.

2.

$$\underline{} + \underline{} = \underline{}$$

Por tanto, $8 + 9 = \underline{}$.

**★ Práctica ★
independiente** Suma los dobles. Luego, usa las sumas de dobles
para ayudarte a resolver las sumas de dobles más 1.

3.
$\begin{array}{r} 7 \\ +7 \\ \hline \square \end{array}$
$\begin{array}{r} 8 \\ +7 \\ \hline \square \end{array}$

4.
$\begin{array}{r} 4 \\ +4 \\ \hline \square \end{array}$
$\begin{array}{r} 4 \\ +5 \\ \hline \square \end{array}$

5.
$\begin{array}{r} 5 \\ +5 \\ \hline \square \end{array}$
$\begin{array}{r} 5 \\ +6 \\ \hline \square \end{array}$

6.
$\begin{array}{r} 9 \\ +9 \\ \hline \square \end{array}$
$\begin{array}{r} 9 \\ +10 \\ \hline \square \end{array}$

7.
$\begin{array}{r} 6 \\ +6 \\ \hline \square \end{array}$
$\begin{array}{r} 6 \\ +7 \\ \hline \square \end{array}$

8.
$\begin{array}{r} 3 \\ +3 \\ \hline \square \end{array}$
$\begin{array}{r} 3 \\ +4 \\ \hline \square \end{array}$

Usa las sumas de dobles más 1 para ayudarte a escribir una ecuación
para el problema. Luego, haz un dibujo para mostrar tu trabajo.

9. **Razonamiento de orden superior** Olga
tiene algunas canicas azules. Tom tiene
algunas canicas rojas. Tom tiene 1 más que
Olga. ¿Cuántas canicas tienen en total?

_____ + _____ = _____

10. © **PM.2 Razonar** Carla y Pedro recogieron 7 cerezas cada uno. Luego, Pedro recogió 1 más. ¿Cuántas cerezas tienen en total?

Escribe una ecuación que represente el problema.

___ + ___ = ___

___ cerezas

11. © **PM.2 Razonar** Mirna y Pam compraron 5 manzanas cada una. Luego, Pam compró 1 más. ¿Cuántas manzanas tienen en total?

Escribe una ecuación que represente el problema.

___ + ___ = ___

___ manzanas

12. **Razonamiento de orden superior**

Laura tiene que resolver $9 + 8$. Explica cómo puede usar $8 + 8$ para hallar la suma.

_____

_____

_____

_____

13. © **Evaluación** Juan se comió 8 uvas en el almuerzo y algunas más en la cena. Juan se comió 17 uvas en total. ¿Cuántas uvas se comió en la cena?

Ⓐ 8

Ⓑ 9

Ⓒ 7

Ⓓ 1

Puedes usar una suma de dobles y de dobles más 1 para ayudarte a resolver el problema.

Nombre _____

 Ayuda Herramientas Juegos

¡Revisemos! Puedes usar sumas de dobles para resolver sumas de dobles más 1.

$4 + 5 = ?$

$5 = 4 + 1$; por tanto, puedes escribir

$4 + 5$ como $4 + 4 + 1$.

$4 + 4 = 8$

8 y uno más es 9. Por tanto, $4 + 5 = 9$.

$2 + 3 = ?$

$3 = \underline{2} + \underline{1}$

Por tanto,

$\underline{2} + \underline{2} = \underline{4}$

$\underline{2} + \underline{3} = \underline{5}$.

ACTIVIDAD PARA EL HOGAR
Dele a su niño(a) una suma de dobles, como 3 + 3. Pídale que use botones u otros objetos, como 2 grupos de 3 botones. Pregúntele: "¿Cuántos hay en total?". Luego, añada 1 objeto más a uno de los grupos y pregunte: "¿Cuál es la suma de dobles más 1?". Repita la actividad con otras sumas de dobles.

Suma los dobles. Luego, usa las sumas de dobles para ayudarte a resolver las sumas de dobles más 1.

1.
$\begin{array}{r} 3 \\ + 3 \\ \hline \square \end{array}$

$\begin{array}{r} 3 \\ + 4 \\ \hline \square \end{array}$

2.
$\begin{array}{r} 6 \\ + 6 \\ \hline \square \end{array}$

$\begin{array}{r} 6 \\ + 7 \\ \hline \square \end{array}$

Dibuja 1 cubo más. Usa una suma de dobles como ayuda para sumar.

3.

Piensa: _____ + _____ = _____ .

Por tanto, $7 + 8 =$ _____ .

4.

Piensa: _____ + _____ = _____ .

Por tanto, $9 + 10 =$ _____ .

5. Razonamiento de orden superior

Usa una suma de dobles más 1 como ayuda para escribir una ecuación para el problema. Luego, haz un dibujo para mostrar tu trabajo.

David vio algunos gatos y perros. El número de perros es 1 más que el de gatos. ¿Cuántos perros y gatos vio David?

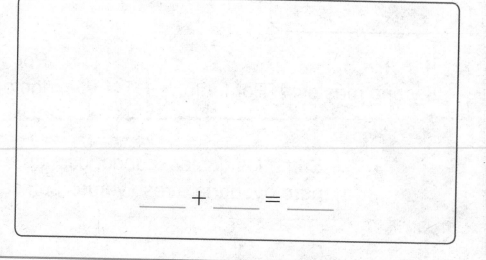

_____ + _____ = _____

6. © **Evaluación** ¿Qué suma de dobles más 1 debes usar para resolver $9 + 8$?

Ⓐ $7 + 7$ más 1

Ⓑ $8 + 8$ más 1

Ⓒ $6 + 6$ más 1

Ⓓ $9 + 9$ más 1

7. © **Evaluación** ¿Qué suma de dobles más 1 debes usar para resolver $5 + 6$?

Ⓐ $6 + 6$ más 1

Ⓑ $4 + 5$ más 1

Ⓒ $5 + 5$ más 1

Ⓓ $4 + 4$ más 1

Resuélvelo y coméntalo

Carlos y yo encontramos 5 caracoles marinos cada uno. ¿Que suma de dobles muestra cuántos caracoles tenemos en total?

Si Carlos encuentra 2 caracoles más, ¿cómo podrías hallar cuántos caracoles hay en total?

Puedo...

usar sumas de dobles como ayuda para resolver sumas de dobles más 2.

© **Estándares de contenido** I.OA.C.5, I.OA.C.6 **Prácticas matemáticas** PM.2, PM.3, PM.4, PM.6

____ + ____ = ____

Doble

____ + ____ = ____

Estas se llaman **sumas de dobles más 2.**

$$6 \\ +8 \\ \overline{?}$$ $$9 \\ +7 \\ \overline{?}$$

Las sumas de dobles más 2 también se llaman sumas de casi dobles.

Hay diferentes maneras de resolver una suma de dobles más 2.

$$6 \\ +8 \\ \overline{?}$$

Dobla el número menor y luego suma 2.

Piensa $6 + 6 = 12$ y 2 más.

El doble de 6 es 12. 2 más que 12 es 14.

$6 + 8 = 14$

O dobla el número del medio.

7 está entre 6 y 8. El doble de 7 es 14.

¿Lo entiendes?

¡Demuéstralo! ¿Qué sumas de dobles te pueden ayudar a resolver $7 + 9$? Explícalo.

☆ Práctica guiada ☆   Usa la suma de dobles para ayudarte a sumar.

1.

$$\underline{7} + \underline{7} = \underline{14}$$

Por tanto, $6 + 8 = \underline{14}$.

2.

$$\underline{} + \underline{} = \underline{}$$

Por tanto, $5 + 7 = \underline{}$.

3.

$$\underline{} + \underline{} = \underline{}$$

Por tanto, $10 + 8 = \underline{}$.

4.

$$\underline{} + \underline{} = \underline{}$$

Por tanto, $7 + 9 = \underline{}$.

☆ Práctica ☆ independiente ☆

Dibuja 2 cubos más. Usa una suma de dobles para ayudarte a sumar.

5.

_____ + _____ = _____

Por tanto, $10 + 8 =$ _____.

6.

_____ + _____ = _____

Por tanto, $9 + 11 =$ _____.

7.

_____ + _____ = _____

Por tanto, $8 + 6 =$ _____.

8.

_____ + _____ = _____

Por tanto, $7 + 5 =$ _____.

9.

_____ + _____ = _____

Por tanto, $4 + 6 =$ _____.

10.

_____ + _____ = _____

Por tanto, $3 + 5 =$ _____.

Usa una suma de dobles o de dobles más 2 para ayudarte a escribir una ecuación para el problema. Dibuja cubos para ayudarte.

11. Sentido numérico Dan hizo un tren de cubos rojos. Ana hizo un tren de cubos amarillos. El tren de Ana tiene 2 cubos más que el tren de Dan. ¿Cuántos cubos usaron en total?

_____ = _____ + _____

12. © **PM.2 Razonar** Nora y Eric hicieron 6 castillos de arena cada uno. Luego, Nora hizo 2 más. ¿Cuántos castillos hicieron los dos amigos en total?

Escribe una ecuación de suma.

_____ + _____ = _____

_____ castillos de arena

13. © **PM.2 Razonar** Marcos encontró 8 caracoles. Susi encontró 2 caracoles más que Marcos. Juntos encontraron 18 caracoles. ¿Cuántas caracoles encontró Susi?

Escribe una ecuación de suma.

_____ + _____ = _____

Susi encontró _____ caracoles.

14. **Razonamiento de orden superior** Usa una suma de dobles más 2 para ayudarte a escribir una ecuación para el problema. Luego resuélvelo.

Hay algunos peces en un estanque. Algunos son plateados y otros son dorados. Hay 2 peces dorados más que plateados. ¿Cuántos peces hay en total?

_____ + _____ = _____
peces   peces   peces
plateados dorados

15. © **Evaluación** Ben vio 7 cangrejos. Jaime vio 9 cangrejos. ¿Cuántos cangrejos vieron en total?

¿Qué operación debes usar para hallar cuántos cangrejos vieron Ben y Jaime en total?

Ⓐ 7 + 7 más 1

Ⓑ 7 + 9 más 1

Ⓒ 7 + 7 más 2

Ⓓ 9 + 9 más 2

Nombre _____

Tarea y práctica
3-5

Dobles más 2

¡Revisemos! Puedes usar las sumas de dobles para resolver las sumas de dobles más 2.

$6 + 8 = ?$

$8 = 6 + 2$; por tanto, puedes escribir

$6 + 8$ como $6 + 6 + 2$.

$6 + 6 = 12$

12 más 2 son 14. Por tanto, $6 + 8 = 14$.

$2 + 4 = ?$

$4 = \underline{2} + \underline{2}$

$\underline{2} + \underline{2} = \underline{4}$

Por tanto, $\underline{2} + \underline{4} = \underline{6}$.

ACTIVIDAD PARA EL HOGAR
Dele a su niño(a) una suma de dobles, como $4 + 4$. Pídale que use objetos para mostrar una suma de dobles, como 2 grupos de 4 clips. Pregúntele: "¿Cuántos hay en total?". Luego, añada 2 objetos más a uno de los grupos y pregunte: "¿Cuál es la suma de dobles más 2?". Repita la actividad con otras sumas de dobles.

Suma los dobles. Luego, usa las sumas de dobles para ayudarte a resolver las sumas de dobles más 2.

1.
$$\begin{array}{r} 3 \\ + 3 \\ \hline \square \end{array}$$

$$\begin{array}{r} 3 \\ + 5 \\ \hline \square \end{array}$$

2.
$$\begin{array}{r} 4 \\ + 4 \\ \hline \square \end{array}$$

$$\begin{array}{r} 6 \\ + 4 \\ \hline \square \end{array}$$

Dibuja 2 cubos más. Luego, usa las sumas de dobles para resolver las sumas de dobles más 2.

3.

Piensa: _____ + _____ = _____.
Por tanto, 5 + 7 = _____.

4.

Piensa: _____ + _____ = _____.
Por tanto, 3 + 5 = _____.

5. **Razonamiento de orden superior**

Usa una suma de dobles más 2 para ayudarte
a escribir una ecuación para el problema.
Luego, haz un dibujo para mostrar tu trabajo.

Tania y Raúl le dieron de comer al mismo
número de pájaros en el zoológico. Luego,
Raúl le dio de comer a 2 pájaros más.
¿A cuántos pájaros alimentaron en total?

_____ = _____ + _____

6. © **Evaluación** El equipo de beisbol
de Arturo anotó 8 carreras el lunes y
10 el martes. ¿Cuántas carreras anotó
el equipo en total?

¿Qué suma de dobles te ayuda a resolver
el problema?

Ⓐ 7 + 7   Ⓒ 9 + 9

Ⓑ 6 + 6   Ⓓ 10 + 10

7. © **Evaluación** ¿Qué operación debes usar
para resolver 7 + 9?

Ⓐ 7 + 7 más 1

Ⓑ 7 + 7 más 2

Ⓒ 8 + 8 más 1

Ⓓ 8 + 8 más 2

Nombre _____

Resuélvelo y coméntalo

¿De qué manera el pensar en 10 te ayuda a hallar la respuesta de la suma 9 + 5?

Muestra tu trabajo y explícalo.

_____ + _____ = _____

Forma 10 para ayudarte a sumar.

$$\begin{array}{r} 7 \\ +\,4 \\ \hline ? \end{array}$$

Mueve 3 fichas del 4 al 7.

Ahora tengo 10 más 1.

$10 + 1$ es igual a $7 + 4$.

$$\begin{array}{r} 10 \\ +\,1 \\ \hline \boxed{11} \end{array}$$

$$\begin{array}{r} 10 \\ +\,1 \\ \hline \boxed{11} \end{array} \quad \text{por tanto,} \quad \begin{array}{r} 7 \\ +\,4 \\ \hline 11 \end{array}$$

¡Los totales son iguales!

¿Lo entiendes?

¡Demuéstralo! ¿Cómo formas 10 para hallar la suma de $9 + 4$?

☆ **Práctica guiada** ☆   Dibuja fichas para formar 10. Luego, escribe las sumas.

1. $$\begin{array}{r} 7 \\ +\,6 \\ \hline ? \end{array}$$

$$\begin{array}{r} 10 \\ +\,3 \\ \hline \boxed{13} \end{array} \quad \text{por tanto,} \quad \begin{array}{r} 7 \\ +\,6 \\ \hline \boxed{} \end{array}$$

2. $$\begin{array}{r} 8 \\ +\,6 \\ \hline ? \end{array}$$

$$\begin{array}{r} 10 \\ +\,4 \\ \hline \boxed{} \end{array} \quad \text{por tanto,} \quad \begin{array}{r} 8 \\ +\,6 \\ \hline \boxed{} \end{array}$$

Práctica independiente

Dibuja fichas para formar 10 y luego escribe las sumas.

3.
$$\begin{array}{r} 7 \\ +8 \\ \hline ? \end{array}$$

$$\begin{array}{r} 10 \\ + 5 \\ \hline \square \end{array}$$ por tanto, $$\begin{array}{r} 7 \\ +8 \\ \hline \square \end{array}$$

4.
$$\begin{array}{r} 9 \\ +6 \\ \hline ? \end{array}$$

$$\begin{array}{r} 10 \\ + 5 \\ \hline \square \end{array}$$ por tanto, $$\begin{array}{r} 9 \\ +6 \\ \hline \square \end{array}$$

5.
$$\begin{array}{r} 7 \\ +7 \\ \hline ? \end{array}$$

$$\begin{array}{r} 10 \\ + 4 \\ \hline \square \end{array}$$ por tanto, $$\begin{array}{r} 7 \\ +7 \\ \hline \square \end{array}$$

Dibuja fichas para formar 10. Usa dos colores diferentes. Luego, escribe las sumas.

6.
$$\begin{array}{r} 4 \\ +8 \\ \hline ? \end{array}$$

$$\begin{array}{r} 10 \\ + 2 \\ \hline \square \end{array}$$ por tanto, $$\begin{array}{r} 4 \\ +8 \\ \hline \square \end{array}$$

7.
$$\begin{array}{r} 6 \\ +5 \\ \hline ? \end{array}$$

$$\begin{array}{r} 10 \\ + 1 \\ \hline \square \end{array}$$ por tanto, $$\begin{array}{r} 6 \\ +5 \\ \hline \square \end{array}$$

8.
$$\begin{array}{r} 5 \\ +9 \\ \hline ? \end{array}$$

$$\begin{array}{r} 10 \\ + 4 \\ \hline \square \end{array}$$ por tanto, $$\begin{array}{r} 5 \\ +9 \\ \hline \square \end{array}$$

Prácticas matemáticas y resolución de problemas

Dibuja fichas para ayudarte a resolver cada problema. Usa dos colores.

9. © **PM.4 Representar** Carlos ve 7 pájaros amarillos en un árbol. Luego, ve 6 pájaros blancos. ¿Cuántos pájaros vio Carlos en total?

_____ pájaros

10. © **PM.4 Representar** Emily cortó 8 flores rojas. Luego, cortó 8 flores amarillas. ¿Cuántas flores cortó Emily en total?

_____ flores

11. Razonamiento de orden superior
Mira el modelo. Completa la ecuación para representar el modelo.

$10 +$ _____ $=$ _____

Por tanto, _____ $+$ _____ $=$ _____

12. © **Evaluación** ¿Qué número va en el ☐ ?

$10 + 1 = 11$

Por tanto, $6 +$ ☐ $= 11$

16   11   6   5

Ⓐ   Ⓑ   Ⓒ   Ⓓ

Ayuda Herramientas Juegos

¡Revisemos! Puedes formar 10 para ayudarte a sumar.

 7 y 5 más.

$7 + 5 = ?$

Forma 10.

 10 y 2 más.

Por tanto, $7 + 5$ y $10 + 2$ tienen la misma suma o total.

$10 + 2 = \underline{12}$ Por tanto, $7 + 5 = \underline{12}$.

ACTIVIDAD PARA EL HOGAR
Pídale a su niño(a) que use objetos pequeños para mostrar 7 + 6. Pídale que mueva algunos objetos para formar 10. Luego, pídale que diga las 2 ecuaciones: 10 + 3 = 13; por tanto, 7 + 6 = 13.

Dibuja fichas para formar 10 y luego escribe la suma.

1. 9
   $+ 6$
    ?

   10   9
  $+ 5$ por $+ 6$
  [ ] tanto, [ ]

2. 7
   $+ 6$
    ?

   10   7
  $+ 3$ por $+ 6$
  [ ] tanto, [ ]

3. 5
   $+ 6$
    ?

   10   5
  $+ 1$ por $+ 6$
  [ ] tanto, [ ]

4.
$$\begin{array}{r} 9 \\ +\ 5 \\ \hline ? \end{array}$$
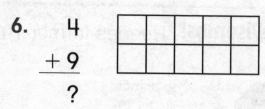

$$\begin{array}{r} 10 \\ +\ 4 \\ \hline \square \end{array}$$ por tanto,
$$\begin{array}{r} 9 \\ +\ 5 \\ \hline \square \end{array}$$

5.
$$\begin{array}{r} 8 \\ +\ 3 \\ \hline ? \end{array}$$

$$\begin{array}{r} 10 \\ +\ 1 \\ \hline \square \end{array}$$ por tanto,
$$\begin{array}{r} 8 \\ +\ 3 \\ \hline \square \end{array}$$

6.
$$\begin{array}{r} 4 \\ +\ 9 \\ \hline ? \end{array}$$

$$\begin{array}{r} 10 \\ +\ 3 \\ \hline \square \end{array}$$ por tanto,
$$\begin{array}{r} 4 \\ +\ 9 \\ \hline \square \end{array}$$

---

7. Razonamiento de orden superior Encierra en un círculo 2 números.

5 6 7 8 9

Dibuja fichas para formar 10 usando los números que encerraste en un círculo. Usa 2 colores diferentes. Luego, escribe 2 ecuaciones de suma que representen tu dibujo.

$10 +$ _____ $=$ _____

Por tanto, _____ $+$ _____ $=$ _____ .

---

8. © Evaluación ¿Qué número va en el ☐ ?

$9 + 6 = 15$

Por tanto, $10 + \boxed{} = 15$.

9 Ⓐ   5 Ⓑ   6 Ⓒ   8 Ⓓ

9. © Evaluación ¿Qué número va en el ☐ ?

$8 + 5 = 13$

Por tanto, $\boxed{} + 3 = 13$.

7 Ⓐ   8 Ⓑ   9 Ⓒ   10 Ⓓ

Nombre _____

Resuélvelo y coméntalo

¿De qué manera puedes formar 10 para resolver la suma 8 + 5? Muestra tu trabajo y explícalo?

Puedo...

formar 10 para sumar números hasta 20.

© **Estándar de contenido**
1.OA.C.6
Prácticas matemáticas PM.3, PM.5, PM.7

Forma 10 para ayudarte a sumar.

$9 + 7 = ?$

El 9 está muy cerca de 10. ¿Cómo puede ayudarme esto a hallar $9 + 7$?

Piensa en el problema representado en una recta numérica para ayudarte a formar 10.

```
+1      +6

8  9  10 11 12 13 14 15 16 17
```

$9 + 1 = 10$ y $10 + 6 = 16$.

Puedes pensar en $9 + 7$ como $9 + 1 + 6$, porque $7 = 1 + 6$.

Por tanto, $9 + 7 = \underline{16}$

¿Lo entiendes?

¡Demuéstralo! ¿De qué manera puedes formar 10 para hallar la suma de $7 + 6$?

☆ Práctica guiada

Forma 10 para hallar la suma. Usa la recta numérica para ayudarte.

1.

$$\begin{array}{r} 8 \\ + 6 \\ \hline ? \end{array} \qquad \begin{array}{r} 8 \\ + \boxed{2} \\ \hline 10 \end{array} \qquad \begin{array}{r} 10 \\ + \boxed{4} \\ \hline \boxed{14} \end{array} \quad \text{por tanto,} \quad \begin{array}{r} 8 \\ + 6 \\ \hline \boxed{} \end{array}$$

```
7  8  9  10 11 12 13 14 15 16 17 18 19 20
```

Herramientas Evaluación

☆ Práctica independiente ☆

Forma 10 para hallar la suma. Usa la recta numérica para ayudarte.

0 1 2 3 4 5 6 7 8 9 10 11 12 13 14 15 16 17 18 19 20

2.
Piensa

7	7	10		7
+ 8	+ ☐	+ ☐	por tanto,	+ 8
?	10	☐		☐

3.
Piensa

4	4	10		4
+ 9	+ ☐	+ ☐	por tanto,	+ 9
?	10	☐		☐

4.
Piensa

8	10		8
+ 4	+ ☐	por tanto,	+ 4
?	☐		☐

5.
Piensa

9	10		9
+ 7	+ ☐	por tanto,	+ 7
?	☐		☐

6.
Piensa

6	10		6
+ 7	+ ☐	por tanto,	+ 7
?	☐		☐

7. Sentido numérico Nico suma 8 + 5.

Primero, suma 8 + 2 para formar 10.

¿Qué debe hacer después?

_____

_____

Forma 10 para ayudarte a resolver cada cuento numérico.

8. © **PM.7 Buscar patrones** Felipe tiene 8 manzanas. Samuel le da 4 más. ¿Cuántas manzanas tiene Felipe ahora? Usa una recta numérica vacía para mostrar tu trabajo.

¿Se puede descomponer el problema en partes más simples?

Felipe tiene _____ manzanas.

9. **Razonamiento de orden superior**

Pati formó 10 para resolver $7 + 5$, cambiando el problema a $7 + 3 + 2$. ¿Cómo formó 10 Pati?

_____

_____

_____

_____

10. © **Evaluación** ¿Qué suma muestra cómo formar 10 para resolver $9 + 6$?

Ⓐ $9 + 4 + 2$

Ⓑ $9 + 3 + 3$

Ⓒ $9 + 1 + 5$

Ⓓ $9 + 0 + 6$

Nombre _____

Tarea y práctica
3-7
Más sobre formar
10 para sumar

¡Revisemos! Ya sabes cómo sumarle 10 a un número. Formar 10 puede ser una estrategia útil para sumar.

$3 + 9 = ?$

Puedes descomponer cualquiera de los dos sumandos para formar 10.

Yo descompuse el 3 en 1 y 2 para formar 10.

$$\begin{array}{c} 3 \\ +\ 9 \\ \hline ? \end{array} \qquad \begin{array}{c} 9 \\ +\ \boxed{1} \\ \hline 10 \end{array} \qquad \begin{array}{c} 10 \\ +\ \boxed{2} \\ \hline \boxed{12} \end{array} \quad \text{por tanto,} \quad \begin{array}{c} 3 \\ +\ 9 \\ \hline \boxed{12} \end{array}$$

ACTIVIDAD PARA EL HOGAR
Revise con su niño(a) las diferentes maneras de formar 10. (por ej., 1 + 9, 2 + 8, etc.). Luego, dígale a su niño(a) una operación de suma cuyo total sea entre 11 y 19. Pídale que forme 10 para sumar los dos números. Repita la actividad con diferentes operaciones de suma.

Escribe los números que faltan para resolver cada problema de suma.

Piensa

1. $$\begin{array}{c} 9 \\ +\ 8 \\ \hline ? \end{array} \qquad \begin{array}{c} 9 \\ +\ \boxed{} \\ \hline 10 \end{array} \qquad \begin{array}{c} 10 \\ +\ \boxed{} \\ \hline \boxed{} \end{array} \quad \text{por tanto,} \quad \begin{array}{c} 9 \\ +\ 8 \\ \hline \boxed{} \end{array}$$

Piensa

2. $$\begin{array}{c} 2 \\ +\ 9 \\ \hline ? \end{array} \qquad \begin{array}{c} 9 \\ +\ \boxed{} \\ \hline 10 \end{array} \qquad \begin{array}{c} 10 \\ +\ \boxed{} \\ \hline \boxed{} \end{array} \quad \text{por tanto,} \quad \begin{array}{c} 2 \\ +\ 9 \\ \hline \boxed{} \end{array}$$

Escribe los números que faltan para resolver cada problema de suma.

3. Piensa

7 $\quad$ 10 $\quad$ 7
$+\,5$ $\quad$ $+\,\square$ $\quad$ por $\quad$ $+\,5$
$\overline{?}$ $\quad$ $\overline{}$ $\quad$ tanto, $\overline{}$
$\quad\quad$ $\square$ $\quad\quad\quad$ $\square$

4. Piensa

4 $\quad$ 10 $\quad$ 4
$+\,9$ $\quad$ $+\,\square$ $\quad$ por $\quad$ $+\,9$
$\overline{?}$ $\quad$ $\overline{}$ $\quad$ tanto, $\overline{}$
$\quad\quad$ $\square$ $\quad\quad\quad$ $\square$

5. Piensa

8 $\quad$ 10 $\quad$ 8
$+\,9$ $\quad$ $+\,\square$ $\quad$ por $\quad$ $+\,9$
$\overline{?}$ $\quad$ $\overline{}$ $\quad$ tanto, $\overline{}$
$\quad\quad$ $\square$ $\quad\quad\quad$ $\square$

6. Piensa

7 $\quad$ 10 $\quad$ 7
$+\,8$ $\quad$ $+\,\square$ $\quad$ por $\quad$ $+\,8$
$\overline{?}$ $\quad$ $\overline{}$ $\quad$ tanto, $\overline{}$
$\quad\quad$ $\square$ $\quad\quad\quad$ $\square$

7. Piensa

9 $\quad$ 10 $\quad$ 9
$+\,9$ $\quad$ $+\,\square$ $\quad$ por $\quad$ $+\,9$
$\overline{?}$ $\quad$ $\overline{}$ $\quad$ tanto, $\overline{}$
$\quad\quad$ $\square$ $\quad\quad\quad$ $\square$

8. Piensa

5 $\quad$ 10 $\quad$ 5
$+\,6$ $\quad$ $+\,\square$ $\quad$ por $\quad$ $+\,6$
$\overline{?}$ $\quad$ $\overline{}$ $\quad$ tanto, $\overline{}$
$\quad\quad$ $\square$ $\quad\quad\quad$ $\square$

9. Razonamiento de orden superior
Carmen dice que puede formar 10 para resolver $6 + 3$. ¿Tiene razón? Explica cómo lo sabes.

_____

_____

_____

10. © **Evaluación** ¿Qué operación muestra cómo formar 10 para resolver $8 + 8$?

Ⓐ $8 + 8 + 2 = 8 + 10 = 18$

Ⓑ $8 + 2 + 6 = 10 + 6 = 16$

Ⓒ $8 + 1 + 8 = 9 + 10 = 19$

Ⓓ $8 + 5 + 4 = 8 + 9 = 17$

Nombre _____

Resuélvelo y coméntalo

$$9 + 6 = ?$$

Escoge una estrategia para resolver el problema. Usa palabras, objetos o dibujos para explicar tu trabajo.

Dobles   Casi dobles

Formar 10

_____ + _____ = _____

Puedes usar diferentes maneras para recordar una operación de suma.

Dobles   Casi dobles

Formar 10

4
+ 4

Dobles

Cuando los dos sumandos son iguales, es una suma de dobles.

6 + 7

Casi dobles

Cuando uno de los sumandos es 1 más que el otro, es una suma de casi dobles.

10
+ 3

8 + 5

Formar 10

Cuando uno de los sumandos está cerca de 10, puedes formar 10.

¿Lo entiendes?

¡Demuéstralo! ¿Qué estrategia podrías usar para resolver 7 + 8? ¿Por qué es una buena estrategia?

☆ Práctica guiada ☆

Halla cada suma. Encierra en un círculo la estrategia que usaste.

1.   6
    + 6
    [12]

(Dobles)
Casi dobles
Formar 10
A mi manera

2.   9
    + 7
    [ ]

Dobles
Casi dobles
Formar 10
A mi manera

3.   6
    + 7
    [ ]

Dobles
Casi dobles
Formar 10
A mi manera

4.   8
    + 9
    [ ]

Dobles
Casi dobles
Formar 10
A mi manera

☆ Práctica ☆ independiente

Halla cada suma o total.

5. 6
   + 8
   ▢

6. 8
   + 8
   ▢

7. 4
   + 9
   ▢

8. 9
   + 9
   ▢

9. 7
   + 6
   ▢

10. 8
   + 3
   ▢

11. 9
   + 8
   ▢

12. 6
   + 5
   ▢

13. 8
   + 5
   ▢

14. 6
   + 9
   ▢

15. 7
   + 4
   ▢

16. 7
   + 7
   ▢

Halla el número que falta. Explica la estrategia que usaste.

17. Álgebra Silvia tiene 9 canicas verdes y algunas canicas rojas. Tiene 11 canicas en total.

_____

_____

$9 + \underline{\quad} = 11$

Silvia tiene _____ canicas rojas.

18. © **PM.1 Entender** Alberto tiene 8 camisas en el clóset. Pone otras camisas en el tocador. Ahora tiene 16 camisas. ¿Cuántas camisas puso en el tocador?

Alberto puso _____ camisas en el tocador.

Encierra en un círculo la estrategia que usaste para hallar el número que falta.

Dobles   Casi dobles   Formar 10   A mi manera

19. **Razonamiento de orden superior** Manuel y Tobi tienen 13 lápices en total. ¿Cuántos lápices podría tener cada uno?

Encierra en un círculo la estrategia que usaste para escoger los sumandos que faltan.

Haz un dibujo para ayudarte a resolver el problema.

$13 =$ _____ $+$ _____

Dobles   Formar 10
Casi dobles   A mi manera

20. © **Evaluación** Sara tiene 7 libros grandes y 8 pequeños. ¿Qué estrategias te pueden ayudar a hallar cuántos libros tiene Sara en total? Selecciona todas las que apliquen.

Dobles   Casi dobles   Formar 10   A mi manera
☐   ☐   ☐   ☐

200 doscientos

Nombre _____

¡Revisemos! Puedes usar diferentes estrategias para resolver problemas.

6 es 1 más que 5. 6 y 5 son casi dobles.

$$\begin{array}{r} 5 \\ +6 \\ \hline ? \end{array}$$

$$\begin{array}{r} 5 \\ +5 \\ \hline \boxed{10} \end{array}$$

$$\begin{array}{r} 5 \\ +6 \\ \hline \boxed{11} \end{array}$$

9 está cerca de 10. Forma 10.

$$\begin{array}{r} 9 \\ +5 \\ \hline ? \end{array}$$

$$\begin{array}{r} 10 \\ +4 \\ \hline \boxed{14} \end{array}$$

por tanto,

$$\begin{array}{r} 9 \\ +5 \\ \hline \boxed{14} \end{array}$$

ACTIVIDAD PARA EL HOGAR
Pídale a su niño(a) que use objetos pequeños para mostrar 8 + 9. Pídale que use una de las siguientes estrategias: dobles, casi dobles, formar 10 o su propia estrategia (A mi manera). Pídale que le explique cómo usó la estrategia para encontrar la respuesta.

Halla cada suma. Encierra en un círculo la estrategia que usaste.

1. $$\begin{array}{r} 5 \\ +7 \\ \hline \ \end{array}$$

Piensa: 7 es 2 más que 5.

Dobles
Casi dobles
Formar 10
A mi manera

2. $$\begin{array}{r} 8 \\ +3 \\ \hline \ \end{array}$$

Piensa: 8 está cerca de 10.

Dobles
Casi dobles
Formar 10
A mi manera

Halla cada suma. Encierra en un círculo la estrategia que usaste.

3.
$$9$$
$$+\,3$$
☐

Dobles
Casi dobles
Formar 10
A mi manera

4.
$$7$$
$$+\,7$$
☐

Dobles
Casi dobles
Formar 10
A mi manera

5.
$$7$$
$$+\,9$$
☐

Dobles
Casi dobles
Formar 10
A mi manera

6. Razonamiento de orden superior Escribe un problema-cuento que se pueda resolver formando 10. Luego, explica cómo resolver el problema.

7. © Evaluación Escoge las ecuaciones que **NO** son la manera correcta de resolver el siguiente problema formando 10. Selecciona todas las que apliquen.

☐ $6 + 4 = 10;\ 10 + 0 = 10$

☐ $7 + 3 = 10;\ 10 + 1 = 11$

☐ $8 + 2 = 10;\ 10 + 4 = 14$

☐ $9 + 1 = 10;\ 10 + 3 = 13$

Nombre _____

Resuélvelo y coméntalo

Caleb colecciona calcomanías. Caleb tiene 4 calcomanías más que Susi. Susi tiene 5 calcomanías. ¿Cuántas calcomanías tiene Caleb? Usa objetos, dibujos o una ecuación para mostrar tu razonamiento.

Puedo...
resolver diferentes tipos de problemas de suma.

© **Estándar de contenido**
1.OA.A.1
Prácticas matemáticas PM.1, PM.2, PM.3, PM.4

Caleb tiene _____ calcomanías.

Toña lee 5 libros. Lee 7 libros menos que Sergio. ¿Cuántos libros lee Sergio?

¿Qué sabes?

Toña leyó 5 libros. Ha leído 7 libros menos que Sergio.

Esto también significa que Sergio leyó 7 libros más que Toña.

¿Qué necesitas saber?

Cuántos libros leyó Sergio.

Sergio leyó 7 libros más que Toña. Por tanto, necesito sumar 5 + 7 para resolver el problema.

Para saber cuántos libros leyó Sergio, puedes escribir una ecuación.

$5 + 7 = 12$

¡Sergio leyó 12 libros!

¿Lo entiendes?

¡Demuéstralo! ¿Podrías saber cuántos libros leyó Sergio usando objetos o dibujos? Explícalo.

☆Práctica guiada☆

Lee el cuento y luego resuelve el problema con una ecuación.

1. Tim escribe 9 cuentos. Escribe 3 cuentos menos que Daniela. ¿Cuántos cuentos escribe Daniela?

Tim escribe ⸬3⸬ cuentos menos que Daniela.

Daniela escribe ⸬3⸬ cuentos más que Tim.

⸬9⸬ ⊕ ⸬3⸬ = ☐

2. Charo lee 6 historietas cómicas. Pablo lee 5 más que Charo. ¿Cuántas historietas cómicas leyó Pablo?

Pablo leyó ☐ historietas más que Charo.

☐ ◯ ☐ = ☐

Herramientas Evaluación

☆ Práctica ☆ independiente

Resuelve los problemas con objetos, dibujos o una ecuación. Muestra tu trabajo.

3. Tere compró 10 botones el lunes.

Luego, compró más botones el martes.

Ahora tiene 19 botones.

¿Cuántos botones compró Tere el martes?

_____ botones

4. Mónica tiene 9 monedas. Mónica tiene
6 monedas menos que Óscar.

¿Cuántas monedas tiene Óscar?

_____ monedas

5. Hay 14 latas sobre la mesa. 5 latas son
grandes y el resto son pequeñas. ¿Cuántas
latas pequeñas hay sobre la mesa?

_____ latas pequeñas

Prácticas matemáticas y resolución de problemas

Resuelve los siguientes problemas.

6. © **PM.4 Representar** Luis recortó 12 flores. ¿Cuántas flores puede colorear de rojo y cuántas de amarillo?

Haz un dibujo y escribe una ecuación para representar y resolver el problema.

_____ flores rojas   _____ flores amarillas

_____ = _____ + _____

7. Razonamiento de orden superior Natalia anotó 8 goles esta temporada. Anotó 9 goles menos que Julián. ¿Cuántos goles anotó Julián?

Vuelve a escribir este problema usando la palabra *más*. Natalia anotó 8 goles esta temporada. Julián anotó _____

_____

8. © **Evaluación** Dan tomó 6 vasos más de agua que Bety. Bety tomó 5 vasos de agua. ¿Cuántos vasos de agua tomó Dan?

¿Cuál de las siguientes ecuaciones usarías para resolver el problema?

Ⓐ $6 - 5 = 1$

Ⓑ $6 + 5 = 11$

Ⓒ $11 + 6 = 17$

Ⓓ $11 - 6 = 5$

206 doscientos seis

Tema 3 | **Lección 9**

Nombre _____

¡Revisemos! Puedes usar fichas y ecuaciones para resolver problemas.

Juan bateó 8 pelotas de béisbol.
Bateó 5 pelotas menos que Andrés.
¿Cuántas pelotas bateó Andrés?

Eso significa que Andrés bateó 5 más que Juan.

Juan bateó 8 pelotas.

Juan bateó 5 menos que Andrés.

$8 + 5 = \underline{13}$

Andrés bateó __13__ pelotas de béisbol.

ACTIVIDAD PARA EL HOGAR
Cuéntele a su niño(a) un cuento numérico usando la palabra *más* o la palabra *menos*. Pídale que represente el cuento usando fichas y que escriba una ecuación para resolver el problema. Por ejemplo: "Javi tiene 4 suéteres. Cristóbal tiene 5 suéteres más que Javier. ¿Cuántos suéteres tiene Cristóbal?". $4 + 5 = 9$. Cristóbal tiene 9 suéteres.

Dibuja fichas y escribe ecuaciones para resolver los problemas.

1. Mario ve 3 zorros más que Neto. Neto ve 4 zorros. ¿Cuántas zorros vio Mario?

2. Dora tiene 2 tarjetas menos que René. Dora tiene 9 tarjetas. ¿Cuántas tarjetas tiene René?

____ + ____ = ____   ____ zorros

____ + ____ = ____   ____ tarjetas

3. Hay 3 uvas verdes y 10 uvas rojas en el plato. ¿Cuántas uvas hay en el plato?

_____ + _____ = _____   _____ uvas

4. 8 gatos estaban jugando. llegaron otros gatos a jugar. Ahora 15 gatos están jugando. ¿Cuántos gatos llegaron a jugar con los primeros 8 gatos?

_____ + _____ = _____   _____ gatos

5. Razonamiento de orden superior Completa el cuento que representa la siguiente ecuación usando las palabras **Jaime, menos** y **Lilí.** Luego, resuelve la ecuación.

$9 + 4 = ?$

Jaime ve 4 pájaros _____ que Lilí. _____ ve 9 pájaros. ¿Cuántos pájaros ve _____?

_____ + _____ = _____

6. © Evaluación Chad hizo 6 sándwiches menos que Sara. Chad hizo 7 sándwiches. ¿Cuántos sándwiches hizo Sara?

¿Qué ecuación usarías para resolver este problema?

$7 - 6 = 1$ Ⓐ

$7 - 1 = 6$ Ⓑ

$7 + 6 = 13$ Ⓒ

$6 + 10 = 16$ Ⓓ

Nombre _____

Resuélvelo y coméntalo Una tienda de mascotas tiene 9 ranas. 5 son verdes y el resto son cafés. Lidia suma 5 + 9 y dice que la tienda tiene 14 ranas cafés.

Encierra en un círculo si **estás de acuerdo** o **no estás de acuerdo** con el razonamiento de Lidia.

Puedo…

evaluar el razonamiento de otros usando lo que sé sobre la suma y la resta.

© **Prácticas matemáticas**
PM.3. También, PM.2, PM.4.
Estándares de contenido
1.OA.A.1, 1.OA.B.3, 1.OA.C.6

Estoy de acuerdo.   **No estoy de acuerdo.**

Hábitos de razonamiento

¿Puedo mejorar el razonamiento de Lidia?

¿Hay errores en el razonamiento de Lidia?

5 perros están jugando. Llegan otros perros a jugar. Ahora 8 perros están jugando. José dice que 3 perros más llegaron porque $5 + 3 = 8$.

¿Cómo puedo decidir si estoy de acuerdo o no estoy de acuerdo con José?

Puedo hacerle preguntas a José, ver si hay errores o tratar de entender su razonamiento.

Haré un dibujo.

5 perros   algunos perros más

8 perros

$5 + 3 = 8$ perros

Estoy de acuerdo con el razonamiento de José.

¿Lo entiendes?

¡Demuéstralo! ¿Qué pregunta le habrías hecho a José para entender su razonamiento?

☆ Práctica guiada

Encierra en un círculo tu respuesta. Usa dibujos, palabras o ecuaciones para explicarla.

1. 9 gatos están jugando con la pelota. Algunos gatos se van a comer. Ahora hay 4 gatos jugando con la pelota.

Sam dice que 13 gatos se fueron a comer porque $9 + 4 = 13$.

¿Estás de acuerdo o no estás de acuerdo con Sam?

Estoy de acuerdo.   **No estoy de acuerdo.**

Tema 3 | Lección 10

☆ **Práctica** ☆
independiente
☆

Encierra en un círculo tu repuesta. Usa dibujos, palabras o ecuaciones para explicarla.

2. Hay 14 uvas en un tazón. 9 son verdes y el resto son moradas. ¿Cuántas son moradas?

Esteban dice que 6 uvas son moradas porque $9 + 6 = 14$. **¿Estás de acuerdo** o **no estás de acuerdo** con Esteban?

Estoy de acuerdo.

No estoy de acuerdo.

3. Hay 11 naranjas en una bolsa. Se cayeron 8 naranjas de la bolsa.
¿Cuántas naranjas quedan en la bolsa?

María dice que quedan 3 naranjas porque $11 - 3 = 8$. **¿Estás de acuerdo** o **no estás de acuerdo** con María?

Estoy de acuerdo.

No estoy de acuerdo.

© **Evaluación del rendimiento** _____

Los floreros Lola tiene 15 rosas. Quiere poner algunas en un florero rojo y otras en un florero azul.

Lola resolvió el problema. Contesta las siguientes preguntas sobre su razonamiento. Usa dibujos, palabras o ecuaciones para explicarlo.

4. **PM.3 Explicar** Lola dice que puede poner el mismo número de rosas en cada florero. Dice que puede escribir una suma de dobles para representar las flores del florero azul y del rojo. ¿Estás de acuerdo? Explícalo.

_____

_____

_____

_____

_____

5. **PM.4 Representar** ¿Cómo podría Lola haber usado palabras o dibujos para mostrar el problema?

_____

_____

_____

_____

Nombre _____

¡Revisemos! Lidia tiene 10 monedas de 1¢. Javi tiene 8 monedas de 1¢. Carla dice que Javi tiene 2 monedas de 1¢ menos que Lidia porque $10 - 8 = 2$.

¿Estás de acuerdo con Carla?

Lidia ○○○○○○○○○○

Javi ○○○○○○○○

$$10 - 8 = 2$$

Usé un dibujo y una ecuación para mostrar que Carla tiene razón. Javi tiene 2 monedas de 1¢ menos que Lidia. Estoy de acuerdo con Carla.

ACTIVIDAD PARA EL HOGAR
Tome turnos con su niño(a) para escribir problemas de suma con números de un solo dígito. Muestren el uno al otro cómo resolver el problema usando objetos o dibujos. Cometa errores en algunos de los problemas y rete a su niño(a) a encontrar los errores y los aciertos en los problemas.

Encierra en un círculo tu respuesta. Usa dibujos, palabras o ecuaciones para explicarla.

1. Ana dice que $7 + 4$ es igual a $3 + 9$ porque las dos sumas son iguales a 11. **¿Estás de acuerdo** o **no estás de acuerdo** con Ana?

Estoy de acuerdo.

No estoy de acuerdo.

Los pájaros

9 pájaros están parados en una cerca.
Llegan algunos pájaros más. Ahora hay
18 pajaros en la cerca. ¿Cuántos pájaros
más llegaron a la cerca?

Max resolvió el problema. Contesta las siguientes
preguntas sobre su razonamiento. Usa dibujos,
palabras o ecuaciones para explicarlo.

2. **PM.3 Explicar** Max dice que puede usar
una suma de dobles para resolver este
problema. ¿Estás de acuerdo? Explícalo.

3. **PM.4 Representar** ¿Cómo podría Max
haber usado palabras o dibujos para
mostrar el problema?

Nombre _____

Trabaja con un compañero. Necesitan papel y lápiz. Cada uno escoge un color diferente: celeste o azul.

El Compañero 1 y el Compañero 2 apuntan a uno de sus números negros al mismo tiempo y suman los números.

Si la respuesta está en el color que escogiste, puedes anotar una marca de conteo. Sigan la actividad hasta que uno de los compañeros tenga doce marcas de conteo.

Puedo...
sumar y restar hasta 10.

 Estándar de contenido
1.OA.C.6

Compañero 1
2
0
3
1
4
2

3	7	4	10	9	2
5	1	0	8	3	6

Compañero 2
4
6
5
0
1
2

Marcas de conteo Compañero 1

Marcas de conteo Compañero 2

Glosario

Lista de palabras
- recta numérica vacía
- suma de dobles más 1
- suma de dobles más 2
- todo

Comprender el vocabulario

1. Encierra en un círculo **Verdadero** o **Falso.**

10 + 5 = 15 es una suma de dobles más 1.

Verdadero   Falso

2. Encierra en un círculo **Verdadero** o **Falso.**

En esta ecuación 8 es el todo.

10 + 8 = 18

Verdadero   Falso

---

3. Escribe una suma de dobles más 1.

4. Escribe una suma de dobles más 2.

5. Muestra 15 en la recta numérica vacía.

Usar el vocabulario al escribir

6. ¿Cómo puedes usar una suma de dobles para ayudarte a resolver 7 + 8 = 15? Explícalo.

Grupo A _____

Puedes usar una recta numérica vacía para resolver una ecuación de suma. Kara tiene 10 monedas. Su amiga le da 8 monedas más. ¿Cuántas monedas tiene Kara ahora?

$$10 + 8 = \underline{\ ?\ }$$

10 11 12 13 14 15 16 17 18

$$10 + 8 = \underline{18}$$

Ahora, Kara tiene __18__ monedas.

Usa una recta numérica vacía para resolver el problema. Muestra tu trabajo.

1. Carmen recicla algunas latas el lunes y 4 latas el martes. Recicla 13 latas en total. ¿Cuántas latas recicló Carmen el lunes?

_____ latas

Grupo B _____

Una suma de dobles más 1 es una suma de dobles y 1 más.

$$\begin{array}{r} 8 \\ +7 \\ \hline ? \end{array} \qquad \begin{array}{r} 8 \\ +7 \\ \hline \boxed{15} \end{array}$$

$7 + 7 = 14.$

14 más 1 son 15.

Suma los dobles. Luego, usa la suma de dobles para ayudarte a sumar 1 más.

2. $\begin{array}{r} 5 \\ +5 \\ \hline \square \end{array}$ $\begin{array}{r} 6 \\ +5 \\ \hline \square \end{array}$

3. $\begin{array}{r} 8 \\ +8 \\ \hline \square \end{array}$ $\begin{array}{r} 8 \\ +9 \\ \hline \square \end{array}$

Una suma de dobles más 2 es
una suma de dobles y 2 más.

$$\begin{array}{r} 9 \\ +7 \\ \hline ? \end{array}$$

$$\begin{array}{r} 9 \\ +7 \\ \hline \boxed{16} \end{array}$$

7 + 7 = 14.
14 más 2 son 16.

Suma los dobles. Luego, usa la suma de
dobles para ayudarte a sumar 2 más.

4.
$$\begin{array}{r} 5 \\ +5 \\ \hline \square \end{array}$$
$$\begin{array}{r} 7 \\ +5 \\ \hline \square \end{array}$$

5.
$$\begin{array}{r} 6 \\ +6 \\ \hline \square \end{array}$$
$$\begin{array}{r} 8 \\ +6 \\ \hline \square \end{array}$$

Puedes formar 10 para sumar.

$$\begin{array}{r} 8 \\ +6 \\ \hline ? \end{array}$$

$$\begin{array}{r} 10 \\ +4 \\ \hline \boxed{14} \end{array} \quad \text{por tanto} \quad \begin{array}{r} 8 \\ +6 \\ \hline \boxed{14} \end{array}$$

Forma 10 para sumar. Dibuja fichas
en el marco de 10 para ayudarte.

6.
$$\begin{array}{r} 7 \\ +8 \\ \hline ? \end{array}$$

$$\begin{array}{r} 10 \\ +5 \\ \hline \square \end{array} \quad \text{por tanto} \quad \begin{array}{r} 7 \\ +8 \\ \hline \square \end{array}$$

Nombre _____

Grupo E

Puedes escoger diferentes maneras de sumar.

Dobles   Casi dobles

Formar 10

Halla cada suma. Encierra en un círculo la estrategia que usaste.

7. $\begin{array}{r} 8 \\ + 4 \\ \hline \square \end{array}$

Dobles   Formar 10

Casi dobles   A mi manera

8. $\begin{array}{r} 7 \\ + 8 \\ \hline \square \end{array}$

Dobles   Formar 10

Casi dobles   A mi manera

Grupo F

Puedes escribir una ecuación para ayudarte a resolver problemas de suma.
Saúl jugó 8 partidos de futbol.
Randy jugó 3 partidos más que Saúl.
¿En cuántos partidos jugó Randy?

$8 + 3 = 11$

Randy jugó en 11 partidos de fubol.

Escribe una ecuación para resolver el problema.

9. Lesli tiene 8 lápices. Tiene 9 lápices menos que Melisa. ¿Cuántos lápices tiene Melisa?

$\square \bigcirc \square = \square$

Melisa tiene _____ lápices.

Hábitos de razonamiento

Evaluar el razonamiento

¿Qué preguntas puedo hacer para entender el razonamiento de otros?

¿Hay errores en el razonamiento de otros?

¿Puedo mejorar el razonamiento de otros?

Encierra en un círculo tu respuesta. Usa dibujos, palabras o ecuaciones para explicarla.

10. Hay 6 libros en un estante. Alguien puso más libros en el estante. Ahora hay 15 libros en el estante. ¿Cuántos libros pusieron en el estante?

Ramón dice que pusieron 9 libros en el estante porque $6 + 9 = 15$. ¿**Estás de acuerdo** o **no estás de acuerdo** con Ramón?

Estoy de acuerdo.   **No estoy de acuerdo.**

Nombre _____

I. Fer tiene 7 aviones de papel.
Hace 9 más.
¿Cuántos aviones de papel
hizo Fer en total?

Ⓐ 18

Ⓑ 17

Ⓒ 16

Ⓓ 15

2. Marta tiene 7 canicas rojas
y tiene 8 canicas azules.
¿Cuántas cánicas tiene
Marta en total?

Ⓐ 14

Ⓑ 15

Ⓒ 16

Ⓓ 17

3. Usa la recta numérica vacía. Muestra cómo contar hacia adelante para hallar la suma.

$7 + 9 =$ ____

4. ¿Es cada una de las siguientes sumas una suma de dobles? Rellena el círculo de **Sí** o **No**.

$4 + 5 = 9$ ⭘ Sí ⭘ No

$10 + 5 = 15$ ⭘ Sí ⭘ No

$7 + 7 = 14$ ⭘ Sí ⭘ No

$10 + 10 = 20$ ⭘ Sí ⭘ No

5. Hay 8 pájaros en un árbol.

9 pájaros más se les unen.

¿Cuántos pájaros hay en el árbol ahora?

Escribe una ecuación para resolver el problema.

_____ ⭘ _____ = _____ pájaros

---

6. Gloria tiene 7 lápices amarillos y 9 lápices rojos.

¿Cuántos lápices tiene Gloria en total?

Selecciona todas las estrategias que pueden ayudarte a resolver el problema.

☐ Dobles más 1

☐ Formar 10

☐ Dobles más 2

☐ A mi manera

Piensa en las estrategias que ya has aprendido.

Nombre _____

7. Nina hornea 8 panes de maíz el martes y 8 el miércoles.
¿Cuántos panes de maíz horneó Nina en total?

¿Qué recta numérica muestra el problema?

Ⓐ

Ⓑ

Ⓒ

Ⓓ

8. Sandy hace 9 pulseras.
Luego, hace otras 5 pulseras.
¿Cuántas pulseras tiene Sandy ahora?

Resuelve el problema. Explica la estrategia que usaste.

9. Mino tiene 8 libros.

Compra 5 libros más.

¿Cuántos libros tiene
Mino en total?

Forma 10 para sumar.

11 libros	13 libros	15 libros	17 libros
Ⓐ	Ⓑ	Ⓒ	Ⓓ

10. Miriam tiene 8 bufandas más que Lucy.

Lucy tiene 8 bufandas.

¿Cuántas bufandas tiene Miriam?

Escribe una ecuación para resolver el problema.

_____ + _____ = _____   _____ bufandas

11. Había 19 limones sobre la mesa. 10 se
cayeron al piso. Nico dice que quedaron
9 limones sobre la mesa.

¿Estás de acuerdo o **no estás de acuerdo**
con el razonamiento de Nico? Usa dibujos,
palabras o ecuaciones para explicarlo.

Estoy de acuerdo.   No estoy de acuerdo.

Nombre _____

Récord de lectura de Rogelio

¡A Rogelio le encanta leer!
La tabla muestra cuántos libros ha leído
en 6 meses.

Lectura de Rogelio	
Mes	**Número de libros**
Enero	9
Febrero	7
Marzo	6
Abril	8
Mayo	5
Junio	8

1. ¿Cuántos libros leyó Rogelio en
total en abril y en junio? Escribe
una ecuación para resolver el
problema?

____ + ____ = ____

____ libros

2. Rogelio leyó 4 libros más en julio que en enero.
¿Cuántos libros leyó en julio? Haz un dibujo
para resolver el problema y escribe una ecuación
para representarlo.

____ + ____ = ____

Leyó ____ libros en julio.

3. En febrero, Tere y Rogelio leyeron 15 libros en total. ¿Cuántos libros leyó Tere en febrero?

Explica la estrategia que usaste para resolver el problema.

_____

_____

_____

_____

_____ libros

4. Sara leyó 8 libros en marzo.

Dice que leyó 2 libros menos de los que leyó Rogelio en marzo.

¿Estás de acuerdo o **no estás de acuerdo** con Sara?

Encierra en un círculo tu respuesta. Usa dibujos, palabras o ecuaciones para explicarla.

Estoy de acuerdo.   **No estoy de acuerdo.**

Tema 3 | Evaluación del rendimiento

Recursos digitales

Resuelve · Aprende · Glosario
Herramientas · Evaluación · Ayuda · Juegos

TEMA 4
Operaciones de resta hasta 20: Usar estrategias

Pregunta esencial: ¿Qué estrategias puedes usar cuando restas?

Durante el día, el sol parece moverse a través del cielo.

En la noche, el sol se va y aparecen la luna y las estrellas.

¿Por qué parece que se mueven los objetos en el cielo? ¡Hagamos este proyecto para aprender más!

Proyecto de Matemáticas y Ciencias: Patrones del día y de la noche

Investigar Habla con tu familia o tus amigos sobre el cambio del día a la noche en la Tierra. ¿Cómo se realiza el cambio del día a la noche al girar la Tierra?

Diario: Hacer un libro Dibuja el cielo de día y el cielo de noche. En tu libro, también:

• dibuja objetos que aparecen en el cielo durante el día y la noche.

• escribe problemas de resta sobre los objetos que hay en el cielo.

Tema 4

doscientos veintisiete **227**

Nombre _____

Repasa lo que sabes

1. Encierra en un círculo el número que es 4 **menos** que 8.

10

6

4

0

2. Encierra en un círculo la **suma de dobles más 1**.

$3 + 7 = 10$

$8 + 0 = 8$

$3 + 4 = 7$

$6 + 6 = 12$

3. Encierra en un círculo la **suma de dobles más 2**.

$4 + 5 = 9$

$3 + 5 = 8$

$2 + 5 = 7$

$2 + 2 = 4$

Cuentos sobre resta

4. Marisa tiene 6 peces dorados. Le da 3 a Nora.

¿Cuántos peces dorados tiene Marisa ahora?

Escribe una ecuación para mostrar la diferencia.

____ − ____ = ____

5. Carmen tiene 7 estampillas. Le da 2 a Jaime.

¿Cuántas estampillas tiene Carmen ahora?

Escribe una ecuación para mostrar la diferencia.

____ − ____ = ____

Las partes y el todo

6. Escribe las partes y el todo para $9 − 1 = 8$.

Todo: ____

Parte: ____

Parte: ____

Mis tarjetas de palabras

Estudia las palabras de las tarjetas.
Completa la actividad que está al reverso.

A-Z
Glosario

operaciones relacionadas

2 + 3 = 5

5 − 2 = 3

familia de operaciones

3 + 5 = 8

5 + 3 = 8

8 − 3 = 5

8 − 5 = 3

Mis tarjetas de palabras

Usa lo que sabes para completar las oraciones. Para ampliar lo que aprendiste, escribe tu propia oración usando cada palabra.

A un grupo de operaciones de suma y resta relacionadas se le llama

_____

_____.

Si una operación de resta y una operación de suma tienen el mismo todo y las mismas partes, se les llama

_____

_____.

Resuélvelo y coméntalo

Marco tiene 13 borradores. Le da 5 a Troy.
¿Cuántos borradores tiene Marco ahora?
Muestra tu razonamiento en la siguiente recta numérica.

Puedo...
restar usando una recta numérica.

© **Estándar de contenido**
I.OA.C.5
Prácticas matemáticas PM.I,
PM.2, PM.4, PM.5

Marco tiene _____ borradores ahora.

Aprende Glosario

Puedes contar hacia atrás o contar hacia adelante para restar.

Vamos a intentarlo con 11 − 5.

Puedes contar hacia atrás en la recta numérica para restar 11 − 5.

Empiezo en el 11 y cuento 5 hacia atrás.

11 − 5 = 6

También puedes contar hacia adelante en una recta numérica para restar 11 − 5.

Empiezo en el 5 y cuento 6 hacia adelante hasta llegar al 11.

5 + 6 = 11; por tanto, 11 − 5 = 6.

¿Lo entiendes?

¡Demuéstralo! ¿Cómo puedes usar una recta numérica para resolver 9 − 5?

☆ Práctica guiada

Usa la recta numérica para contar hacia atrás o hacia adelante y hallar la diferencia.

1. $11 - 3 = \underline{8}$

2. $\underline{\quad} = 15 - 6$

232 doscientos treinta y dos

Copyright © Savvas Learning Company LLC. All Rights Reserved.

Tema 4 | Lección 1

Práctica independiente Usa la recta numérica para contar hacia atrás o hacia adelante y hallar la diferencia. Muestra tu trabajo.

3. $11 - 6 =$ _____

4. _____ $= 7 - 7$

5. $15 -$ _____ $= 7$

6. © **PM.5 Usar herramientas** David halla la respuesta de 16 − 7 en una recta numérica. Escribe el número en el que empezó. Escribe cuántos números contó hacia atrás. Luego, escribe la diferencia.

¿Por qué una recta numérica es una buena herramienta para restar?

Empezó en _____.

Contó hacia atrás _____.

16 − 7 = _____

7. **Razonamiento de orden superior** Juanita dibujó 14 ranas. Adam dibujó 6 ranas. ¿Cuántas ranas más que Adam dibujó Juanita? Usa la recta numérica para mostrar cómo contaste hacia adelante o hacia atrás para resolver el problema. Luego, escribe una ecuación que muestre el problema.

_____ ◯ _____ = _____

8. © **Evaluación** Usa la recta numérica para hallar la diferencia. Muestra tu trabajo.

15 − 9 = _____

Nombre _____

¡Revisemos! Puedes contar hacia atrás en una recta numérica para restar.

$$12 - 5 = ?$$

Empieza en el número del que estás restando.
Cuenta hacia atrás el número que estás restando.

Empecé en el 12, conté 5 hacia atrás y terminé en el 7.

ACTIVIDAD PARA EL HOGAR
Dibuje una recta numérica con números del 0 al 20. Dígale a su niño(a) una resta como 11 − 4. Pregúntele: "¿Cómo puedes contar hacia atrás para restar?". Pídale que use la recta numérica para contar hacia atrás y así restar 11 − 4. Repita la actividad con otras restas.

0 1 2 3 4 5 6 7 8 9 10 11 12 13 14 15 16 17 18 19 20

$$12 - 5 = \underline{7}$$

Usa la recta numérica para contar hacia atrás o hacia adelante y hallar la diferencia.

1. $13 - 8 = \underline{}$

0 1 2 3 4 5 6 7 8 9 10 11 12 13 14 15 16 17 18 19 20

Resuelve los siguientes problemas.

2. © PM.1 **Entender** Pilar halla $11 - 4$ en una recta numérica. ¿En qué número empezó a contar? ¿Cuántos números contó hacia atrás? Luego, escribe la diferencia.

Empezó en ____.

Contó hacia atrás ____.

$11 - 4 =$ ____

¿Cómo puedes asegurarte que tu solución tiene sentido?

3. **Razonamiento de orden superior** Berta horneó 14 pasteles. Ron horneó 9. ¿Cuántos pasteles más que Ron horneó Berta? Usa la recta numérica para mostrar cómo contaste hacia adelante o hacia atrás para resolver el problema. Luego, escribe una ecuación que muestre el problema.

____ ◯ ____ = ____

____ pasteles más

4. © **Evaluación** Usa la recta numérica para hallar la diferencia. Muestra tu trabajo.

$13 - 8 =$ ____

Resuélvelo y coméntalo

¿Cómo el pensar en 10 te ayuda a hallar la respuesta de la operación de resta $13 - 7$?

Puedo...

hacer la resta más fácil si formo 10.

Estándar de contenido
I.OA.C.6
Prácticas matemáticas PM.3, PM.4, PM.5, PM.8

_____ − _____ = _____

Puedes formar 10 para ayudarte a restar.

$$12 - 5 = ?$$

Empiezo con 12.

Réstale 2 para obtener 10.

Le resto las unidades extra para obtener 10.

Réstale 3 más porque $5 = 2 + 3$.

En total le resté 5.

Quedan 7.

¡La respuesta es 7!

¿Lo entiendes?

¡Demuéstralo! ¿Cómo el hallar $14 - 4$ te ayuda a hallar $14 - 6$?

☆Práctica guiada☆

Forma 10 para restar. Completa cada operación de resta.

1. $16 - 7 = ?$

$16 - \underline{6} = 10$

$10 - \underline{1} = \underline{9}$

Por tanto, $16 - 7 = \underline{9}$.

2. $13 - 8 = ?$

$13 - \underline{} = 10$

$10 - \underline{} = \underline{}$

Por tanto, $13 - 8 = \underline{}$.

238 doscientos treinta y ocho

Tema 4 | Lección 2

Práctica independiente

Forma 10 para restar. Completa cada operación de resta.

3.

12 − 4 = _____

4.

14 − 6 = _____

5.

16 − 9 = _____

6.

17 − 8 = _____

7.

15 − 7 = _____

8.

14 − 9 = _____

Dibuja fichas en los marcos de 10 para mostrar tu trabajo.

9. Sentido numérico Muestra cómo puedes formar 10

para hallar 13 − 6.

13 − 6 = _____

10. © **PM.5 Usar herramientas** Aldo hornea 12 pastelitos. Sus amigos se comen 6. ¿Cuántos pastelitos quedan? Forma 10 para restar.

$12 - \underline{\quad} = 10$

$10 - \underline{\quad} = \underline{\quad}$

$\underline{\quad}$ pastelitos

¿Qué herramienta puedes usar para ayudarte?

11. **Razonamiento de orden superior** Sam forma 10 para resolver $12 - 5$ y cambia el problema a $12 - 2 - 3$. ¿Cómo forma 10?

_____

_____

_____

12. © **Evaluación** Une con una línea cada par de marcos de 10 con el par de ecuaciones que muestran cómo resolver el problema formando 10.

$12 - 2 = 10, 10 - 2 = 8$

$12 - 3 = 9, 9 - 1 = 8$

$18 - 8 = 10, 10 - 1 = 9$

$18 - 8 = 10, 10 - 2 = 8$

Nombre _____

¡Revisemos! Descomponer los números para formar 10 puede hacer que restar sea más fácil.

$13 - 4 = ?$

Primero, quita 3 para formar 10.

$13 - 3 = \underline{10}$

Luego, quita 1 más porque necesitas restar 4 en total.

$10 - 1 = \underline{9}$

$13 - 4$ es igual a $13 - 3 - 1.$

$13 - 4 = \underline{9}$

ACTIVIDAD PARA EL HOGAR
Escriba $12 - 7 = ?$ en una hoja. Pídale a su niño(a) que use objetos pequeños para hallar la diferencia. Dígale que forme 10 para restar, ya sea sumando para obtener 10 o restando para obtener 10. Pídale que le explique cada paso del proceso mientras va resolviendo el problema.

Forma 10 para restar. Completa cada operación de resta.

1.

$14 - 5 = \underline{\hspace{1cm}}$

2.

$16 - 7 = \underline{\hspace{1cm}}$

3.

$15 - 8 = \underline{\hspace{1cm}}$

Forma 10 para ayudarte a hallar el número que falta en cada problema.

4. Álgebra

$5 = 12 - \underline{\hspace{1cm}}$

5. Álgebra

$\underline{\hspace{1cm}} - 6 = 8$

6. Álgebra

$15 - \underline{\hspace{1cm}} = 7$

7. Razonamiento de orden superior

Escribe un problema-cuento para 15 − 6. Muestra cómo formar 10 para resolver el problema. Luego, completa la ecuación.

$15 - 6 = \underline{\hspace{1cm}}$

8. © Evaluación Une con una línea cada par de marcos de 10 con el par de ecuaciones que muestran cómo resolver el problema formando 10.

$17 - 7 = 10, \ 10 - 2 = 8$

$12 - 2 = 10, \ 10 - 4 = 6$

$12 - 2 = 10, \ 10 - 5 = 5$

$17 - 8 = 9, \ 9 - 1 = 8$

Resuélvelo y coméntalo

Emily contó hacia adelante para hallar 11 − 7 y formó 10 mientras contaba. Usa fichas y los marcos de 10 para explicar lo que hizo Emily.

Puedo...
contar hacia adelante para restar usando el 10 como referencia.

© **Estándar de contenido**
1.OA.C.6
Prácticas matemáticas PM.1, PM.2, PM.3, PM.7

11 − 7 = _____

Contar hacia adelante para formar 10 te puede ayudar a restar.

$14 - 6 = \underline{}$

Empiezo con 6.

Súmale 4 para formar 10.

$6 + \underline{4} = 10$

Le sumo 4 a 6 para formar 10.

Súmale 4 más para formar 14.

$10 + \underline{4} = 14$

¿Cuántos contaste hacia adelante?

$6 + \underline{4} + \underline{4} = 14$

$6 + \underline{8} = 14$

Le sumé 8 a 6 para formar 14. Por tanto, $14 - 6 = 8$.

¿Lo entiendes?

¡Demuéstralo! ¿Cómo el contar hacia adelante para formar 10 te puede ayudar a resolver $15 - 8$?

☆ Práctica guiada ☆

Resta. Cuenta hacia adelante para formar 10. Completa las operaciones.

1. $13 - 9 = ?$

$9 + \underline{1} = 10$

$10 + \underline{3} = 13$

$9 + \underline{} = 13$, por tanto,

$13 - 9 = \underline{}$.

---

244 doscientos cuarenta y cuatro

Tema 4 | Lección 3

☆ **Práctica** ☆ **independiente**

Resta. Cuenta hacia adelante para formar 10. Muestra tu trabajo.

2.

$8 +$ _____ $= 10$

$10 +$ _____ $= 12$

$8 +$ _____ $= 12$; por tanto, $12 - 8 =$ _____ .

3.

$7 +$ _____ $= 10$

$10 +$ _____ $= 15$

$7 +$ _____ $= 15$; por tanto, $15 - 7 =$ _____ .

4.

$5 +$ _____ $= 10$

$10 +$ _____ $= 14$

$5 +$ _____ $= 14$; por tanto, $14 - 5 =$ _____ .

5.

$9 +$ _____ $= 10$

$10 +$ _____ $= 16$

$9 +$ _____ $= 16$; por tanto, $16 - 9 =$ _____ .

6. Matemáticas y Ciencias Rosi tuvo que observar el amanecer y el atardecer por 13 días. Rosi observó el amanecer 5 días. ¿Cuántos días observó el atardecer? Forma 10 para ayudarte a resolver el problema.

$5 +$ _____ $= 10$

$10 +$ _____ $= 13$

$5 +$ _____ $= 13$; por tanto, $13 - 5 =$ _____ .

7. © **PM.1 Entender** Sonia tiene 13 calcomanías.

Le da 7 a su hermanito.

¿Cuántas calcomanías le quedan a Sonia?

¿Cuál es mi plan para resolver el problema?

A Sonia le quedan _____ calcomanías.

8. **Razonamiento de orden superior**
Colin tiene 12 juguetes. Regala 9.
¿Cuántos juguetes le quedan?

Forma 10 para resolver el problema.
Muestra tu trabajo.

_____ ◯ _____ = _____

A Colin le quedan _____ juguetes.

9. © **Evaluación** Chana hizo 7 problemas de matemáticas. Tiene que hacer 16 problemas en total. ¿Cuántos problemas le faltan por hacer a Chana?

¿Qué ecuaciones muestran cómo formar 10 para resolver el problema?

Ⓐ $16 - 7 = 9$

Ⓑ $7 + 3 = 10, 10 + 6 = 16$

Ⓒ $7 + 3 = 10, 10 + 7 = 17$

Ⓓ $9 + 7 = 16$

¡Revisemos! Sumar hacia adelante para formar 10 te puede ayudar a restar.

$16 - 7 = ?$

Sumaste 3 y luego 6 más.
Sumaste 9 en total.
Por tanto, $16 - 7 = \underline{9}$.

ACTIVIDAD PARA EL HOGAR
Dele a su niño(a) una operación de resta como $14 - 5$. Pregúntele cuánto tendría que sumarle a 5 para formar 10. Luego, pregúntele cuánto tendría que sumarle a 10 para formar 14. Pídale que le diga cuántos contó en total. Repita la actividad con otras operaciones de resta.

Empiezo con 7.

Le sumo 3 para formar 10.

Luego, sumo 6 más para formar 16.

Resta. Cuenta hacia adelante para formar 10. Muestra tu trabajo.

1. $17 - 8 = ?$

$8 + \underline{} = 10$

$8 + \underline{} = 17$; por tanto,

$10 + \underline{} = 17$

$17 - 8 = \underline{}$.

Resta. Cuenta hacia adelante para formar 10. Muestra tu trabajo.

2.

$8 + \underline{\quad} = 10$

$10 + \underline{\quad} = 13$

$8 + \underline{\quad} = 13$; por tanto, $13 - 8 = \underline{\quad}$.

3.

$8 + \underline{\quad} = 10$

$10 + \underline{\quad} = 15$

$8 + \underline{\quad} = 15$; por tanto, $15 - 8 = \underline{\quad}$.

4. **Razonamiento de orden superior**

Andrés paró 11 goles en 2 partidos de futbol. Paró 8 en el primer partido. ¿Cuántos goles paró en el segundo partido?

Forma 10 para resolver el problema. Muestra tu trabajo.

$\underline{\quad} \bigcirc \underline{\quad} = \underline{\quad}$

Andrés paró _____ goles.

5. © **Evaluación** Dora escribió 5 páginas. Tiene que escribir 11 páginas en total. ¿Cuántas páginas le quedan por escribir?

¿Qué ecuaciones muestran cómo formar 10 para resolver el problema de Dora?

Ⓐ $5 + 5 = 10$, $10 + 2 = 12$

Ⓑ $11 + 5 = 16$

Ⓒ $5 + 5 = 10$, $10 + 1 = 11$

Ⓓ $10 + 5 = 15$

Resuélvelo y coméntalo

¿Puedes escribir 2 operaciones de suma y 2 operaciones de resta que usen los números 8, 9 y 17? Usa cubos como ayuda.

Puedo...
hacer operaciones de suma y resta usando los mismos tres números.

© **Estándares de contenido** I.OA.B.4, I.OA.C.6 **Prácticas matemáticas** PM.4, PM.7, PM.8

___ + ___ = ___   ___ − ___ = ___

___ + ___ = ___   ___ − ___ = ___

Escribe 2 operaciones de suma para este modelo.

$9 + 6 = 15$

15

Suma las partes en cualquier orden.

$6 + 9 = 15$

También puedes escribir 2 operaciones de resta.

15

Resta una parte del todo.

$15 - 6 = 9$

Resta la otra parte del todo.

15

$15 - 9 = 6$

Estas son **operaciones relacionadas** que forman una **familia de operaciones.**

$9 + 6 = 15$

$6 + 9 = 15$

$15 - 6 = 9$

$15 - 9 = 6$

¿Lo entiendes?

¡Demuéstralo! ¿Cómo están relacionadas las operaciones $15 - 6 = 9$ y $15 - 9 = 6$?

⭐ Práctica guiada ⭐

Escribe la familia de operaciones para cada modelo.

1.

14

$14 = 6 + 8$

$14 = 8 + 6$

$8 = 14 - 6$

$6 = 14 - 8$

2.

16

___ + ___ = ___

___ + ___ = ___

___ − ___ = ___

___ − ___ = ___

Nombre _____

✰ **Práctica** ✰ **independiente** ✰

Escribe la familia de operaciones para cada modelo.

3.

17

9 | 8

_____ + _____ = _____

_____ + _____ = _____

_____ − _____ = _____

_____ − _____ = _____

4.

13

7 | 6

_____ = _____ + _____

_____ = _____ + _____

_____ − _____ = _____

_____ − _____ = _____

5.

12

4 | 8

_____ + _____ = _____

_____ + _____ = _____

_____ − _____ = _____

_____ − _____ = _____

---

6. Sentido numérico ¿Son las siguientes operaciones una familia de operaciones? Explica tu respuesta.

$9 + 5 = 14$

$15 - 5 = 10$

$4 + 4 = 8$

$15 = 6 + 9$

¿Cuál es el todo? ¿Cuáles son las partes?

_____

_____

_____

_____

7. © **PM.7 Buscar patrones** Pat ordenó las fichas de abajo. Escribe la familia de operaciones para este grupo de fichas.

_____ = _____ + _____

_____ = _____ + _____

_____ = _____ − _____

_____ = _____ − _____

8. Razonamiento de orden superior Escribe una ecuación para resolver el siguiente problema. Luego, escribe 3 operaciones relacionadas para completar la familia de operaciones.

Tania tiene 8 calcomanías. Miguel le da 5 más. ¿Cuántas calcomanías tiene Tania en total? _____ calcomanías

_____ ◯ _____ = _____

_____ ◯ _____ = _____

_____ ◯ _____ = _____

_____ ◯ _____ = _____

9. © **Evaluación** Escribe una familia de operaciones que represente el dibujo de los robots amarillos y verdes.

_____ + _____ = _____

_____ + _____ = _____

_____ − _____ = _____

_____ − _____ = _____

Ayuda   Herramientas   Juegos

¡Revisemos! Puedes usar modelos para hacer familias de operaciones.

17

7 + 10 = 17
10 + 7 = 17
17 − 10 = 7
17 − 7 = 10

15

9 + 6 = 15
6 + 9 = 15
15 − 6 = 9
15 − 9 = 6

Las familias de operaciones usan los mismos números.

ACTIVIDAD PARA EL HOGAR
Escriba un problema de suma como 9 + 4 = ?. Pídale a su niño(a) que escriba una operación de suma relacionada. (4 + 9 = 13) Luego, pídale que escriba 2 ecuaciones de resta relacionadas para completar la familia de operaciones. (13 − 9 = 4 y 13 − 4 = 9) Continúe la actividad con otras familias de operaciones.

Escribe la familia de operaciones para cada modelo.

1.

18

___ + ___ = ___
___ + ___ = ___
___ − ___ = ___
___ − ___ = ___

2.

14

___ + ___ = ___
___ + ___ = ___
___ − ___ = ___
___ − ___ = ___

Escribe la familia de operaciones para cada modelo.

3.

_____ + _____ = _____

_____ + _____ = _____

_____ − _____ = _____

_____ − _____ = _____

4.

_____ + _____ = _____

_____ + _____ = _____

_____ − _____ = _____

_____ − _____ = _____

5. Razonamiento de orden superior

Encierra en un círculo 3 números que pueden formar una familia de operaciones. Escribe la familia de operaciones.

_____ + _____ = _____

_____ + _____ = _____

_____ − _____ = _____

_____ − _____ = _____

5   7   8   4   13

6. © Evaluación Escribe una familia de operaciones que represente el dibujo.

¿Cómo puede la solución de un problema ayudarte a resolver otro problema?

_____ + _____ = _____

_____ + _____ = _____

_____ − _____ = _____

_____ − _____ = _____

Resuélvelo y coméntalo

$12 - 9 = ?$

¿Cómo puedes usar una operación relacionada para ayudarte a hallar la diferencia? Escribe las operaciones relacionadas de suma y resta. Usa fichas como ayuda.

Lección 4-5

Usar la suma para restar

Puedo...
usar operaciones de suma para resolver operaciones de resta.

© **Estándares de contenido**
1.OA.B.4, 1.OA.C.6
Prácticas matemáticas PM.1, PM.2, PM.4, PM.5, PM.8

____ + ____ = ____   ____ − ____ = ____

$13 - 8 = ?$

Usa la suma para ayudarte a restar.

13

$8 + ? = 13$

¿Qué número le puedo sumar a 8 para formar 13?

Representa la operación de suma.

13

La parte que falta es 5. $8 + 5 = 13$; por tanto, $13 - 8 = 5$.

¿Lo entiendes?

¡Demuéstralo! ¿Cómo puedes usar la suma para resolver $16 - 9$?

Práctica guiada

Completa cada modelo y luego completa las ecuaciones.

1. $14 - 8 = ?$

14

$8 + \underline{6} = 14$

$14 - 8 = \underline{6}$

2. $17 - 9 = ?$

17

$9 + \underline{} = 17$

$17 - 9 = \underline{}$

☆ Práctica independiente ☆

Completa cada modelo y luego completa las ecuaciones.

3. 13 − 9 = ?

13

9

9 + ___ = 13

13 − 9 = ___

4. 20 − 10 = ?

20

10

10 + ___ = 20

20 − 10 = ___

5. 15 − 7 = ?

15

7

7 + ___ = 15

15 − 7 = ___

Dibuja la figura que falta en cada problema.

6. Álgebra

Si ⬤ + ⬛ = ▲ ,

entonces ▲ − ⬛ = ___ .

7. Álgebra

Si ⬛ − ▮ = ▮ ,

entonces ___ + ▮ = ⬛ .

Prácticas matemáticas y resolución de problemas

Escribe las operaciones relacionadas de suma y resta para ayudarte a resolver cada problema.

8. © **PM.8 Generalizar** Hay 17 partes de robots en una caja. Fred usa algunas partes. Ahora quedan 8. ¿Cuántas partes usó Fred?

_____ partes

_____ + _____ = _____

_____ − _____ = _____

9. © **PM.8 Generalizar** María invita a 10 amigos a su fiesta. 3 no pueden venir. ¿Cuántos de los amigos de María habrá en la fiesta?

_____ amigos

¿Cómo puede una solución ayudarte a resolver otro problema?

_____ + _____ = _____

_____ − _____ = _____

10. **Razonamiento de orden superior**
Completa la ecuación de resta con 11. Luego, escribe una operación de suma relacionada que podrías usar para resolverla.

_____ + _____ = _____

11 − _____ = _____

11. © **Evaluación** Escribe una operación de suma que te ayude a resolver la operación de resta.

$13 - 7 = ?$

_____ + _____ = _____

Nombre _____

**Tarea y práctica
4-5**
Usar la suma
para restar

¡Revisemos! Puedes usar una operación de suma para ayudarte a resolver una operación de resta relacionada.

$18 - 8 = ?$

18

8 | 10

$8 + 10 = 18$
$18 - 8 = 10$

$15 - 6 = ?$

15

6 |

$6 + \underline{9} = 15$
$15 - 6 = \underline{9}$

Completa cada modelo y luego completa las ecuaciones.

1. $11 - 6 = ?$

11

6 |

$6 + \underline{} = 11$
$11 - 6 = \underline{}$

2. $12 - 9 = ?$

12

9 |

$9 + \underline{} = 12$
$12 - 9 = \underline{}$

Completa cada modelo y luego completa las ecuaciones.

3. ¿Qué operación de suma puede hacer Amy para hallar 10 − 6?

6 + _____ = 10

10 − 6 = _____

4. ¿Qué operación de suma puede hacer David para hallar 16 − 8?

_____ + _____ = _____

16 − 8 = _____

5. **Razonamiento de orden superior** Dibuja la figura que falta. Luego, explica cómo sabes que tu respuesta es correcta.

Si ⬟ + ◯ = △ ,

_____

_____

entonces △ − ⬟ = _____ .

_____

6. © **Evaluación** Escribe una operación de suma que te ayude a resolver 14 − 9.

_____ + _____ = _____

7. © **Evaluación** ¿Qué operación de suma te ayudará a resolver 18 − 10?

_____ + _____ = _____

Lección 4-6

Más sobre usar la suma para restar

Nombre _____

Resuélvelo y coméntalo Completa las operaciones de resta. Usa las operaciones de suma de la derecha para ayudarte.

¿En qué se parecen las operaciones de resta y las operaciones de suma? ¿Qué partes son iguales?

Puedo...

usar operaciones de suma para hallar el resultado de las operaciones de resta.

© **Estándares de contenido** I.OA.B.4, I.OA.C.6
Prácticas matemáticas PM.2, PM.4, PM.8

$18 - 9 = $ _____

$9 + 9 = 18$

$17 - 9 = $ _____

$9 + 8 = 17$

$16 - 9 = $ _____

$9 + 7 = 16$

Para cada operación de resta, hay una operación de suma relacionada.

$$
\begin{array}{r}
15 \\
-\ 7 \\
\hline
\boxed{?}
\end{array}
$$

Puedes pensar en la suma para ayudarte a restar.

$$
\begin{array}{r}
15 \\
-\ 7 \\
\hline
\boxed{?}
\end{array}
\qquad
\begin{array}{r}
7 \\
+\ \boxed{?} \\
\hline
15
\end{array}
$$

Le sumo 8 a 7 para formar 15.

$$
\begin{array}{r}
7 \\
+\ \boxed{8} \\
\hline
15
\end{array}
$$

Si 7 + 8 = 15, entonces 15 − 7 = 8.

$$
\begin{array}{r}
15 \\
-\ 7 \\
\hline
\boxed{8}
\end{array}
$$

¿Lo entiendes?

¡Demuéstralo! ¿De qué manera la operación 6 + 9 = 15 te ayuda a resolver 15 − 6?

☆ Práctica guiada ☆

Completa la operación de suma. Luego, resuelve la operación de resta relacionada.

1.
$$
\begin{array}{r}
9 \\
+\ \boxed{5} \\
\hline
14
\end{array}
\qquad
\begin{array}{r}
14 \\
-\ 9 \\
\hline
\boxed{5}
\end{array}
$$

2.
$$
\begin{array}{r}
10 \\
+\ \boxed{} \\
\hline
20
\end{array}
\qquad
\begin{array}{r}
20 \\
-\ 10 \\
\hline
\boxed{}
\end{array}
$$

3.
$$
\begin{array}{r}
7 \\
+\ \boxed{} \\
\hline
11
\end{array}
\qquad
\begin{array}{r}
11 \\
-\ 7 \\
\hline
\boxed{}
\end{array}
$$

4.
$$
\begin{array}{r}
8 \\
+\ \boxed{} \\
\hline
13
\end{array}
\qquad
\begin{array}{r}
13 \\
-\ 8 \\
\hline
\boxed{}
\end{array}
$$

☆ **Práctica** ☆
independiente   Piensa en la suma para resolver cada operación de resta.

5.   15
    − 8
    ☐

6.   18
    − 9
    ☐

7.   13
    − 9
    ☐

8.   11
    − 2
    ☐

9.   16
    − 7
    ☐

10.   14
     − 8
     ☐

11.   17
     − 7
     ☐

12.   12
     − 4
     ☐

Vocabulario Encierra en un círculo **Verdadero** o **Falso** para mostrar si las **operaciones relacionadas** son o no correctas.

13. Si 8 + 8 = 16,

entonces 16 − 8 = 8.

Verdadero   Falso

14. Si 7 + 6 = 13,

entonces 16 − 7 = 3.

Verdadero   Falso

Prácticas matemáticas y resolución de problemas

Escribe una operación relacionada de suma y otra de resta para ayudarte a resolver cada problema.

15. © **PM.2 Razonar** Samuel tiene algunos crayones. Se encontró 6 más. Ahora tiene 13 crayones. ¿Cuántos crayones tenía Samuel antes de encontrarse más?

¿Cómo se relacionan los números en el problema?

_____ + _____ = _____

_____ − _____ = _____

_____ crayones

16. **Razonamiento de orden superior**

Resuelve 13 − 4 usando la estrategia que prefieras. Usa dibujos, números o palabras para mostrar cómo lo resolviste.

17. © **Evaluación** Susana resuelve un problema de resta. Usa $8 + 6 = 14$ para ayudarse a resolverlo.

¿Qué problema relacionado de resta resolvió Susana?

Ⓐ $16 − 8 = 8$

Ⓑ $14 − 6 = 8$

Ⓒ $13 − 8 = 5$

Ⓓ $8 − 6 = 2$

Nombre _____

Ayuda   Herramientas   Juegos

Tarea y práctica
4-6
Más sobre usar la
suma para restar

¡Revisemos! Puedes usar una operación relacionada de suma
para ayudarte a restar.

$8 - 5 = ?$

Piensa: $5 + ? = 8$
Puedes usar los cubos para sumar.

Si $5 + 3 = 8$, entonces $8 - 5 = 3$.

$9 - 7 = ?$

Si ___7___ + ___2___ = ___9___,

entonces ___9___ − ___7___ = ___2___.

ACTIVIDAD PARA EL HOGAR
Junte 15 monedas de 1¢ para
usarlas como fichas. Invente un
problema de resta y pida a su
niño(a) que lo resuelva quitando
algunas monedas. Pídale que le
diga la ecuación de resta. Luego,
pídale que le diga la ecuación
relacionada de suma que le ayudó
a resolver la resta.

Completa cada operación de suma.
Luego, resuelve cada operación de resta.

1. $16 - 7 = ?$

Si $7 +$ ____ $= 16$,

entonces $16 - 7 =$ ____ .

2. $14 - 6 = ?$

Si $6 +$ ____ $= 14$,

entonces $14 - 6 =$ ____ .

3. $17 - 8 = ?$

Si $8 +$ ____ $= 17$,

entonces $17 - 8 =$ ____ .

4. $13 - 7 = ?$

Si $7 +$ ____ $= 13$,

entonces $13 - 7 =$ ____ .

Escribe una operación relacionada de resta y otra de suma para ayudarte a resolver cada problema.

5. © PM.2 Razonar José tiene 12 lápices. Les dio algunos a sus amigos. Ahora tiene 7 lápices. ¿Cuántos lápices les dio José a sus amigos?

¿De qué manera el problema verbal me ayuda a entender lo que los números significan?

_____ + _____ = _____

_____ − _____ = _____   _____ lápices

6. **Razonamiento de orden superior**

Tu amigo te dice que puede usar la operación relacionada 4 + 7 = 11 para resolver 11 − 3. ¿Tiene razón tu amigo?

Explica tu respuesta.

_____

_____

_____

_____

7. © Evaluación ¿Qué operación relacionada te ayuda a resolver 12 − 3 = ?

Ⓐ 10 + 3 = 13

Ⓑ 3 + 6 = 9

Ⓒ 2 + 10 = 12

Ⓓ 3 + 9 = 12

8. © Evaluación ¿Qué operación relacionada te ayuda a resolver 17 − 7 = ?

Ⓐ 6 + 7 = 13

Ⓑ 7 + 8 = 15

Ⓒ 10 + 7 = 17

Ⓓ 10 + 4 = 14

Nombre _____

Resuélvelo y coméntalo Escoge una estrategia para resolver el problema.

Lalo tiene 12 manzanas. Regala 6 manzanas. ¿Cuántas manzanas le quedan? Usa palabras, objetos o dibujos para explicar tu trabajo.

Puedo...

explicar las estrategias que uso para resolver problemas de resta.

© **Estándares de contenido**
1.OA.B.4, 1.OA.C.5, 1.OA.C.6
Prácticas matemáticas PM.1, PM.3, PM.5, PM.8

____ − ____ = ____

Hay diferentes maneras de resolver las operaciones de resta.

$10 - 3 = ?$

$10 - 3 = \underline{7}$

Puedes contar hacia adelante o hacia atrás para resolver las operaciones de resta.

Puedes formar 10 para restar $12 - 8$.

$12 - 8 = \underline{4}$

Puedes pensar en la suma para restar $14 - 6$.

$6 + \underline{8} = 14$

$14 - 6 = \underline{8}$

¿Lo entiendes?

¡Demuéstralo! ¿Qué estrategia puedes usar para resolver $13 - 4$?

★ Práctica guiada ★

Halla cada diferencia. Encierra en un círculo la estrategia que usaste.

1.
$$\begin{array}{r} 15 \\ -\ 9 \\ \hline \boxed{6} \end{array}$$
Contar
(Formar 10)
Pensar en la suma
A mi manera

2.
$$\begin{array}{r} 9 \\ -\ 7 \\ \hline \boxed{} \end{array}$$
Contar
Formar 10
Pensar en la suma
A mi manera

3.
$$\begin{array}{r} 13 \\ -\ 3 \\ \hline \boxed{} \end{array}$$
Contar
Formar 10
Pensar en la suma
A mi manera

4.
$$\begin{array}{r} 17 \\ -\ 8 \\ \hline \boxed{} \end{array}$$
Contar
Formar 10
Pensar en la suma
A mi manera

☆ Práctica ☆ independiente

Escoge una estrategia para hallar cada diferencia.

5. 15
    − 5
    ☐

6. 8
    − 4
    ☐

7. 9
    − 3
    ☐

8. 18
    −10
    ☐

9. 14
    − 9
    ☐

10. 11
    − 2
    ☐

11. 12
    − 4
    ☐

12. 16
    − 8
    ☐

13. 7
    − 7
    ☐

14. 20
    −10
    ☐

15. 13
    − 5
    ☐

16. 10
    − 7
    ☐

Escribe una ecuación de resta para resolver el problema.
Explica la estrategia que usaste.

17. Razonamiento de orden superior

Mónica tiene una caja con 16 crayones.

7 crayones están rotos. El resto **NO** está roto.

¿Cuántos crayones **NO** están rotos?

_____ − _____ = _____

_____ crayones

Prácticas matemáticas y resolución de problemas

Resuelve cada problema.

18. © **PM.1 Entender** Olga tiene 11 libros. Tiene 4 libros más que Juan.
¿Cuántos libros tiene Juan?

Juan tiene _____ libros.

Encierra en un círculo la estrategia que usaste para hallar la diferencia.

Contar   Pensar en la suma
Formar 10   A mi manera

¿Cuál es tu plan para resolver el problema?
¿Qué más puedes intentar si estás atorado?

19. **Razonamiento de orden superior**
¿Qué estrategia usarías para resolver 10 − 6?

20. © **Evaluación** ¿Qué operación de suma te ayudaría a resolver 16 − 9 = ?
Selecciona todas las que apliquen.

☐ 9 + 7 = 16

☐ 7 + 10 = 17

☐ 7 + 9 = 16

☐ 10 + 7 = 17

Tema 4 | Lección 7

Ayuda   Herramientas   Juegos

¡Revisemos! Puedes usar diferentes estrategias para resolver problemas.

Usa una operación de suma para resolver un problema relacionado de resta.

$18 - 9 = ?$

| 18 |

| 9 | ? |

$9 + 9 = 18$

$18 - 9 = 9$

Cuenta hacia adelante para formar 10.

$14 - 6 = ?$

$6 + \underline{4} = 10$

$10 + \underline{4} = 14$

$14 - 6 = \underline{8}$

Escoge la estrategia que funcione mejor.

ACTIVIDAD PARA EL HOGAR Escriba una ecuación de resta como $19 - 9 = ?$ Pídale a su niño(a) que resuelva el problema. Pregúntele qué estrategia usó para resolver el problema: formar 10, usar una suma relacionada, contar u otra estrategia.

Halla cada diferencia. Encierra en un círculo la estrategia que usaste.

1.   11
    − 5
    ☐

Piensa: 11 está cerca de 10.

Contar   Pensar en la suma

Formar 10   A mi manera

2.   15
    − 9
    ☐

Piensa: ¿Me puede ayudar alguna operación de suma que ya conozca?

Contar   Pensar en la suma

Formar 10   A mi manera

Halla cada diferencia. Encierra en un círculo la estrategia que usaste.

1.
$$\begin{array}{r} 15 \\ -\ 7 \\ \hline \square \end{array}$$
Contar
Formar 10
Pensar en la suma
A mi manera

2.
$$\begin{array}{r} 14 \\ -\ 5 \\ \hline \square \end{array}$$
Contar
Formar 10
Pensar en la suma
A mi manera

3.
$$\begin{array}{r} 14 \\ -\ 9 \\ \hline \square \end{array}$$
Contar
Formar 10
Pensar en la suma
A mi manera

4. **Razonamiento de orden superior**
Usa dibujos, números o palabras para resolver el problema.

Bety tiene 13 muñecas en su cuarto.
4 muñecas tienen el pelo rizado.
¿Cuántas muñecas **NO** tienen el pelo rizado?

_____ − _____ = _____ muñecas

5. © **Evaluación** Beto tiene 10 pelotas de beisbol. Andy tiene 2 menos que Beto. ¿Cuántas pelotas de beisbol tiene Andy?

¿Qué operaciones de suma te podrían ayudar a resolver el problema? Selecciona todas las que apliquen.

☐ $10 + 0 = 10$

☐ $8 + 2 = 10$

☐ $9 + 1 = 10$

☐ $2 + 8 = 10$

Resuélvelo y coméntalo

Hay algunos libros en el estante. Aída puso 4 libros más en el estante. Ahora hay 12 libros. ¿Cuántos libros había en el estante al principio? Usa objetos, dibujos o ecuaciones para mostrar tu razonamiento.

Resolver problemas verbales con operaciones hasta 20

Puedo...

resolver diferentes tipos de problemas de suma y de resta.

© **Estándar de contenido**
1.OA.A.1
Prácticas matemáticas PM.1, PM.2, PM.6

Había ____ libros al principio.

Martín tiene algunos lápices.

Le da 6 a Marta.

Ahora Martín tiene 5 lápices.

¿Cuántos lápices tenía
Martín al principio?

Martín regala
6 lápices y le
quedan 5.

Escribe una ecuación que
represente el problema.

_____?_____ − 6 = 5

Puedes pensar en la suma para restar.

5   +   6   =   11

Por tanto, _____ − 6 = 5.
Martín tenía 11 lápices al principio.

¿Lo entiendes?

¡Demuéstralo! Sonia tiene 8 crayones. Le dan 8 crayones más. ¿Cuántos crayones tiene ahora? ¿Sumarías o restarías para resolver el problema? Explica.

☆Práctica guiada☆

Escribe una ecuación que represente el cuento y resuélvela. Haz un dibujo para ayudarte.

I. Ciro anduvo en bicicleta el lunes. El martes recorrió 8 millas en bicicleta. Ciro recorrió 14 millas en bicicleta en total. ¿Cuántas millas recorrió el lunes?

_____   8   =   14

millas el lunes   millas el martes   millas en total

☆ **Práctica** ☆
independiente
☆

Escribe una ecuación que represente el cuento y resuélvela. Haz un dibujo para ayudarte.

2. Mague escribió 9 páginas de un cuento ayer. Hoy escribió algunas páginas más. En total ha escrito 12 páginas. ¿Cuántas páginas escribió hoy?

____ ◯ ____ = ____

____ páginas

3. Rubí tiene 6 juegos. Cristóbal tiene 13 juegos. ¿Cuántos juegos menos tiene Rubí que Cristóbal?

____ ◯ ____ = ____

____ juegos menos

4. Lilí tiene 4 listones menos que Dora. Lilí tiene 7 listones. ¿Cuántos listones tiene Dora?

____ ◯ ____ = ____

____ listones

5. © **PM.2 Razonar** Guille tiene 11 carritos. ¿Cuántos carritos puede poner en su caja roja y cuántos en su caja azul? Haz un dibujo y escribe una ecuación para resolver el problema.

$11 = $ _____ $\bigcirc$ _____

6. **Razonamiento de orden superior** Escribe una ecuación de suma y otra de resta para representar el problema. Luego, resuélvelo.

Omar tiene 5 naranjas. Diana tiene 12 naranjas. ¿Cuántas naranjas más que Omar tiene Diana?

_____ $\bigcirc$ _____ $=$ _____

_____ $\bigcirc$ _____ $=$ _____

Diana tiene _____ naranjas más que Omar.

7. © **Evaluación** Mariana recogió unas manzanas. Se comió 3. Ahora tiene 9 manzanas. ¿Cuántas manzanas recogió Mariana al principio?

3
Ⓐ

6
Ⓑ

9
Ⓒ

12
Ⓓ

Nombre _____

¡Revisemos! Puedes resolver un problema verbal aunque no sepas el primer número.

Carla trabajó el lunes y el martes.
Trabajó 10 horas el martes.
Trabajó 20 horas en total.
¿Cuántas horas trabajó Carla el lunes?

Empiezo con 10 y cuento hacia adelante hasta que llego a 20.

ACTIVIDAD PARA EL HOGAR
Dígale a su niño(a) el siguiente problema: "Tengo algunas monedas en mi mano. Pongo 3 en una alcancía. Ahora tengo 8 monedas en mi mano. ¿Cuántas monedas tenía al principio?". Piense en otro problema o pídale a su niño(a) que invente un problema que incluya sumar o restar de una cantidad desconocida.

Escribe una ecuación que represente el problema.

$$\underline{10} \quad \oplus \quad 10 \quad = \quad 20$$

Horas el lunes   Horas el martes   Horas en total

Carla trabajó __10__ horas el lunes.

Escribe una ecuación que represente el cuento y resuélvela. Haz un dibujo para ayudarte.

1. Tony cortó unas flores rojas. También cortó 7 flores amarillas. Cortó 15 flores en total.
   ¿Cuántas flores rojas cortó Tony?

   _____ ◯ _____ = _____

   _____ flores rojas

Suma o resta para resolver cada problema.

2. © PM.2 Razonar Silvia tiene 13 dólares. Gasta 5 dólares en la tienda. ¿Cuántos dólares le quedan a Silvia? Haz un dibujo y escribe una ecuación para resolver el problema.

_____ ◯ _____ = _____

_____ dólares

3. Razonamiento de orden superior Escribe una ecuación de suma y otra de resta para representar el problema. Luego, resuélvelo.

Leo tiene 14 galletas. Javier tiene 8 galletas. ¿Cuántas galletas más tiene Leo que Javier?

_____ ◯ _____ = _____

_____ ◯ _____ = _____

Leo tiene _____ galletas más que Javier.

4. © Evaluación Carlos hizo algunos pastelitos para vender en la escuela. Después hizo 8 pastelitos más. Ahora tiene 11 pastelitos. ¿Cuántos pastelitos hizo Carlos al principio?

19
Ⓐ

11
Ⓑ

8
Ⓒ

3
Ⓓ

Resuélvelo y coméntalo

Escribe un cuento numérico para 14 − 8. Luego, escribe una ecuación que represente el cuento.

Puedo...

usar el razonamiento para escribir y resolver cuentos numéricos.

© **Prácticas matemáticas**
PM.2. También, PM.1, PM.3, PM.4, PM.6.
Estándar de contenido
1.OA.A.1

_____

_____

_____

Hábitos de razonamiento

¿Qué representan los números?

¿Cómo puedo usar un problema verbal para mostrar lo que significa una ecuación?

_____

_____

____ − ____ = ____

Escribe un cuento numérico para 5 + 7. Luego, escribe una ecuación que represente el cuento.

¿Cómo puedo mostrar lo que los números y los signos significan?

Pienso en lo que representan el 5, el 7 y el signo + en el problema. Puedo usar eso para escribir un cuento.

Luis ve 5 insectos en el jardín.
Luego llegan volando otros 7 insectos.
¿Cuántos insectos ve Luis en total?
12 insectos en total

Hay 5 insectos y llegan 7 más. Por tanto, debes sumar.

5 + 7 = 12.
Luis ve 12 insectos.

¿Lo entiendes?

¡Demuéstralo! ¿De qué manera un cuento sobre 12 − 7 es igual o diferente que un cuento sobre 5 + 7?

☆ Práctica guiada ☆

Completa el cuento numérico. Luego, completa la ecuación para que represente el cuento. Haz un dibujo para ayudarte si es necesario.

1. $17 - 9 =$ _____

Carlos tiene __17__ galletas para perros.

Tom tiene __9__ galletas para perros.

¿Cuántas galletas para perros más tiene Carlos?

_____ galletas más

Nombre _____

☆ **Práctica independiente** ☆ Escribe un cuento numérico que muestre el problema. Completa la ecuación para que represente el cuento.

2. $9 + 4 =$ _____

_____

_____

_____

_____

3. $12 - 4 =$ _____

_____

_____

_____

_____

4. $19 - 10 =$ _____

_____

_____

_____

Piensa cómo tus cuentos representan las ecuaciones y cómo las ecuaciones representan los cuentos.

Prácticas matemáticas y resolución de problemas

Evaluación del rendimiento

Libros de texto Raúl se lleva 2 libros a casa. Deja 4 libros en la escuela. ¿Cómo puede Raúl escribir un cuento de suma sobre sus libros?

5. **PM.2 Razonar** Escribe una pregunta de suma sobre los libros de Raúl.

_____

6. **PM.4 Representar** Haz un dibujo y escribe una ecuación para resolver tu pregunta de suma.

_____ + _____ = _____

7. **PM.3 Explicar** ¿Está $6 - 4 = 2$ en la misma familia de operaciones que tu ecuación de suma? Encierra en un círculo **Sí** o **No.** Usa palabras, dibujos o ecuaciones para explicarlo.

Sí   No

Nombre _____

   Ayuda Herramientas Juegos

**Tarea y práctica
4-9**
Razonar

¡Revisemos! Puedes escribir un cuento numérico para cada problema.
Luego, puedes completar la ecuación para representarlo.

$12 - 5 = \underline{7}$

Ceci cortó 12 limones del árbol.
Regaló 5.
¿Cuántos limones tiene Ceci
ahora?
Ahora Ceci tiene 7 limones.

$9 + 5 = \underline{14}$

Sara cortó __9__ flores.
Luego, cortó __5__ más.
¿Cuántas flores cortó Sara
en total?
Sara cortó __14__ flores en total.

ACTIVIDAD PARA EL HOGAR
Escriba algunos problemas como
$15 - 9 = \underline{\quad}$ y $7 + 9 = \underline{\quad}$.
Pídale a su niño(a) que escriba
o diga un cuento numérico
sobre el problema. Luego, pídale
que complete la ecuación para
representar el cuento.

Escribe un cuento numérico que muestre el problema.
Completa la ecuación para que represente tu cuento.

1. $14 - 8 = \underline{\quad}$

_____

_____

_____

2. $8 + 8 = \underline{\quad}$

_____

_____

_____

Calcetines Melisa encontró 5 calcetines azules y 3 calcetines morados. Melisa escribió un cuento de suma y otro de resta sobre los calcetines.

3. **PM.2 Razonar** Melisa escribió esta pregunta:

¿Cuántos calcetines encontré en total?

Escribe una ecuación que resuelva la pregunta de Melisa.

____ ◯ ____ = ____   ____ calcetines

4. **PM.2 Razonar** Melisa escribió otra pregunta sobre los calcetines:

¿Cuántos calcetines azules más que morados encontré?

Escribe una ecuación que resuelva la pregunta de Melisa.

____ ◯ ____ = ____   ____ calcetines azules más

5. **PM.3 Explicar** Melisa dice que las ecuaciones de suma y de resta de sus problemas son operaciones relacionadas. ¿Tiene razón Melisa?

Encierra en un círculo **Sí** o **No.** Usa palabras, dibujos o ecuaciones para explicarlo.

Sí   No

Colorea las operaciones que resulten en estas sumas y diferencias. Deja el resto en blanco.

| 6 | 7 | 4 |

Puedo...
sumar y restar hasta 10.

© **Estándar de contenido**
I.OA.C.6

9 − 5	8 − 4	1 + 3	10 − 3	4 + 4	1 + 6	7 − 1	9 − 1	5 + 4
2 + 1	6 − 2	7 − 4	5 + 2	9 − 7	7 − 0	6 − 0	6 + 2	2 + 1
8 + 2	10 − 6	2 + 6	7 + 0	6 + 3	10 − 3	4 + 2	6 − 1	6 + 3
4 + 4	3 + 1	4 − 3	8 − 1	4 + 5	6 + 1	8 − 2	2 + 1	9 + 1
8 − 7	4 + 0	6 + 4	9 − 2	3 + 4	2 + 5	3 + 3	6 + 0	10 − 4

La palabra es

_____ _____ _____

Repaso del vocabulario

Glosario

Lista de palabras

- diferencia
- familia de operaciones
- operaciones relacionadas
- suma de dobles

Comprender el vocabulario

1. Tacha los números de abajo que **NO** sean la diferencia de $18 - 8$.

16   14

11   10

2. Tacha los números de abajo que **NO** sean una suma de dobles.

$4 + 5$ $6 + 4$

$4 + 4$ $5 + 4$

3. Escribe la operación relacionada.

$12 - 7 = 5$

___ ◯ ___ ◯ ___

4. Escribe la operación relacionada.

$10 + 9 = 19$

___ ◯ ___ ◯ ___

5. Escribe la operación relacionada.

$6 = 14 - 8$

___ ◯ ___ ◯ ___

Usar el vocabulario al escribir

6. Escribe ecuaciones usando los números que se muestran en el modelo. Luego, explica cómo se les llama a estas ecuaciones usando una palabra de la Lista de palabras.

___ + ___ = ___

___ + ___ = ___

___ − ___ = ___

___ − ___ = ___

Nombre _____

Grupo A

En una recta numérica puedes contar hacia atrás para restar.

Halla $10 - 6$.

Usa la recta numérica para contar hacia atrás o hacia adelante y hallar la diferencia.

Refuerzo

1. Halla $9 - 6$.

Empieza en 10 y cuenta hacia atrás 6 para llegar a 4.

$10 - 6 = \underline{4}$

Puedes también contar hacia adelante para restar.

$9 - 6 = \underline{}$

2. Halla $10 - 5$.

Empieza en 6 y cuenta hacia adelante 4 para llegar a 10.

$6 + 4 = 10$, por tanto $10 - 6 = 4$.

$10 - 6 = \underline{4}$

$10 - 5 = \underline{}$

Puedes formar 10 para restar.

$15 - 6 = ?$

Primero, resta 15 menos 5 para llegar a 10.

$15 - 5 = 10$

Luego, quítale 1 más para llegar a 6.

$15 - 6 = \underline{9}$

Forma 10 para restar. Luego, completa la operación de resta.

3. $16 - 7 = \underline{\quad}$

$16 - \underline{\quad} = 10$

$10 - \underline{\quad} = \underline{\quad}$

4. $13 - 6 = \underline{\quad}$

$13 - \underline{\quad} = 10$

$10 - \underline{\quad} = \underline{\quad}$

Puedes escribir una familia de operaciones para respresentar el modelo.

14

$14 = 6 + 8$

$\underline{14} = \underline{8} + \underline{6}$

$6 = 14 - 8$

$\underline{8} = \underline{14} - \underline{6}$

Escribe una familia de operaciones para representar el modelo.

5. $\underline{\quad} + \underline{\quad} = \underline{\quad}$

$\underline{\quad} + \underline{\quad} = \underline{\quad}$

$\underline{\quad} - \underline{\quad} = \underline{\quad}$

$\underline{\quad} - \underline{\quad} = \underline{\quad}$

15

Nombre _____

Grupo D

Puedes usar la suma para ayudarte a restar.

$$15 - 7 = ?$$

Piensa:

$$7 + \underline{8} = 15$$

La parte que falta es 8.

Por tanto, $15 - 7 = 8$.

15

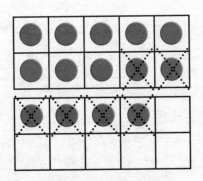 ?

Usa la suma para restar. Completa las ecuaciones.

6. $13 - 8 = ?$

Piensa:

$$8 + \underline{\quad} = 13$$

Por tanto, $13 - 8 = \underline{\quad}$.

13

 ?

Grupo E

Puedes usar diferentes estrategias para restar $14 - 6$.

14

6 | ?

Pensar en la suma

Formar 10

Halla cada diferencia. Encierra en un círculo la estrategia que usaste.

7.
$$\begin{array}{r} 12 \\ -\ 4 \\ \hline \end{array}$$
$\Box$

Contar

Pensar en la suma

Formar 10

Mi manera

8.
$$\begin{array}{r} 17 \\ -\ 8 \\ \hline \end{array}$$
$\Box$

Contar

Pensar en la suma

Formar 10

Mi manera

Puedes escribir una ecuación para representar un problema verbal.

Jaime corta el pasto de algunos patios el sábado y el domingo. Hace 8 patios el domingo. En total hace 13 patios. ¿Cuántos patios hizo Jaime el sábado?

__5__ (+) __8__ = __13__

__5__ patios

9. David tiene algunos bolígrafos. Le da 4 a Glen. Ahora tiene 7 bolígrafos. ¿Cuántas bolígrafos tenía David al principio? Escribe una ecuación para resolver el problema. Haz un dibujo para ayudarte.

____ ◯ ____ = ____

____ bolígrafos

Hábitos de razonamiento

Razonar

¿Qué representan los números?

¿Cómo puedo usar un problema verbal para mostrar lo que significa una ecuación?

Escribe un cuento numérico para el problema. Luego, completa la ecuación.

10. $9 + 4 =$ _____

_____

_____

_____

_____

Nombre _____

1. Francisco tiene 15 libros para leer. Leyó 9. ¿Cuántos libros le faltan por leer a Francisco?

_____ libros

2. Marco tiene algunas canicas rojas y 8 canicas azules. Tiene 13 canicas en total. ¿Cuántas canicas rojas tiene Marco?

Ⓐ 4   Ⓑ 5

Ⓒ 6   Ⓓ 7

3. ¿Qué familia de operaciones representa el dibujo de los patos grandes y los patos pequeños?

$8 + 0 = 8$
$0 + 8 = 8$
$8 - 0 = 8$
$8 - 8 = 0$
Ⓐ

$5 + 9 = 14$
$9 + 5 = 14$
$14 - 5 = 9$
$14 - 9 = 5$
Ⓑ

$5 + 8 = 13$
$8 + 5 = 13$
$13 - 5 = 8$
$13 - 8 = 5$
Ⓒ

$8 + 9 = 17$
$9 + 8 = 17$
$17 - 9 = 8$
$17 - 8 = 9$
Ⓓ

4. ¿Qué operación relacionada de resta se puede resolver usando $7 + 8 = 15$?

15

- Ⓐ $15 - 8 = 7$

- Ⓑ $14 - 7 = 7$

- Ⓒ $8 - 7 = 1$

- Ⓓ $8 - 8 = 0$

5. Hay 13 pájaros en un árbol.

6 pájaros se van volando.

¿Cuántos pájaros hay todavía en el árbol?

Forma 10 para resolver el problema. Usa fichas y el marco de 10.

$13 - \underline{\qquad} = 10$

$10 - \underline{\qquad} = \underline{\qquad}$

$13 - 6 = \underline{\qquad}$

6. Gloria tiene 7 lápices amarillos y 9 lápices rojos. ¿Qué estrategia **NO** te ayudaría a hallar $9 - 7$?

- Ⓐ Formar 10

- Ⓑ Pensar en la suma

- Ⓒ Contar para restar

- Ⓓ A mi manera

7. Nina hornea 14 panes de maíz.
Regala 8 y le quedan 6 panes.

¿Qué ecuación representa el cuento?

Ⓐ $15 - 8 = 7$

Ⓑ $7 + 8 = 15$

Ⓒ $14 - 8 = 6$

Ⓓ $8 + 6 = 14$

8. ¿Qué operación relacionada de suma te puede ayudar a resolver la siguiente operación de resta? Selecciona todas las que apliquen.

$16 - 7 = ?$

☐ $7 + 9 = 16$

☐ $7 + 8 = 15$

☐ $6 + 7 = 13$

☐ $9 + 7 = 16$

9. Usa la recta numérica para contar hacia adelante o hacia atrás para hallar la diferencia. Muestra tu trabajo.

$12 - 4 =$ _____

10. Mónica tiene 14 libros. Vende 8 libros.
¿Cuántos libros le quedan?

Forma 10 para resolver el problema.
Usa fichas y el marco de 10.

_____ libros

11. Una caja tiene 16 partes para una patineta. María usó algunas
partes en su patineta. Ahora quedan 7 partes. Escribe una
ecuación de resta para mostrar cuántas partes usó María.

_____ − _____ = _____   María usó _____ partes.

12. Escribe un cuento numérico para $19 - 10$.

Luego, escribe una ecuación que represente tu cuento y resuelve el problema.

_____

_____

_____

_____

Las calcomanías de Marta

Marta colecciona calcomanías.
La tabla muestra las diferentes
calcomanías que tiene.

Las calcomanías de Marta	
Tipo de calcomanía	Cantidad de calcomanías
🌙	15
☁️	7
☀️	9
🌈	8
⭐	12

I. ¿Cuántas calcomonías de lunas más que de soles tiene Marta?

Cuenta, forma 10 o piensa en la suma para resolver.

_____ calcamonías más de lunas

2. Marta le da algunas calcomanías de nubes a Tom. Ahora le quedan 5 calcomanías de nubes. ¿Cuántas calcomanías de nubes le dio Marta a Tom?

Escribe una ecuación y resuelve el problema.

_____ ◯ _____ = _____

_____ calcomanías de nubes

3. Completa la familia de operaciones usando el número de calcomanías de nubes y arco iris.

$$7 + 8 = 15$$

_____ + _____ = _____

_____ − _____ = _____

_____ − _____ = _____

4. Sandra le da a Marta 3 calcomanías de arco iris más. ¿Cuántas calcomanías de arco iris tiene Marta ahora? Completa la ecuación para resolver el problema.

8 ◯ _____ = _____

_____ calcomanías de arco iris

5. Escribe un cuento para mostrar y resolver 12 − 8. Haz un problema sobre calcomanías de estrellas. Haz un dibujo y escribe una ecuación que represente tu cuento.

_____

_____

_____

_____

_____

_____ ◯ _____ = _____

Trabajar con ecuaciones de suma y resta

Pregunta esencial: ¿De qué manera el sumar y restar te ayudan a resolver o completar ecuaciones?

Recursos digitales

Resuelve Aprende Glosario

Herramientas Evaluación Ayuda Juegos

Los animales no pueden hablar como nosotros. Ellos se comunican de otras maneras.

Algunos animales que viven bajo el agua se comunican usando el sonar.

¡Muy interesante! ¡Hagamos este proyecto para aprender más!

Proyecto de Matemáticas y Ciencias: La comunicación bajo el agua

Investigar Habla con tu familia y tus amigos acerca de cómo algunos animales, como el delfín, usan el sonar. Pídeles que te ayuden a buscar más información sobre el sonar en libros o en la Internet.

Diario: Hacer un libro Muestra lo que encontraste. En tu libro, también:

- haz un dibujo que muestre una manera en que se usa el sonar.

- inventa y resuelve problemas de suma y resta sobre los animales que usan el sonar para comunicarse.

Nombre _____

Repasa lo que sabes

A-Z **Vocabulario**

1. Encierra en un círculo los **sumandos** de la ecuación.

$4 + 5 = 9$

2. Encierrra en un círculo la ecuación que es una **operación relacionada** de $10 - 8 = 2$.

$8 - 6 = 2$

$8 + 2 = 10$

3. Encierra en un círculo el número que completa la **familia de operaciones.**

$3 + \underline{\ ?\ } = 10$

$\underline{\ ?\ } + 3 = 10$

$10 - 3 = \underline{\ ?\ }$

$10 - \underline{\ ?\ } = 3$

Cuentos de resta

Usa cubos para resolver el problema y escribe la ecuación de resta.

4. 8 ardillas están en el pasto. 5 están comiendo bellotas. ¿Cuántas ardillas **NO** están comiendo bellotas?

_____ − _____ = _____

5. Beto tiene 5 marcadores. Pablo tiene 3. ¿Cuántos marcadores más tiene Beto que Pablo?

_____ − _____ = _____

Operaciones relacionadas

6. Escribe las operaciones de resta relacionadas.

$9 = 4 + 5$

_____ = _____ − _____

_____ = _____ − _____

Nombre _____

Resuelve

Resuélvelo y coméntalo Halla el número que falta en esta ecuación:

$$7 + \underline{\quad} = 13$$

Explica cómo hallaste el número que faltaba.

Puedo...

hallar los números desconocidos en una ecuación.

Ⓒ **Estándar de contenido** I.OA.D.8
Prácticas matemáticas PM.1, PM.2, PM.3, PM.6

Mira este problema:

$$12 - \underline{\quad} = 3$$

Esto significa que 12 menos un número es igual a 3.

Puedes usar fichas para hallar el número que falta.

$$12 - \underline{\quad 9 \quad} = 3$$

También puedes usar la suma para hallar el número que falta.

$$3 + \underline{\quad 9 \quad} = 12;$$

por tanto, $12 - \underline{\quad 9 \quad} = 3.$

9 es el número que falta. El 9 hace la ecuación verdadera.

¿Lo entiendes?

¡Demuéstralo! ¿Cuál es el número que falta en la ecuación $\underline{\quad} + 4 = 9$? ¿Cómo lo sabes?

 Práctica guiada

Escribe el número que falta. Luego, dibuja o tacha fichas para mostrar tu trabajo.

1. $14 - \underline{\quad 7 \quad} = 7$

2. $4 + \underline{\quad} = 12$

---

300 trescientos

Tema 5 | Lección 1

☆ Práctica ☆ independiente ☆

Escribe los números que faltan. Dibuja fichas para mostrar tu trabajo.

3. ____ − 9 = 8

4. ____ = 8 + 3

5. ____ + 6 = 12

6. 8 + ____ = 15

7. 14 − ____ = 6

8. ____ = 11 − 8

9. **Sentido numérico** Escribe el número que falta para hacer cada ecuación verdadera.

9 + ____ = 19

20 = ____ + 10

____ − 10 = 9

____ − 10 = 10

¿Cómo el resolver un problema te ayuda a resolver otro problema?

Resuelve cada cuento numérico. Escribe los números y los signos que faltan. Usa fichas si lo necesitas.

10. © **PM.2 Razonar** Adam quiere visitar 13 estados en un viaje por carro. Ha visitado 7 estados hasta ahora. ¿Cuántos estados le faltan por visitar?

$13 \bigcirc \underline{\quad} = \underline{\quad}$

$\underline{\quad}$ estados

11. © **PM.2 Razonar** Charo está haciendo un vestuario para su clase de baile. Necesita hacer 11 vestidos. Le faltan 4 vestidos para terminar. ¿Cuántos vestidos ha hecho hasta ahora?

$11 = \underline{\quad} \bigcirc \underline{\quad}$

$\underline{\quad}$ vestidos

12. **Razonamiento de orden superior** Halla el número que falta en la ecuación $5 + \underline{\quad} = 14$. Luego, escribe un cuento que represente el problema.

13. © **Evaluación** Une con una línea cada número con la ecuación a la que pertenece.

$17 - \underline{\quad} = 7$ 6

$\underline{\quad} + 6 = 12$ 3

$4 + \underline{\quad} = 13$ 10

$\underline{\quad} - 1 = 2$ 9

Nombre _____

¡Revisemos! Puedes hallar el número que falta en una ecuación de suma o resta. Añade fichas en la parte vacía del modelo hasta completar 17.

Necesitas 8 fichas más para tener 17 en total.

17

ACTIVIDAD PARA EL HOGAR
En una hoja de papel, escriba una ecuación a la que le falte un número, como 7 + _____ = 16. Dele a su niño(a) un grupo de objetos pequeños y pídale que ponga en el papel la cantidad correcta de objetos para representar el número que falta. Repita la actividad con otra ecuación y con una operación diferente, como 18 − _____ = 8.

__8__ + 9 = 17   17 − __8__ = 9

Dibuja las fichas que faltan y completa la oración.

I.

14

8 + ____ = 14

2.

20

20 − 10 = ____

Completa el modelo para ayudarte a hallar los números que faltan.

3. _____ = 8 + 5

4. 16 − _____ = 9

5. 9 + _____ = 18

6. Razonamiento de orden superior Halla el número que falta en la ecuación 18 = 10 + _____. Luego, escribe un cuento que represente el problema.

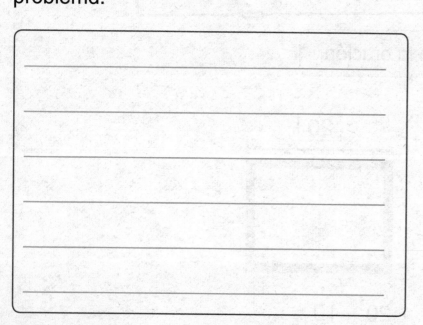

7. © Evaluación Une con una línea cada número con la ecuación a la que pertenece.

17 − _____ = 10   8

_____ + 6 = 14   5

4 + _____ = 9   7

_____ − 10 = 10   20

Esta ecuación se ve diferente.
¿Crees que es una ecuación verdadera?
Explica cómo lo sabes.

Puedo...

entender que el signo igual significa "tiene el mismo valor que".

Ⓒ Estándar de contenido
I.OA.D.7
Prácticas matemáticas PM.2, PM.4, PM.6, PM.8

$$5 = 11 - 6$$

¿Es verdadera esta ecuación?

$$3 + 6 = 4 + 5$$

Para saberlo, resuelve cada lado de la ecuación.

$$3 + 6$$

$$4 + 5$$

Esta ecuación es verdadera, ya que los dos lados son iguales a 9.

$$3 + 6 = 4 + 5$$

$$9 = 9$$

Las ecuaciones que no tienen signos de operación también pueden ser verdaderas.

$8 = 8$ es un enunciado verdadero.

¿Lo entiendes?

¡Demuéstralo!

¿Es verdadera la ecuación $4 = 11 - 6$? Explícalo.

Práctica guiada   Indica si la ecuación es **Verdadera** o **Falsa**. Usa las fichas para ayudarte.

1. $5 + 2 = 9 - 3$

Verdadera   Falsa

2. $7 = 8 - 1$

Verdadera   Falsa

Tema 5 | Lección 2

Práctica independiente

Indica si la ecuación es **Verdadera** o **Falsa**.
Puedes dibujar fichas para ayudarte.

3. $5 + 5 = 6 + 4$

Verdadera   Falsa

4. $9 = 9 - 1$

Verdadera   Falsa

5. $3 + 3 = 11 - 8$

Verdadera   Falsa

6. $13 - 4 = 15 - 6$

Verdadera   Falsa

7. $7 + 7 = 12 - 5$

Verdadera   Falsa

8. $10 + 8 = 9 + 9$

Verdadera   Falsa

9. $7 + 3 = 10 + 2$

Verdadera   Falsa

10. $6 + 8 = 8 + 6$

Verdadera   Falsa

11. $4 + 2 = 6 + 1$

Verdadera   Falsa

Prácticas matemáticas y resolución de problemas

Escribe una ecuación para mostrar el problema. Escribe los números que faltan en la oración. Luego, indica si la ecuación es **Verdadera** o **Falsa**.

12. © **PM.6 Hacerlo con precisión** Sonia tiene 8 aviones de papel y regala 1. Fernando tiene 5 aviones de papel y le dan 2 más.

_____ $-$ _____ $=$ _____ $+$ _____

Verdadera   Falsa

Sonia tiene _____ aviones. Fernando tiene _____ aviones.

Asegúrate de usar correctamente los números, unidades y signos. ¿Representa la ecuación el cuento?

---

13. **Razonamiento de orden superior**
¿Puedes probar que $4 + 2 = 5 + 1$ es una ecuación verdadera sin resolver sus dos partes? Explícalo.

_____

_____

_____

_____

14. © **Evaluación** ¿Cuáles de las siguientes ecuaciones son **Falsas**? Selecciona todas las que apliquen.

☐ $10 - 3 = 14 - 7$

☐ $4 + 3 = 7 + 1$

☐ $6 + 6 = 8 + 3$

☐ $17 - 8 = 9$

Nombre _____

¡Revisemos! Usa los cubos conectables para representar ecuaciones verdaderas y falsas de diferente tipos.

Une los cubos con líneas para emparejarlos.

Si los dos lados no son iguales, entonces la ecuación es falsa.

$4 = 4$

Esta ecuación es **verdadera**.

$5 = 2 + 7$

Esta ecuación es **falsa**.

$2 + 8 = 9 - 4$

Esta ecuación es **falsa**.

ACTIVIDAD PARA EL HOGAR
Escriba el signo + en 3 tarjetas, el signo − en 3 tarjetas y el signo = en 3 tarjetas. Reúna 20 objetos pequeños como botones o monedas. Acomode los objetos y las tarjetas para mostrar 3 ecuaciones verdaderas o falsas, tales como $3 + 5 = 9 - 1$ o $6 - 2 = 3 + 3$. Pídale a su niño(a) que le diga si cada ecuación es **verdadera** o **falsa**.

Une los cubos con líneas para emparejarlos. Indica si la ecuación es **Verdadera** o **Falsa**.

1. $9 = 7 + 2$

Verdadera   Falsa

2. $7 + 3 = 9 - 3$

Verdadera   Falsa

3. $10 - 2 = 1 + 7$

Verdadera   Falsa

4. $10 - 2 = 7 + 4$

Verdadera   Falsa

5. $6 = 9 - 5$

Verdadera   Falsa

6. $8 + 5 = 10 + 3$

Verdadera   Falsa

---

7. Razonamiento de orden superior

Jaime dice que $19 - 10$ es igual a $20 - 10$ porque se usa la resta en los dos lados. ¿Tiene razón Jaime? Explica por qué sí o por qué no.

_____

_____

_____

_____

_____

8. © **Evaluación** ¿Cuáles de las siguientes ecuaciones son **verdaderas**? Selecciona todas las que apliquen.

☐ $8 - 7 = 11 - 10$

☐ $12 - 4 = 6 + 3$

☐ $10 - 1 = 9 + 2$

☐ $9 + 2 = 10 + 1$

Nombre _____

Resuélvelo y coméntalo

¿Qué número debe ir en el espacio en blanco para hacer la ecuación verdadera? ¿Cómo lo sabes?

Puedo...
escribir el número que falta en la ecuación para hacerla verdadera.

 Estándares de contenido I.OA.D.7, I.OA.D.8
Prácticas matemáticas PM.2, PM.6, PM.7, PM.8

$$2 + 5 = \underline{\quad} + 6$$

Escribe el número que falta para hacer la ecuación verdadera.

$$10 - \underline{\quad} = 3 + 4$$

Puedo resolver un lado de la ecuación primero. Sé que $3 + 4 = 7$.

Puedes usar fichas para hallar el número que falta.

$$10 - \underline{\quad} = 7$$

El signo igual significa "el mismo valor que"; por tanto, necesito restar algo a 10 para llegar a 7.

Quité 3 fichas para llegar a 7; por tanto, el número que falta es 3.

$$10 - \underline{3} = 3 + 4$$

¿Lo entiendes?

¡Demuéstralo! ¿Qué número puedes escribir en el espacio en blanco para hacer esta ecuación verdadera?

$$8 + \underline{\quad} = 6 + 6$$

☆ **Práctica guiada** ☆ Escribe los números que faltan para hacer la ecuación verdadera. Dibuja fichas para ayudarte.

1. $10 + \underline{\ ?\ } = 5 + 7$

$10 + \underline{\ ?\ } = \underline{12}$

$10 + \underline{2} = \underline{12}$

2. $4 + 5 = 6 + \underline{\ ?\ }$

$\underline{\quad} = 6 + \underline{\ ?\ }$

$\underline{\quad} = 6 + \underline{\quad}$

Nombre _____

☆ Práctica independiente ☆

Escribe el número que falta para hacer cada ecuación verdadera.

3. ____ $+ 6 = 4 + 9$

4. $14 - 7 =$ ____ $- 3$

5. $8 +$ ____ $= 9 + 4$

6. $10 -$ ____ $= 7 - 3$

7. $15 - 10 = 10 -$ ____

8. $7 + 4 = 8 +$ ____

9. $10 + 2 =$ ____ $+ 4$

10. $13 - 10 =$ ____ $- 7$

11. ____ $+ 7 = 9 + 1$

12. Matemáticas y Ciencias Cora y René están haciendo "teléfonos" con vasos de papel y cuerda. Usan un pedazo de cuerda que mide 13 pies de largo y lo cortan en 2 partes. Una parte mide 8 pies. ¿Qué tan largo es el otro pedazo de cuerda? Escribe el número que falta en las ecuaciones de suma y resta.

____ $= 13 - 8$

$13 =$ ____ $+ 8$

____ pies

Puedes pensar en la resta como un problema de un sumando que falta.

13. © **PM.2 Razonar** Cárol tiene 14 pelotas de tenis. Daniel tiene 4 pelotas de tenis. ¿Cuántas pelotas de tenis más que Daniel tiene Cárol?

$14 -$ _____ $=$ _____   _____ más

14. © **PM.2 Razonar** Raúl se encontró 10 piedras, pero se le cayó 1 piedra. Arturo se encontró 3 piedras. ¿Cuántas piedras tendría que encontrar Arturo para tener la misma cantidad que Raúl?

$10 - 1 = 3 +$ _____   _____ piedras

15. **Razonamiento de orden superior** José tiene 5 crayones rojos y 8 azules. Tere tiene 10 crayones rojos y algunos azules. Si Tere tiene la misma cantidad de crayones que José, ¿cuántos crayones azules tiene Tere? Di cómo lo sabes.

_____

_____

_____

16. © **Evaluación** Une con una flecha el número que hace la ecuación verdadera.

1   2   3   4   5   6   7   8

$4 + 7 = 5 +$ _____

Nombre _____

¡Revisemos! Resolver un lado de una ecuación verdadera puede ayudarte a resolver el otro lado.

$$9 + \underline{\quad} = 7 + 8$$

Los dos lados de una ecuación verdadera deben tener el mismo valor.

Primero, resuelve $7 + 8$. $7 + 8 = 15$

Luego, resuelve $9 + \underline{\ ?\ } = 15$. $9 + \underline{6} = 15$

Por tanto, $9 + \underline{6} = 7 + 8$.

También puedes usar fichas para representar la ecuación.

ACTIVIDAD PARA EL HOGAR
Escriba un número entre 0 y 20. Pídale a su niño(a) que escriba una suma o una resta que dé como resultado ese número. Repita la actividad con otros números. Luego, pídale que le diga un número, y entonces usted le dice una suma o resta. Después, pídale que le diga si usted hizo una ecuación verdadera o falsa.

Escribe los números que faltan para hacer las ecuaciones verdaderas. Dibuja fichas para ayudarte.

1.

$$7 + \underline{\quad} = 8 + 6$$
$$8 + 6 = \underline{\quad}$$
$$7 + \underline{\quad} = \underline{\quad}$$

2.

$$2 + 4 = 16 - \underline{\quad}$$
$$2 + 4 = \underline{\quad}$$
$$\underline{\quad} = 16 - \underline{\quad}$$

3. © **PM.2 Razonar** Gustavo tiene
15 sombreros. Talía tiene 10 sombreros,
pero quiere tener el mismo número de
sombreros que Gustavo. ¿Cuántos
sombreros más necesita Talía?

$15 = 10 +$ _____

_____ más

4. © **PM.2 Razonar** Laila usa el mismo número
de fichas que Paco. ¿Qué número haría esta
ecuación verdadera?

$8 + 1 = 16 -$ _____

5. **Razonamiento de orden superior** Escribe el número que falta para
hacer la ecuación verdadera. Usa dibujos o palabras para
explicar cómo lo sabes.

$3 + 4 = 8 -$ _____

6. © **Evaluación** Une con una flecha el número que hace la ecuación verdadera.

1   2   3   4   5   6   7   8

$4 +$ _____ $= 1 + 8$

Nombre _____

Resuélvelo y coméntalo

Yo tengo 6 naranjas, Alex tiene 2 peras y Jada tiene 4 manzanas. ¿Cuántas frutas tenemos en total los tres? Escribe 2 ecuaciones diferentes de suma para resolver el problema.

Puedo...

usar diferentes estrategias para resolver problemas verbales con 3 sumandos.

 Estándares de contenido
1.OA.A.2, 1.OA.B.3
Prácticas matemáticas PM.2, PM.3, PM.4, PM.8

___ + ___ + ___ = ___

___ + ___ + ___ = ___

Vicente recogió piedras rojas. Las separó en 3 canastas. ¿Cuántas piedras rojas tiene en total?

5   **4**   **6**

Puedo sumar 5 + 4 primero y luego sumar 6.

$5 + 4 = 9$

$9 + 6 = 15$

Puedo sumar 4 + 6 para formar 10 y luego sumar 5.

$4 + 6 = 10$

$10 + 5 = 15$

5   **4**   **6**

La suma es la misma aunque agrupe los números de maneras diferentes.

$\boxed{5 + 4} + 6 = 15$

$5 + \boxed{4 + 6} = 15$

Vicente tiene 15 piedras rojas.

¿Lo entiendes?

¡Demuéstralo! ¿Cómo el agrupar los números de maneras diferentes te puede ayudar a resolver un problema?

☆Práctica guiada☆

Escribe una ecuación para resolver cada problema. Escoge una manera de agrupar los sumandos.

1. Paula encuentra algunas conchitas en la playa. Encuentra 7 conchitas rosas, 3 negras y 4 blancas. ¿Cuántas conchitas encontró Paula?

$\underline{7} + \underline{3} + \underline{4} = \underline{14}$ $\underline{14}$ conchitas

2. Tom ve algunos pájaros. Ve 4 pájaros rojos, 2 azules y 6 negros. ¿Cuántos pájaros ve Tom en total?

$\underline{} + \underline{} + \underline{} = \underline{}$ $\underline{}$ pájaros

Nombre _____

☆ Práctica independiente

Escribe una ecuación para resolver cada problema. Escoge una manera de agrupar los sumandos.

3. Ale tiene tarjetas de sus atletas preferidos. Tiene 8 tarjetas de beisbol, 2 de futbol y 3 de básquetbol. ¿Cuántas tarjetas tiene Ale en total?

___ + ___ + ___ = ___

___ tarjetas

4. Bob está sembrando semillas. Siembra 2 semillas cafés, 6 blancas y 8 negras. ¿Cuántas semillas siembra Bob?

___ + ___ + ___ = ___

___ semillas

Escribe los números que faltan en cada problema.

5. Álgebra $16 = 7 + $ ___ $ + 6$

6. Álgebra $11 = 2 + 2 + $ ___

7. 🅰🆉 **Vocabulario** Julio encontró 3 mariquitas y algunas hormigas. Luego, encontró 5 escarabajos. Julio encontró 14 insectos en total. ¿Cuántas hormigas encontró Julio? Escribe el **sumando** que falta.

$14 = 3 + $ ___ $ + 5$

Julio encontró ___ hormigas.

8. Razonamiento de orden superior
Rosa recogió 12 flores del jardín. Recogió algunas flores moradas, 4 rojas y 3 amarillas. ¿Cuántas flores moradas recogió Rosa?

$12 = 4 + 3 + $ ___

Rosa recogió ___ flores moradas.

Tema 5 | Lección 4   trescientos diecinueve **319**

9. © **PM.8 Generalizar** Diego lanza 3 saquitos amarillos al tiro al blanco. Los números en el tablero del tiro al blanco muestran los puntos que se pueden anotar en cada tiro.

Escribe una ecuación de suma para hallar el puntaje total de Diego.

¿Se repite algo en el problema?

____ + ____ + ____ = ____

10. **Razonamiento de orden superior**
Escribe un cuento-problema sobre juguetes. El cuento debe representar la siguiente ecuación.

$4 + 1 + 9 = 14$

11. © **Evaluación** Ana lanza 3 saquitos amarillos al tiro al blanco y anota 17 puntos. ¿Cuál de los dibujos muestra su tablero de tiro al blanco?

Ⓐ

Ⓑ

Ⓒ

Ⓓ

Tema 5 | Lección 4

Nombre _____

¡Revisemos! Puedes agrupar los sumandos de diferentes maneras y luego escribir una ecuación.

  +   +

Sofía tiene algunas frutas.
Tiene 3 manzanas,
5 plátanos y 5 peras.
¿Cuántas frutas tiene en total?

Primero, suma los plátanos y las peras.

$5 + 5 = \underline{10}$

Luego, suma las manzanas.

$\underline{10} + \underline{3} = \underline{13}$

Sofía tiene $\underline{13}$ frutas en total.

ACTIVIDAD PARA EL HOGAR
Junte varios tipos de objetos pequeños, como botones, clips y monedas. Dígale a su niño(a) un problema verbal usando los objetos. Pídale que sume los objetos y le diga cuántos hay en total.

 Halla cada suma. Escoge una manera de agrupar los sumandos.

1.

___ + ___ + ___ = ___

2.

___ + ___ + ___ = ___

Escribe una ecuación para resolver cada problema.

3. Tobías está jugando con bloques. Tiene 3 bloques rojos, 3 amarillos y 6 azules. ¿Cuántos bloques tiene Tobías en total?

_____ + _____ + _____ = _____

_____ bloques

4. Ema tiene 7 cuentas verdes, algunas moradas y 6 amarillas. Tiene 17 cuentas en total. ¿Cuántas cuentas moradas tiene Ema?

_____ + _____ + _____ = _____

_____ cuentas moradas

5. Rita plantó 3 filas de zanahorias, 4 de cebollas y 7 de lechugas. ¿Cuántas filas de verduras plantó Rita en total?

_____ + _____ + _____ = _____

_____ filas

6. Julián construyó 8 mesas, 3 sillas y 4 escritorios. ¿Cuántos muebles construyó Julián?

_____ + _____ + _____ = _____

_____ muebles

7. Razonamiento de orden superior Escribe un problema-cuento sobre el almuerzo que represente la siguiente ecuación $5 + 8 + 2 = 15$.

_____

_____

_____

_____

8. ⓒ Evaluación En el refugio de animales, Cati les da de comer a 2 conejos, 6 perros y 4 gatos. ¿A cuántos animales les da Cati de comer en total?

18   16   15   12

Ⓐ   Ⓒ

Lección 5-5
Sumar tres números

Resuélvelo y coméntalo

Carlos hizo una pila de 6 libros, otra de 4 libros y otra de 6 libros. ¿Cómo puedes usar la suma para saber el número total de libros que hay en las 3 pilas?

Escribe dos ecuaciones diferentes para mostrar cuántos libros hay en total.

Puedo...
hallar diferentes estrategias para sumar tres números.

© **Estándares de contenido**
I.OA.B.3, I.OA.A.2
Prácticas matemáticas PM.2, PM.3, PM.4, PM.7

___ + ___ + ___ = ___

___ + ___ + ___ = ___

Puedes sumar tres números.	Puedes formar 10.	Puedes hacer un doble.	Puedes sumar cualquier combinación de dos números primero.

Puedes sumar tres números.

$$8 + 6 + 2$$

Escoge 2 números para sumarlos primero.

Puedes formar 10.

$⑧ + 6 + ② = \underline{16}$

$\boxed{10}$

$8 + 2 = 10$
$10 + 6 = 16$

Puedes hacer un doble.

$8 + ⑥ + ② = \underline{16}$

$\boxed{8}$

$6 + 2 = 8$
$8 + 8 = 16$

Puedes sumar cualquier combinación de dos números primero.

③
⑤ → $\boxed{8}$

$+4$
___
12

3
5 → $\boxed{9}$

$+4$
___
12

Las sumas o totales son los mismos.

¿Lo entiendes?

¡Demuéstralo! ¿Por qué puedes escoger dos números para sumarlos primero cuando estás sumando tres números?

☆ Práctica guiada ☆

Primero, suma los números encerrados en un círculo y escribe la suma en el recuadro. Luego, escribe la suma o total de los tres números.

1. $② + ⑨ + 1 = \underline{12}$

$\boxed{11}$

$2 + ⑨ + ① = \underline{12}$

$\boxed{10}$

2. $⑥ + ③ + 2 = \underline{\quad}$

$\boxed{}$

$6 + ③ + ② = \underline{\quad}$

$\boxed{}$

✰ Práctica ✰ independiente

Encierra en un círculo dos números para sumarlos y escribe la suma de ellos en el recuadro de la derecha. Luego, escribe la suma o total de los tres números.

3. 6
    6
  + 1
  ☐   ☐

4. 3
    7
  + 8
  ☐   ☐

5. 2
    8
  + 3
  ☐   ☐

6. 7
    3
  + 3
  ☐   ☐

7. 2
    2
  + 8
  ☐   ☐

8. 5
    0
  + 9
  ☐   ☐

9. **Sentido numérico** Halla los números que faltan.
Los números en cada rama deben sumar 15.

Recuerda que puedes sumar en cualquier orden.

Escribe una ecuación para resolver cada problema.

10. © **PM.7 Buscar patrones** Mirna puso 7 libros en un estante, 3 en otro estante y 5 en el último estante. ¿Cuántos libros puso Mirna en los tres estantes?

¿Puedes descomponer el problema en partes más simples?

____ + ____ + ____ = ____

____ libros

11. **Razonamiento de orden superior** Explica cómo sumar $7 + 2 + 3$. Usa dibujos, números o palabras.

12. © **Evaluación** Manuel compró 4 lápices, 6 marcadores y 7 plumas. Quiere saber cuántas cosas compró en total. Primero, Manuel suma $4 + 6$. ¿Qué debe hacer después? Explícalo.

| 4 lápices | 6 marcadores | 7 plumas |

Nombre _____

Ayuda   Herramientas   Juegos

¡Revisemos! Cuando tengas que sumar tres números, haz primero las sumas que ya conoces y luego suma el tercer número.

ACTIVIDAD PARA EL HOGAR
Dígale a su niño(a) tres números cuya suma sea menor o igual a 20. Pídale que sume los tres números. Pídale que piense en voz alta mientras suma los dos primeros números y, luego, el tercer número. Repita la actividad con varios grupos de números.

⑥
④
+ 3

$6 + 4 = 10$
$10 + 3 = 13$

$\boxed{13}$

Puedo sumar los números en un orden diferente.

La suma es la misma.

⑥
④
+ 3

$3 + 6 = 9$
$9 + 4 = 13$

$\boxed{13}$

Halla cada suma usando diferentes maneras. Primero, suma los números encerrados en los círculos. Luego, suma el tercer número.

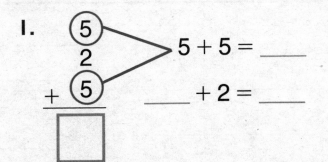

1.

⑤
2
+ ⑤

$5 + 5 = \underline{\hspace{1cm}}$
$\underline{\hspace{1cm}} + 2 = \underline{\hspace{1cm}}$

$\boxed{}$

⑤
2
+ ⑤

$2 + 5 = \underline{\hspace{1cm}}$
$\underline{\hspace{1cm}} + 5 = \underline{\hspace{1cm}}$

$\boxed{}$

Suma los números. Encierra en un círculo los números que sumaste primero.

2.

☐
☐
+ ☐
___
☐ tortugas

3.

☐
☐
+ ☐
___
☐ peces

4. **Razonamiento de orden superior**

Explica cómo sumar $3 + 3 + 4$. Usa dibujos, números o palabras.

5. **© Evaluación** Miguel compra piezas para armar un carro. Compra 1 bloque de madera, 4 llantas y 2 latas de pintura. Miguel quiere saber cuántas piezas compró en total. Si suma $1 + 2$ primero, ¿qué debe hacer después? Explícalo.

Nombre _____

Resuélvelo y coméntalo

José tiene 5 borradores más que Luisa. José tiene 7 borradores. ¿Cuántos borradores tiene Luisa?
Escribe tus respuestas abajo.

Lección 5-6

Resolver problemas verbales de suma y resta

Puedo...
resolver problemas verbales que incluyan comparaciones.

© **Estándar de contenido**
1.OA.A.1
Prácticas matemáticas PM.1, PM.4, PM.6

Borradores de José

Borradores de Luisa

Esteban tiene 13 libros. Clara tiene 4 libros menos que Esteban. ¿Cuántos libros tiene Clara?

 Puedes usar un modelo de barras para mostrar el problema.

Libros de Esteban

13

?	4

Libros de **4 libros**
Clara **menos**

Puedes escribir una ecuación de suma o de resta para ver cuántos libros tiene Clara.

$13 - 4 = \underline{9}$

$4 + \underline{9} = 13$

13

9	4

Por tanto, Clara tiene 9 libros.

¿Lo entiendes?

¡Demuéstralo! Tomás hizo 8 castillos de arena menos que Tina. Tina hizo 10 castillos de arena. ¿Cuántos castillos de arena hizo Tomás?

✰Práctica guiada

Usa los modelos para resolver los problemas.

1. Celia tiene 8 revistas más que Lisa. Celia tiene 15 revistas. ¿Cuántas revistas tiene Lisa?

Revistas de Celia

15

7	8

Revistas **8 revistas**
de Lisa **más**

$\underline{8} + \underline{7} = \underline{15}$

Lisa tiene _____ revistas.

Práctica independiente

Usa los modelos para completar los problemas.

2. Arón recogió 3 juguetes y luego recogió 8 más. ¿Cuántos juguetes recogió Arón en total?

____ + ____ = ____

Arón recogió ____ juguetes en total.

3. Javier hizo 5 vasos de fruta menos que Sandi. Sandi hizo 11 vasos de fruta. ¿Cuántos vasos de fruta hizo Javier?

____ − ____ = ____

Javier hizo ____ vasos de fruta.

Escribe el número que falta en el modelo. Escoge una suma o una resta para resolver el problema.

4. Héctor tiene 5 botones menos que Tere. Héctor tiene 7 botones. ¿Cuántos botones tiene Tere?

____ ◯ ____ = ____ ____ botones

5. Marcos llama a algunas personas. Ana llama a 8 personas. Entre los dos, llaman a 17 personas en total. ¿A cuántas personas llamó Marcos?

____ ◯ ____ =. ____ ____ personas

6. © **PM.I Entender** Cora tiene algunos animales de peluche. Le da 5 a Ana. Ahora Cora tiene 7 animales de peluche. ¿Cuántos animales de peluche tenía Cora antes?

____ ◯ ____ = ____

Cora tenía ____ animales de peluche antes.

7. © **PM.I Entender** Lucy y Toño encontraron 15 tapas de botella entre los dos. Toño encontró 7 de las tapas. ¿Cuántas tapas de botella encontró Lucy?

____ ◯ ____ = ____

Lucy encontró ____ tapas de botella.

8. **Razonamiento de orden superior**
Dibuja un modelo para mostrar la ecuación. Luego, escribe y resuelve la ecuación.

$$16 - 10 = \underline{\ ?\ }$$

____ − ____ = ____

9. © **Evaluación** La familia de Tito tiene 3 mascotas más que la familia de Eva. La familia de Tito tiene 7 mascotas. ¿Cuántas mascotas tiene la familia de Eva? Completa el modelo de barras y escribe una ecuación para representar el cuento.

7

____	3

____ ◯ ____ = ____

Nombre _____

Ayuda   Herramientas   Juegos

Tarea y práctica 5-6

Resolver problemas verbales de suma y resta

¡Revisemos! Puedes usar la suma o la resta para resolver problemas verbales.

Beto tiene 10 cerezas más que Luis.
Beto tiene 14 cerezas.
¿Cuántas cerezas tiene Luis?

Beto tiene 10 más que Luis. Voy a restar.

Empiezo con 10 fichas rojas. Luego, añado fichas amarillas para formar 14. ¿Cuántas fichas amarillas hay?

$$14 - 10 = \underline{\quad}$$

$$10 + \underline{\quad} = 14$$

$$14 - 10 = \underline{4}$$

$$10 + \underline{4} = 14$$

Luis tiene 4 cerezas.

ACTIVIDAD PARA EL HOGAR
Diga un cuento que incluya comparación, como: "Tom tiene 3 tarjetas más que Julia. Tom tiene 10 tarjetas. ¿Cuántas tarjetas tiene Julia?". Pídale a su niño(a) que use objetos pequeños para representar el cuento. Luego, pídale que escriba una ecuación que represente el cuento. Repita la actividad con otros problemas de comparación.

Dibuja fichas para mostrar el problema y luego resuélvelo.

1. Selena tiene 10 calabazas. Le da algunas a Nora. Ahora Selene tiene 6 calabazas. ¿Cuántas calabazas le dio Selene a Nora?

$$\underline{\quad} \bigcirc \underline{\quad} = \underline{\quad}$$

Selene le dio a Nora _____ calabazas.

Tema 5 | Lección 6   Recursos digitales en SavvasRealize.com   trescientos treinta y tres **333**

2. Víctor escribe 10 poemas más que Alicia. Alicia escribe 10 poemas. ¿Cuántos poemas escribe Víctor?

____ ◯ ____ = ____

Víctor escribe ____ poemas.

3. Bárbara tiene 13 crayones. Le da 6 crayones a Javier. ¿Cuántos crayones le quedan a Bárbara?

____ ◯ ____ = ____

A Bárbara le quedan ____ crayones.

4. Razonamiento de orden superior
Escribe un problema-cuento que use la palabra **más** y luego resuélvelo.

____ ◯ ____ = ____

_____

5. Ⓒ **Evaluación** Sam hizo 6 dibujos menos que Tula. Tula hizo 15 dibujos. ¿Cuántos dibujos hizo Sam? Dibuja o tacha fichas y escribe una ecuación que represente el cuento.

____ ◯ ____ = ____

Sam hizo ____ dibujos.

Nombre _____

Resuélvelo y coméntalo

Comenta la siguiente ecuación con un compañero. Decidan si es verdadera o falsa. Expliquen su razonamiento.

$$9 = 5 + 2 + 2$$

Puedo...
entender que el signo igual significa "el mismo valor que" y que usaré un lenguaje preciso para hablar sobre ello.

© **Prácticas matemáticas**
PM.6. También, PM.3, PM.7.
Estándares de contenido
1.OA.D.7, 1.OA.D.8

Hábitos de razonamiento
¿Estoy usando los números y los signos correctamente?

¿Es clara mi respuesta?

¿Qué número puedes escribir para hacer la ecuación verdadera?

$$14 = 5 + \underline{} + 8$$

¿Cómo puedo ser preciso al resolver este problema?

Puedo usar las palabras, los números y los signos correctamente.

El signo igual significa "el mismo valor que". 14 tiene el mismo valor que 5 más otro número más 8.

$$5 + 8 = 13;$$
por tanto, $14 = 13 + \underline{}$.

$13 + 1 = 14$; por tanto, 1 es el número que faltaba.

$$14 = 5 + \underline{1} + 8.$$

¿Lo entiendes?

¡Demuéstralo! ¿Es verdadera o falsa la siguiente ecuación? ¿Cómo lo sabes?

$$10 + 5 = 9 + 3 + 3$$

✰ Práctica guiada ✰

Escribe el signo ($+$, $-$ o $=$) o el número que haga la ecuación verdadera. Luego, di cómo sabes que hallaste el signo o el número correcto.

1. $3 + 8 = 4 + \boxed{7}$

_____

_____

_____

_____

2. $4 + 3 + \boxed{} = 13$

_____

_____

_____

_____

_____

Tema 5 | Lección 7

Nombre _____

☆ **Práctica** ☆   Escribe el signo (+ , − o =) o el número que haga cada ecuación verdadera.
independiente   Luego, di cómo sabes que hallaste el signo o el número correcto.
☆

3. $19 \bigcirc 10 = 9$

_____

_____

_____

4. $20 = \boxed{} + 5 + 5$

_____

_____

_____

5. $10 + 1 \bigcirc 6 + 5$

_____

_____

_____

6. $9 - 2 = 10 \bigcirc 3$

_____

_____

_____

7. **Álgebra** Escribe el número que falta en la siguiente
ecuación. Explica cómo lo sabes.

$42 + 55 = 55 + \boxed{}$

Piensa en el
significado de
los signos.

_____

_____

Prácticas matemáticas y resolución de problemas

© Evaluación del rendimiento

Fiesta de globos Daniel tiene 7 globos verdes y 4 amarillos. Gaby tiene 15 globos azules.

8. **PM.3 Explicar** Si Gaby regala 4 globos, entonces ella y Daniel tendrán el mismo número de globos. Escribe en los círculos +, − o = para hacer la ecuación verdadera.

7 ◯ 4 ◯ 15 ◯ 4

Explica por qué escogiste esos signos.

_____

_____

_____

_____

¿Cómo sabes que la ecuación es verdadera?

_____

_____

9. **PM.6 Hacerlo con precisión** Si Gaby se queda con sus 15 globos, ¿cuántos globos tendría que comprar Daniel para tener la misma cantidad que Gaby? Completa la ecuación para hallar la respuesta.

7 ◯ 4 ◯ _____ ◯ 15

¿Usaste los números y signos correctamente? Explica cómo lo sabes.

_____

_____

_____

Ayuda   Herramientas   Juegos

¡Revisemos! Puedes escribir el número que falta para hacer la ecuación verdadera.

$$3 + 9 = \underline{\quad} + 6$$

Primero, resuelve el lado que sabes.

Luego, usa lo que sabes para resolver el otro lado.

$$3 + 9 = \underline{12}$$

$$12 = \underline{6} + 6$$

Sé que el significado del signo = es "lo mismo que".

12 es un doble: 6 + 6. ¡El número que falta es 6!

ACTIVIDAD PARA EL HOGAR
Ponga 2 grupos de objetos de no más de 10 objetos cada uno en la mesa para representar una suma. Pídale a su niño(a) que le diga qué suma es, por ejemplo: 5 + 7 = 12. Luego, pídale que reacomode los objetos para representar otra suma y pídale que le diga qué suma es, por ejemplo: 9 + 3 = 12. Ayude a su niño(a) a escribir una ecuación que muestre que su suma y la de usted son iguales, por ejemplo: 5 + 7 = 9 + 3.

3 + 9 = 6 + 6 es lo mismo
que 12 = 12.

Escribe el número que haga la ecuación verdadera.
Luego, escribe el número que haga iguales los dos lados.

1. $\boxed{} - 0 = 7 + 8$

___ = ___

2. $6 + 4 = \boxed{} + 9$

___ = ___

3. $8 - 5 = 13 - \boxed{}$

___ = ___

Damas Jaime y Alma jugaron 12 juegos de damas la semana pasada. Esta semana jugaron 7 juegos el lunes y 2 el miércoles.

4. **PM.3 Explicar** Jaime y Alma jugaron 3 juegos más esta semana. O sea que han jugado el mismo número de juegos que la semana pasada. Para hacer la ecuación verdadera, escribe en los círculos los signos que correspondan: +, − o =.

12 ◯ 7 ◯ 2 ◯ 3

Explica por qué escogiste esos signos.

_____

_____

_____

_____

¿Cómo sabes que la ecuación es verdadera?

_____

_____

5. **PM.6 Hacerlo con precisión** Alma perdió 4 de los juegos que jugó la semana pasada. ¿Cuántos juegos ganó?

Escribe una ecuación para hallar tu respuesta.

_____ ◯ _____ ◯ _____

Alma ganó _____ juegos.

Usa un lenguaje preciso de matemáticas para explicar cómo sabes que la ecuación y la repuesta son correctas.

_____

_____

_____

_____

Apunta y cuenta

Trabaja con un compañero. Necesitan papel y lápiz. Cada uno escoge un color diferente: celeste o azul.

El Compañero 1 y el Compañero 2 apuntan a uno de los números negros al mismo tiempo. Resta el número del Compañero 1 del número del Compañero 2.

Si la respuesta está en el color que escogiste, puedes anotar una marca de conteo.

Sigan la actividad hasta que uno de los compañeros tenga doce marcas de conteo.

Puedo...
sumar y restar hasta 10.

© **Estándar de contenido**
1.OA.C.6

Compañero 1

| 5 |
| 0 |
| 3 |
| 1 |
| 4 |
| 2 |

| 6 | 4 | 1 | 8 | 9 | 5 |
| 2 | 10 | 0 | 3 | 1 | 7 |

Compañero 2

| 8 |
| 6 |
| 5 |
| 10 |
| 7 |
| 9 |

Marcas de conteo del Compañero 1	Marcas de conteo del Compañero 2

A-Z
Glosario

Lista de palabras
- ecuación
- más
- restar
- sumar

Comprender el vocabulario

1. Encierra en un círculo **Verdadera** o **Falsa** para la siguiente ecuación de suma.

$$4 + 6 = 5 + 2 + 3$$

Verdadera   Falsa

2. Encierra en un círculo **Verdadera** o **Falsa** para la siguiente ecuación de resta.

$$10 = 11 - 2$$

Verdadera   Falsa

3. Escribe el número que necesitas sumar para hacer la ecuación verdadera.

$$7 - 3 = 2 + \underline{\quad}$$

4. Escribe el número que necesitas sumar para hacer la ecuación verdadera.

$$\underline{\quad} + 4 + 2 = 10$$

5. Escribe el número que necesitas restar para hacer la ecuación verdadera.

$$9 = 10 - \underline{\quad}$$

Usar el vocabulario al escribir

6. Escribe un problema-cuento y su ecuación verdadera, usando al menos dos palabras de la Lista de palabras.

Grupo A

Resuelve la ecuación para saber
si es **Verdadera** o **Falsa.**

$$6 + 5 = 3 + 8$$

Resuelve un lado primero. $6 + 5 = 11$
Resuelve el otro lado. $3 + 8 = 11$

$$11 = 11$$

Esta ecuación es **Verdadera.**

Indica si cada ecuación es
Verdadera o **Falsa.**

1. $8 - 5 = 4 + 1$

Verdadera   **Falsa**

2. $3 + 1 = 12 - 8$

Verdadera   **Falsa**

Grupo B

Escribe los números que faltan para
hacer la ecuación verdadera.

$4 + 7 = 6 +$ _____

Los dos lados deben ser iguales.

$4 + 7 = 11$

Por tanto, $6 + \underline{5} = 11$.
El número que falta es 5.

$4 + 7 = 6 + \underline{5}$

Halla y escribe los números que faltan
para hacer la ecuación verdadera.

3. $11 =$ _____ $+ 4$

4. _____ $- 4 = 5$

5. $10 + 5 = 6 +$ _____

6. $9 -$ _____ $= 13 - 10$

7. $14 -$ _____ $= 2 + 2$

Puedes sumar tres números en cualquier orden. $2 + 8 + 2 =$ ___?

Forma 10 y luego suma 2.

$(2) + (8) + 2 =$ 12

Haz un doble y luego suma 8.

$(2) + 8 + (2) =$ 12

Halla la suma. Resuelve en cualquier orden.

8. $5 + 5 + 4 =$ ___

9. $9 + 5 + 1 =$ ___

10. $6 + 4 + 4 =$ ___

11. $3 + 3 + 5 =$ ___

Hábitos de razonamiento

Hacerlo con precisión

¿Estoy usando los números y los signos correctamente?

¿Estoy sumando y restando con precisión?

Escribe el signo ($+$, $-$ o $=$) o el número que haga la ecuación verdadera. Luego, explica cómo sabes que escogiste el signo o el número correcto.

12. $10 - 5 = 2 \bigcirc 3$

_____

_____

13. $4 + 5 = 10 \bigcirc 1$

_____

_____

1. Completa el modelo. Luego, escribe el número que falta en la ecuación.

| 14 |

$14 = \underline{\quad} + 9$

2. Indica si la ecuación es **Verdadera** o **Falsa**.

© Evaluación

$$4 + 7 = 13 - 3$$

Verdadera   **Falsa**

3. ¿Qué número falta?

$16 - \underline{\ ?\ } = 2 + 6$

Ⓐ 10

Ⓑ 9

Ⓒ 8

Ⓓ 7

4. Licha tiene 2 perros y 3 gatos.
También tiene 7 peces.
¿Cuántas mascotas tiene Licha en total?

$2 + 3 + 7 = \underline{\quad}$

5. Beto tiene 10 manzanas. Usó 8 para hacer un postre. Lalo tiene 6 manzanas. ¿Cuántas manzanas debe usar Lalo para que le quede el mismo número de manzanas que a Beto?

$10 - 8 = 6 -$ _____

_____ manzanas

6. Melisa, Tom y Nicol quieren jugar tenis. Melisa tiene 5 pelotas de tenis, Tom tiene 5 y Nicol tiene 3.

¿Cuántas pelotas de tenis tienen en total?

Ⓐ 13

Ⓑ 14

Ⓒ 15

Ⓓ 16

7. En un juego de futbol, Andrés anotó 3 goles menos que Elisa.
Elisa anotó 9 goles. ¿Cuántos goles anotó Andrés?
Completa el diagrama de barras y escribe una ecuación que represente el cuento.

9

_____	3

_____ ◯ _____ = _____

_____ goles

8. Escribe el signo que falta ($+$, $-$ o $=$) para hacer la ecuación verdadera. Usa un lenguaje preciso de matemáticas para explicar cómo escogiste el signo.

$16 = 4 + 8$ ◯ 4

_____

_____

_____

_____

346 trescientos cuarenta y seis

Nombre _____

El florero de mamá

Elsa y su hermano David pusieron unas flores en un florero para su mamá.

5 rosas

5 margaritas

2 claveles

8 lirios

I. Completa la siguiente ecuación para mostrar el número de lirios y rosas.

Usa números y signos (+, −, =).

_____ + 5 ◯ _____

2. ¿Cuántas rosas, margaritas y claveles pusieron en el florero?

Escribe una ecuación para resolver el problema.

_____ + _____ + _____ = _____

Explica cómo sumaste. Usa dibujos, números o palabras.

3. Elsa pone las rosas y las margaritas en el florero. David pone los claveles y los lirios en el florero. ¿Pusieron Elsa y David el mismo número de flores en el florero?

Completa la ecuación.

_____ + _____ = _____ + _____

Escribe los números que faltan.

Elsa puso _____ flores en el florero.
David puso _____ flores en el florero.
¿Pusieron Elsa y David el mismo número de flores en el florero? Encierra en un círculo **Sí** o **No**.

Sí   **No**

4. David dice que hay 3 margaritas más que claveles. ¿Qué ecuación puede usar para saber si tiene razón?

5 ◯ _____ ◯ _____

5. Elsa dice que si hubiera 2 lirios menos, el número de lirios sería igual al número de margaritas. Elsa escribe la siguiente ecuación. ¿Es la ecuación verdadera o falsa? Explica cómo lo sabes.

$8 - 2 = 5$

_____

_____

6. Elsa y David compran más claveles. Ahora tienen 10 en total. ¿Cuántos claveles compraron? Completa la ecuación usando +, − o =.

10 ◯ 2 ◯ 8 _____ claveles más

Usa un lenguaje preciso de matemáticas para explicar cómo escogiste el signo.

_____

_____

Representar e interpretar datos

Pregunta esencial: ¿De qué maneras puedes recolectar, mostrar y entender los datos?

Hay muchos tipos de teléfonos.

El primer teléfono se inventó hace más de 100 años.

¡Increíble! Hagamos este proyecto para aprender más.

Proyecto de Matemáticas y Ciencias: Diferentes tipos de teléfonos

Investigar Habla con tu familia y tus amigos sobre los teléfonos que usan. Pregúntales cómo han cambiado los teléfonos durante su vida.

Diario: Hacer un libro Muestra lo que encontraste. En tu libro, también:

• haz dibujos de varios tipos de teléfonos. ¿Cuál crees que es mejor para hacer llamadas?

• busca información sobre los tipos de teléfonos que la gente usa.

Nombre _____

Repasa lo que sabes

A-Z Vocabulario

1. Encierra en un círculo los cubos que hacen verdadera la **ecuación.**

$$5 + 3 = 4 + ?$$

2. Escribe los números que indican cuántas frutas hay. Luego, encierra en un círculo el grupo con **menos** frutas.

_____ _____

- - - - - - - - - -

3. Escribe los números que indican cuántas pelotas hay. Luego, encierra en un círculo el grupo con **más** pelotas.

_____ _____

- - - - - - - - - -

Hallar la parte que falta

4. Escribe el número que hace verdadera la ecuación.

$$15 - 8 = \underline{\quad} + 1$$

5. Escribe los números que faltan.

$$5 + 3 + 2 = \underline{\quad}$$

$$9 + \underline{\quad} + 7 = 17$$

Sumas de casi dobles

6. Escribe el número que falta para resolver esta suma de casi dobles.

$$7 + \underline{\quad} = 15$$

350 trescientos cincuenta

Tema 6

Mis tarjetas de palabras

Estudia las palabras de las tarjetas.
Completa la actividad que está al reverso.

marcas de conteo

marcas que se usan para anotar datos

Gatos	III
Perros	II

datos

información que reúnes

Mascotas
preferidas
Gato
Perro
Gato
Gato
Perro

tabla de conteo

una tabla que usa marcas de conteo para mostrar los datos

Brócoli	Zanahoria
ℍℍ I	ℍℍ IIII

encuesta

herramienta para reunir información

Gatos   III
Perros   II

¿Qué te gusta más, los gatos o los perros?

pictografía

una gráfica que usa dibujos para mostrar los datos

Mascotas preferidas

Gato	🐱	🐱	🐱	🐱
Perro	🐶	🐶	🐶	

Mis tarjetas de palabras

Usa lo que sabes para completar las oraciones. Para ampliar lo que aprendiste, escribe tu propia oración usando cada palabra.

Una tabla que usa marcas de conteo para mostrar los datos es una

_____.

_____ son la información que tú reúnes.

Puedes usar

_____

para mostrar los datos.

Una _____

es una gráfica que usa dibujos para mostrar los datos.

Puedes hacer preguntas en una

_____

para reunir información.

Resuélvelo y **coméntalo**

Sandra quiere mostrarle a un amigo cuántos crayones tiene de cada color. ¿Cómo lo puede hacer? Muestra una manera.

Resuelve

Lección 6-1

Organizar datos en tres categorías

Puedo...

organizar los datos en categorías.

© **Estándares de contenido**
1.MD.C.4, 1.OA.A.1, 1.OA.A.2
Prácticas matemáticas PM.1, PM.4, PM.6

Estas son las marcas de conteo.

Hay tres marcas de conteo.

Cada marca de conteo representa un dato.

Las marcas de conteo se cuentan de 5 en 5.

Hay 20. Cada 𝍬 representa 5 datos.

m a t e m á t i c a s
Escribe marcas de conteo para mostrar cuántas letras negras hay.

Hay 6 letras negras.

Puedes poner los **datos** en una **tabla de conteo.**

Negro	Rojo	Azul
𝍬 I	III	II

¿Lo entiendes?

¡Demuéstralo! ¿De qué manera te puede ayudar una tabla de conteo con los datos que reuniste?

☆ **Práctica guiada** ☆ Anota las marcas de conteo en la tabla para mostrar cuántos calcetines de cada color hay.

I.

Verde	Anaranjado	Azul
𝍬 I		

Tema 6 | Lección I

⭐ **Práctica** ⭐
independiente Usa la tabla de conteo de la Práctica guiada para contestar cada pregunta.

2. ¿Qué color de calcetines tiene más marcas de conteo?

_____

3. ¿Cuántos calcetines azules hay?

_____

4. ¿Cuántos calcetines hay en total?

_____

Usa la siguiente tabla de conteo para contestar cada pregunta.

Clóset de Saúl

Camisetas	Pantalones cortos	Zapatos
		🥿
𝍷𝍷𝍷𝍷 𝍵𝍵	𝍷𝍷𝍷𝍷	𝍵𝍵

5. ¿Cuántos pantalones cortos tiene Saúl?

_____

6. ¿De qué prenda de vestir tiene más en su clóset Saúl?

_____

7. Matemáticas y Ciencias Rita anotó el tiempo que duraban diferentes tipos de zapatos. Anotó una marca de conteo por cada mes hasta que se desgastaban. ¿Qué tipo de zapatos duró más tiempo? ¿Cuántos meses hasta que se desgastó?

Zapatos de Rita

Tenis	Sandalias	Mocasines
👟	🩴	🥿
𝍵𝍵𝍵𝍵	𝍵𝍵	𝍷𝍷𝍷𝍷 𝍵

Usa los dibujos para resolver los siguientes problemas.

8. © PM.4 **Representar** Haz marcas de conteo para mostrar cuántas gorras hay de cada color.

Azul	Verde	Morado

9. © PM.6 **Hacerlo con precisión** ¿Cómo sabes que hay menos gorras moradas?

_____

_____

_____

Piensa en la definición de *menos*.

10. **Razonamiento de orden superior**
Escribe una pregunta sobre la tabla de conteo de los Ejercicios 8 y 9, y luego contéstala.

_____

_____

_____

11. © **Evaluación** ¿Qué oraciones son verdaderas? Selecciona todas las que apliquen.

☐ Hay 12 gorras azules.

☐ Hay 7 gorras verdes.

☐ Hay 3 gorras moradas.

☐ Hay 12 gorras en total.

Tema 6 | **Lección 1**

Nombre _____

Tarea y práctica 6-1
Organizar datos en tres categorías

¡Revisemos! Puedes hacer marcas de conteo para mostrar datos.
Esta tabla de conteo muestra cómo llegan los estudiantes a la escuela.

Ir a la escuela

Caminando	Autobús escolar
TIIL II	TIIL TIIL

Para contar los estudiantes que caminan, cuenta 5, 6, 7.
7 estudiantes caminan a la escuela.

Para contar los estudiantes que van en autobús, cuenta 5, 10.
10 estudiantes van en autobús a la escuela.

l equivale a l y TIIL equivale a 5.

___7___ estudiantes caminan.

___10___ estudiantes van en autobús.

___17___ estudiantes en total van a la escuela.

ACTIVIDAD PARA EL HOGAR
Pídale a su niño(a) que le explique la tabla de la izquierda con sus propias palabras. Asegúrese de que entienda que cada marca de conteo representa l dato y que 4 marcas con l marca diagonal representa 5.

Usa la tabla de conteo para contestar cada pregunta.

Globos

Rojo	Azul
TIIL	TIIL II

1. ¿Qué color de globo tiene más marcas de conteo?

_____

2. ¿Cuántos globos hay en total?

_____

Los alumnos de primer grado votaron por su color favorito.
Contesta cada pregunta sobre la tabla de conteo.

Color favorito

Azul	Rojo	Verde
卌 II	III	卌 I

3. ¿A cuántos estudiantes les gusta el rojo?

_____

4. ¿A cuántos estudiantes les gusta el verde?

_____

5. ¿Cuántos estudiantes votaron en total?

_____

6. Razonamiento de orden superior Escribe una pregunta sobre la tabla de conteo que está arriba, y luego contéstala.

_____

_____

_____

_____

7. ⊚ Evaluación ¿Qué oraciones son verdaderas? Selecciona todas las que apliquen.

☐ A 3 estudiantes les gusta el verde.

☐ A 7 estudiantes les gusta el azul.

☐ El azul y el verde tienen el mismo número de votos.

☐ El rojo tiene menos votos.

Resuélvelo y coméntalo

¿Cuál es tu actividad favorita al aire libre?

Pide a varios compañeros que escojan entre Saltar la cuerda, Jugar básquetbol o Andar en bicicleta. Completa la tabla de conteo para mostrar tus datos. Luego, contesta las preguntas.

Puedo...

reunir información y organizarla, usando una pictografía.

© **Estándares de contenido**
1.MD.C.4, 1.OA.A.1, 1.OA.A.2
Prácticas matemáticas PM.2, PM.3, PM.4, PM.6

Actividad favorita al aire libre	
Saltar la cuerda	
Jugar básquetbol	
Andar en bicicleta	

1. ¿Qué actividad tiene menos votos? _____

2. ¿Qué actividad tiene más votos? _____

Nico les hizo una encuesta a 9 amigos para saber su deporte favorito.

¿Cuál es tu deporte favorito? ¿Básquetbol, futbol o beisbol?

Nico hace una marca de conteo por cada respuesta de sus amigos.

Deporte favorito

🏀	Básquetbol	III
⚽	Futbol	IIII
⚾	Beisbol	I

Nico usó los datos de la tabla de conteo para hacer una **pictografía.**

Deporte favorito

🏀 Básquetbol	🏀	🏀	🏀			
⚽ Futbol	⚽	⚽	⚽	⚽	⚽	
⚾ Beisbol	⚾					

Mira los dibujos. A más amigos de Nico les gusta jugar futbol.

¿Lo entiendes?

¡Demuéstralo! Mira la pictografía de **Deporte favorito** arriba. ¿Qué deporte les gusta menos a los amigos de Nico? ¿Cómo lo sabes?

☆Práctica guiada☆

Pablo les hace una encuesta a sus amigos. Usa los datos que reunió para hacer una pictografía.

I.

Fruta favorita

Pera	Plátano	Manzana
🍐	🍌	🍎
IIII III	III	IIII

Fruta favorita

🍐 Pera								
🍌 Plátano								
🍎 Manzana								

Nombre _____

☆ **Práctica independiente** ☆   Usa los datos de la tabla de conteo para hacer una pictografía. Luego, contesta cada pregunta.

2.

Actividad preferida en un día lluvioso

Juegos	Pintar	Leer
🔲	🖌️	📕
TTTL II	III	TTTL I

Actividad preferida en un día lluvioso						
🔲 Juegos						
🖌️ Pintar						
📕 Leer						

3. ¿Cuál es la actividad preferida?

_____

4. ¿Cuántos estudiantes escogieron leer?

_____

5. Razonamiento de orden superior Mira la pictografía que hiciste para el Ejercicio 2. Escribe dos oraciones verdaderas sobre los datos.

_____

_____

_____

☆ **Prácticas matemáticas y resolución de problemas**

Usa los datos de la tabla de conteo para resolver cada problema.

6. © **PM.4 Representar** Gaby les preguntó a sus amigas cuál era su instrumento musical favorito. Luego, hizo una tabla de conteo con sus respuestas. Usa sus datos para hacer una pictografía.

Instrumento musical favorito

Guitarra	Tambor	Flauta
🎸	🥁	🎶
NN̄II	III	IIII

Instrumento musical favorito

🎸 Guitarra					
🥁 Tambor					
🎶 Flauta					

7. **Razonamiento de orden superior** ¿Cuántos estudiantes votaron en total? _____

Escribe una ecuación para mostrar tu respuesta.

_____ = _____ + _____ + _____

8. © **Evaluación** ¿Qué instrumento musical recibió más votos?

Ⓐ Guitarra

Ⓑ Piano

Ⓒ Flauta

Ⓓ Tambor

9. © **Evaluación** ¿A cuántos estudiantes les gusta la flauta?

5	4	3	2
Ⓐ	Ⓑ	Ⓒ	Ⓓ

Nombre _____

¡Revisemos! Los datos de la tabla de conteo se pueden usar para completar la pictografía.

Haz dibujos para mostrar a cuántos estudiantes les gusta coleccionar conchitas, estampillas o monedas.

ACTIVIDAD PARA EL HOGAR
Haga una tabla de conteo titulada Frutas favoritas. Ponga 4 marcas de conteo debajo de las Manzanas, 6 debajo de los Plátanos y 3 debajo de las Cerezas. Pídale a su niño(a) que haga una pictografía para ilustrar los datos. Luego, hágale preguntas sobre la pictografía, como: "¿Cuál es la fruta que les gusta menos?".

Artículos para coleccionar favoritos

Conchitas	Estampillas	Monedas
(concha)	(estampilla)	(moneda)
|||	||||| |	||||

Artículos para coleccionar favoritos

(concha) Conchitas	(concha)	(concha)	(concha)				
(estampilla) Estampillas	▢	▢	▢	▢	▢	▢	
(moneda) Monedas	◯	◯	◯	◯			

La gráfica muestra que a más estudiantes les gusta coleccionar estampillas.

¿A cuántos estudiantes les gusta coleccionar monedas? __4__

Usa los datos de la pictografía para resolver cada problema.

1. Escribe los artículos en orden del que les gusta más al que les gusta menos.

_____ _____ _____

Les gusta más.　　　Les gusta menos.

2. La gráfica muestra que a _____ estudiantes en total les gusta coleccionar conchitas, estampillas o monedas.

Usa la pictografía para resolver cada problema.

Materia escolar favorita							
📕 Lectura	📕	📕	📕	📕	📕		
🔍 Ciencias	🔍	🔍	🔍	🔍	🔍	🔍	
👟 Gimnasia	👟	👟	👟	👟	👟	👟	👟

3. ¿Cuántos estudiantes votaron por Lectura? _____

_____

4. ¿Cuál es la materia favorita?

_____

5. **Razonamiento de orden superior** Escribe una pregunta que se pueda contestar con los datos de la pictografía. Luego, escribe una ecuación que represente tu pregunta.

_____

_____

_____

_____

_____ ◯ _____ = _____

6. © **Evaluación** ¿Cuántos estudiantes votaron por Ciencias?

5   6   7   13
Ⓐ   Ⓑ   Ⓒ   Ⓓ

7. © **Evaluación** ¿Cuántos estudiantes votaron en total?

18   17   12   11
Ⓐ   Ⓑ   Ⓒ   Ⓓ

Nombre _____

Resuélvelo y coméntalo

Les preguntaron a 12 estudiantes: "¿Qué verdura te gusta comer más en el almuerzo?".

Esta lista muestra las respuestas.

Completa la tabla de conteo y la pictografía para mostrar los datos. ¿Qué te dicen estos datos sobre lo que les gusta a los estudiantes?

Puedo...

interpretar datos organizados.

© **Estándares de contenido**
I.MD.C.4, I.OA.A.1, I.OA.A.2
Prácticas matemáticas PM.1,
PM.4, PM.6, PM.8

Lechuga	Lechuga
Pepino	Lechuga
Pepino	Pepino
Lechuga	Pepino
Pepino	Lechuga
Lechuga	Lechuga

Verdura favorita en el almuerzo	
Lechuga	
Pepino	

Verdura favorita en el almuerzo											
Lechuga											
Pepino											

Aprende | Glosario

La pictografía muestra a cuántos estudiantes les gusta tomar leche, agua o jugo con su almuerzo.

¿Qué te dice la gráfica sobre lo que les gusta tomar a los estudiantes en el almuerzo?

Bebidas para el almuerzo						
Leche						
Agua						
Jugo						

Puedo contar y comparar lo que a los estudiantes les gusta tomar.

A 6 estudiantes les gusta la leche. A 3 estudiantes les gusta el jugo. Solamente a 1 estudiante le gusta el agua.

La gráfica me dice que a más estudiantes les gusta tomar leche que jugo o agua con su almuerzo.

¿Lo entiendes?

¡Demuéstralo! ¿Qué otra información sabes acerca de lo que los estudiantes les gusta tomar con su almuerzo?

☆Práctica guiada

Usa la pictografía de arriba para contestar las preguntas.

1. ¿A cuántos estudiantes más les gusta la leche que el jugo?

   A __3__ estudiantes más

2. ¿A cuántos estudiantes menos les gusta el agua que la leche?

   A _____ estudiantes menos

3. ¿A cuántos estudiantes más les gusta el jugo que el agua?

   A _____ estudiantes más

Tema 6 | Lección 3

Nombre _____

Práctica independiente
Usa los datos de la tabla de conteo para contestar cada pregunta.

4. Usa los datos de la tabla de conteo para hacer una pictografía.

Nuestros colores favoritos

Rojo ◄	Azul ◄	Morado ◄
IIII	IIII II	IIII III

5. ¿A cuántos estudiantes más les gusta el morado que el rojo?

A _____ estudiantes más

6. ¿Cuál es el color favorito?

_____

Nuestros colores favoritos

7. Álgebra Usa esta ecuación para determinar a cuántos estudiantes menos les gusta el azul que el morado.

_____ $+ 7 = 8$

_____ menos

8. Razonamiento de orden superior
Escribe una pregunta sobre los datos en la pictografía y contéstala.

_____

_____

_____

9. Mira la tabla de conteo.

Nuestras mascotas

Perros	Gatos	Peces
🐕	🐈	🐟

¿Cuántos niños tienen perros?

_____

¿Cuántos niños tienen peces?

_____

10. Ⓒ **PM.6 Hacerlo con precisión** Mira la pictografía.

¿Cuántos niños más tienen perros que peces? _____

¿Cuántos niños menos tienen gatos que perros? _____

Piensa en el significado de *más* y *menos*.

Nuestras mascotas

Perros	Gatos	Peces
🐕		
🐕		
🐕		
🐕	🐈	
🐕	🐈	🐟
🐕	🐈	🐟
🐕	🐈	🐟

11. **Razonamiento de orden superior**
Mira la tabla de conteo del Ejercicio 9. ¿Cuántos niños tienen mascotas? Escribe una ecuación para mostrar tu trabajo.

_____

_____

12. Ⓒ **Evaluación** ¿Cuál de estas preguntas **NO** se puede contestar con los datos de la gráfica del Ejercicio 10?

Ⓐ ¿Cuántos niños tienen gatos?

Ⓑ ¿Cuántos niños tienen hámsters?

Ⓒ ¿Cuántos niños menos tienen peces que perros?

Ⓓ ¿Cuántos niños más tienen perros que gatos?

¡Revisemos! La señorita Ortega hizo una encuesta entre sus alumnos.
Hizo marcas de conteo para mostrar los datos.

Usa los datos en la tabla de conteo para
completar la pictografía.

ACTIVIDAD PARA EL HOGAR
Dibuje una pictografía de
2 columnas. Ponga el nombre
"Cara" a una columna y "Cruz"
a la otra columna. Pídale a su
niño(a) que tire una moneda
al aire y anote los resultados
de 10 tiros en la pictografía.
Comenten los resultados.

Calcomanías que nos gustan

Luna	Flor	Estrella
II	︀︀︀NNNN II	NNNN I

Calcomanías que nos gustan

Luna	Flor	Estrella

> Las pictografías muestran los datos de forma diferente.

Usa los datos en la pictografía para contestar cada pregunta.

1. ¿Qué calcomanía les gusta menos?

_____

2. Escribe las calcomanías en orden de la que les gusta más a la que les gusta menos.

_____   _____
Les gusta más   Les gusta menos

3. ¿A cuántos estudiantes más les gusta la calcomanía de estrella que la de luna?

Actividades en una excursión

| Nadar | Escalar | Bicicleta |

4. © **PM.4 Representar** ¿A cuántas personas menos les gusta montar en bicicleta que nadar? Muestra cómo sumaste o restaste para hallar la respuesta.

5. © **PM.4 Representar** ¿A cuántas personas más les gusta nadar que escalar? Muestra cómo sumaste o restaste para hallar la respuesta.

6. **Razonamiento de orden superior** Usa la pictografía de arriba para crear una tabla de conteo. Escribe las marcas de conteo.

Actividades en una excursión

Nadar	Escalar	Bicicleta

7. © **Evaluación** ¿Cuál de estas preguntas **NO** se puede contestar con los datos de la gráfica de los Ejercicios 4 y 5?

Ⓐ ¿A cuántas personas más les gusta nadar que montar en bicicleta?

Ⓑ ¿A cuántas personas les gusta bailar?

Ⓒ ¿A cuántas personas menos les gusta escalar que montar en bicicleta?

Ⓓ ¿Cuántas personas votaron?

Resuélvelo y coméntalo

En el parque, Susana ve 13 animales. 9 son pájaros y el resto son conejos. ¿Cómo puede Susana completar la tabla para mostrar los animales? Muestra tu trabajo.

Puedo...
usar pictografías para interpretar datos.

© **Estándares de contenido** 1.MD.C.4, 1.OA.A.1, 1.OA.A.2
Prácticas matemáticas PM.2, PM.5, PM.7

Pájaros	Conejos

Aby les preguntó a 15 estudiantes qué les gustaba más, el brócoli o las zanahorias. 6 escogieron brócoli y el resto escogió zanahorias. ¿Cuántos escogieron zanahorias?

Usa la tabla de conteo para hallar el dato que falta.

Brócoli	Zanahorias

6 escogieron brócoli. Puedo contar de 6 a 15 para hallar cuántos escogieron zanahorias.

También puedes escribir una ecuación para mostrar el problema.

$15 - 6 = \underline{9}$

¿Cuántos estudiantes más escogieron zanahorias que brócoli?

$9 - 6 = \underline{3}$

A 3 estudiantes más les gustan las zanahorias que el brócoli.

¿Lo entiendes?

¡Demuéstralo! ¿Cómo supo Aby que tenía que contar de 6 a 15 para resolver el problema?

⭐ Práctica guiada ⭐

Haz los dibujos que faltan en la pictografía. Luego, usa la gráfica para resolver el problema.

I.

Fruta favorita

Manzana						
Naranja						

Emilio les pregunta a 9 familiares cuál es su fruta favorita.

6 personas le dicen que les gustan las naranjas. Al resto le gustan las manzanas.

¿A cuántas personas les gustan las manzanas? _____ personas

✩ Práctica independiente ✩ ✩ Usa las gráficas para contestar las preguntas. Completa las tablas con los datos que faltan.

2. El estante de una tienda tiene 11 animales de peluche. Hay 5 osos de peluche y el resto son pingüinos de peluche.

¿Cuántos pingüinos de peluche hay en el estante?

Animales de peluche en la tienda

Osos	🧸	🧸	🧸	🧸	🧸			
Pingüinos								

_____ pingüinos de peluche

3. Gustavo juega 17 partidos en la temporada. 9 partidos son de futbol y el resto de beisbol.

¿Cuántos partidos de beisbol juega Gustavo en una temporada?

Partidos de Gustavo

Beisbol									
Futbol	⚽	⚽	⚽	⚽	⚽	⚽	⚽	⚽	⚽

_____ partidos de beisbol

4. **Sentido numérico** La clase de Ruth hizo una gráfica sobre dos de sus tipos de películas favoritas.

¿Cuántos estudiantes contestaron la encuesta?

Tipo favorito de película

De risa	De miedo
~~HHH~~ ~~HHH~~	~~HHH~~ IIII

_____ estudiantes

Prácticas matemáticas y resolución de problemas

Usa las gráficas y la tabla para contestar las preguntas. Complétalas con los datos que faltan.

5. © PM.2 Razonar Jaime hizo una gráfica donde registra el estado del tiempo cada día. ¿Cuántos días ha registrado Jaime el estado del tiempo?

_____ días

Tiempo							
Soleado	☀	☀	☀	☀			
Nublado	☁	☁	☁	☁	☁	☁	

6. **Razonamiento de orden superior**
Ricardo les preguntó a 20 estudiantes cuál era su materia favorita. Ricardo olvidó anotar las respuestas de los estudiantes que escogieron Ciencias.

Anota las marcas de conteo que faltan. Explica cómo sabes que anotaste el número de marcas correcto.

Lectura	Matemáticas	Ciencias	Estudios sociales
IIII	IIII III		III

_____

7. © Evaluación Margarita les preguntó a 9 estudiantes qué animal les gustaba más: los gatos o los perros. 4 escogieron gatos y el resto escogió perros.

¿Cuántos escogieron perros? Ayuda a Margarita a terminar su gráfica.

_____ estudiantes

Animal favorito						
Gato	🐱	🐱	🐱	🐱		
Perro	🐶	🐶	🐶			

     Tema 6 | Lección 4

Nombre _____

¡Revisemos! Puedes usar una pictografía para resolver problemas.

Alex les preguntó a 13 amigos si les gustaba ponerle mantequilla o mermelada a su pan tostado.

¿Cuántas respuestas de sus amigos le falta anotar?

¿Cómo te gusta el pan tostado?						
Mantequilla	🥪	🥪	🥪			
Mermelada	🫙	🫙	🫙	🫙	🫙	

Hay 8 dibujos en la gráfica. Si empiezo en el 8, necesito contar 5 más para llegar a 13.

$13 - 8 = \underline{5}$ respuestas

Anota las marcas de conteo que faltan.
Luego, usa la tabla para resolver el problema.

1. Maité les pregunta a 12 familiares cuál es su cereal favorito.
4 personas le dicen que les gustan los Conos de Maíz.
Al resto le gusta la Granola Surtida.

¿A cuántas personas les gusta la Granola Surtida?

_____ personas

Conos de Maíz	Granola Surtida
IIII	

Usa los datos para resolver los problemas.

2. Linda les pregunta a sus amigos si les gusta más el recreo o la gimnasia.

¿Cuántos de sus amigos contestaron la encuesta? _____ amigos

Recreo	Gimnasia
卌 卌	卌 II

3. **Razonamiento de orden superior** Escribe un problema que se pueda resolver usando esta pictografía.

_____

_____

Flores del jardín							
Rosas	🌹	🌹	🌹	🌹	🌹		
Margaritas	🌼	🌼	🌼	🌼	🌼	🌼	🌼

4. © **Evaluación** Miguel invita a 16 amigos a su fiesta de cumpleaños. Hace una gráfica para saber quiénes vienen y quiénes no.

¿Cuántos amigos de Miguel no han respondido todavía? Escribe una ecuación para resolverlo.

_____ ◯ _____ ◯ _____   _____ amigos

Fiesta de cumpleaños											
Vienen	😊	😊	😊	😊	😊	😊					
No vienen	🙁	🙁	🙁								

Nombre _____

Resuelve

Resuélvelo y coméntalo

Carmen les pregunta a 12 estudiantes qué prefieren usar: bolígrafos, marcadores o lápices. La tabla de conteo muestra sus respuestas.

¿Cuántos estudiantes necesitarían cambiar su voto de marcadores a lápices para hacer que los lápices sean los favoritos? Completa la nueva tabla para explicarlo.

Puedo...

perseverar para resolver problemas sobre los datos.

© **Prácticas matemáticas**
PM.1. También, PM.2, PM.3, PM.4, PM.6.
Estándares de contenido
1.MD.C.4, 1.OA.A.1, 1.OA.A.2

Bolígrafos	Marcadores	Lápices
III	TTH II	II

Bolígrafos	Marcadores	Lápices

_____ estudiantes necesitan cambiar a lápices.

Hábitos de razonamiento

¿Qué necesito hallar?

¿Qué sé?

Sara les preguntó a 15 personas si les gustaba el futbol americano o el beisbol. 1 persona más escogió futbol americano que beisbol.

¿Cuántas personas escogieron cada deporte? ¿Cómo se vería la tabla de conteo?

¿Cuál es mi plan para resolver este problema?

Puedo...
• pensar en lo que ya sé.
• pensar en lo que necesito hallar.

Piensa en todas las operaciones que suman 15.

$7 + 8 = 15$
$9 + 6 = 15$
$10 + 5 = 15$

7 más 8 suman 15 y 8 es 1 más que 7.

Por tanto, 8 personas escogieron futbol americano y 7 personas escogieron beisbol.

Deporte favorito

Beisbol	Futbol americano
卌 ll	卌 lll

¿Lo entiendes?

¡Demuéstralo! Para la encuesta de arriba, ¿por qué no podría ser que 9 escogieron futbol americano y 6 escogieron beisbol?

Práctica guiada Usa la tabla de conteo para contestar las preguntas.

1. 3 personas más respondieron la encuesta. Ahora, el futbol americano y el beisbol tienen el mismo número de votos.

¿Cuántos votos tiene cada uno? Usa dibujos, palabras o ecuaciones para explicarlo.

Deporte favorito

Beisbol	Futbol americano
卌 llll	卌 lll

_____

_____

_____

⭐ Práctica independiente ⭐

Usa la tabla y la gráfica para resolver los siguientes problemas.

Lorena les preguntó a 18 estudiantes si les gustaba tomar leche, agua o jugo con su almuerzo. A 7 estudiantes les gusta tomar leche, a 3 estudiantes les gusta tomar agua y al resto de los estudiantes les gusta tomar jugo.

Bebidas del almuerzo

Leche	Agua	Jugo
卌 II	III	

2. ¿A cuántos estudiantes les gusta tomar jugo con su almuerzo? Completa la tabla de conteo para resolver el problema.

A _____ estudiantes les gusta tomar jugo.

_____

3. ¿Cuál es la bebida preferida de los estudiantes? _____

_____

4. Al día siguiente, Lorena les hizo la misma pregunta. 3 estudiantes cambiaron su respuesta de jugo a agua. ¿Cuál es la bebida preferida ahora?

_____

5. A-Z **Vocabulario** Lorena anota los resultados de su nueva **encuesta** en la pictografía de abajo. Completa la gráfica para mostrar a cuántos estudiantes les gusta el jugo.

Bebidas del almuerzo							
Leche	🥛	🥛	🥛	🥛	🥛	🥛	🥛
Agua	💧	💧	💧	💧	💧		
Jugo							

Haz dibujos para mostrar los datos.

Prácticas matemáticas y resolución de problemas

© Evaluación del rendimiento

Ir a la escuela

Ivón les preguntó a 14 compañeros si ellos tomaban el autobús, caminaban o iban en carro a la escuela.

4 compañeros van en carro. De los otros compañeros, la mitad va en autobús y la otra mitad camina a la escuela.

Ir a la escuela		
Autobús	Caminar	Carro
		IIII

6. PM.1 Entender ¿Cómo puedes saber cuántos estudiantes toman el autobús o caminan a la escuela?

_____

_____

_____

7. PM.4 Representar Completa la tabla de conteo para mostrar cuántos compañeros de Ivón votaron. Escribe una ecuación para mostrar cuántos caminaron o tomaron el autobús para ir a la escuela.

___ ◯ ___ ◯ ___

8. PM.3 Explicar ¿Cómo sabes que tus respuestas son correctas?
Usa dibujos, palabras o ecuaciones para explicarlo.

_____

_____

_____

¡Revisemos! 9 estudiantes contestaron una encuesta sobre su mascota favorita. 4 votaron por el perro, 3 votaron por el pez y el resto de los estudiantes votó por el gato. ¿Cuántos estudiantes votaron por el gato? Completa la pictografía para mostrar el resultado de la encuesta.

¿Qué estrategias puedes usar para resolver el problema?

2 estudiantes escogieron el gato como su mascota favorita.

Mascota Favorita

Perro	🐕	🐕	🐈	🐈	
Pez	🐟	🐟	🐟		
Gato	🐈	🐈			

$$9 = 4 + 3 + \underline{\ ?\ }$$

$$9 = 7 + \underline{\ 2\ }$$

Usa la pictografía de arriba para contestar la pregunta.

1. 4 estudiantes más contestaron la encuesta. Ahora, el gato tiene el mayor número de votos y el pez tiene el menor número. Usa dibujos, palabras o ecuaciones para explicar cómo votaron los 4 estudiantes.

_____

Hora de los bocaditos

Felipe les pregunta a sus amigos cuál es su bocadito favorito.

La tabla de conteo de la derecha muestra los resultados.

Bocadito favorito

Pretzels	Yogur
IIII	IIII IIII

2. PM.2 Razonar ¿Cuál de los bocaditos es el favorito? ¿Cuántos niños más escogieron ese bocadito?

_____

_____

3. PM.4 Representar ¿Cuántos amigos de Felipe contestaron la encuesta? Escribe una ecuación que muestre tu razonamiento.

_____

_____

4. PM.1 Entender Felipe añade uvas como la tercera opción de su encuesta. Les pide al mismo número de amigos que contesten la encuesta. Los resultados de la nueva encuesta se muestran en la tabla de la derecha. ¿Cómo cambiaron los votos? Usa dibujos, palabras o ecuaciones para explicar tu respuesta.

_____

_____

Bocadito favorito

Pretzels	Yogur	Uvas
III	IIII I	IIII

Emparéjalo

Trabaja con un compañero. Señala una pista y léela. Mira la tabla de la parte de abajo de la página y busca la pareja de esa pista. Escribe la letra de la pista en la casilla al lado de su pareja. Halla una pareja para cada pista.

Puedo...
sumar y restar hasta 10.

© **Estándar de contenido** 1.OA.C.6

Pistas

A $4 + 6$

B $8 - 2$

C $3 - 1$

D $10 - 5$

E $8 + 1$

F $3 + 4$

G $8 - 7$

H $1 + 3$

☐	$1 + 0$	☐	$7 + 3$	☐	$8 - 1$	☐	$1 + 1$
☐	$5 + 4$	☐	$2 + 3$	☐	$3 + 3$	☐	$4 - 0$

Glosario

Lista de palabras
- datos
- encuesta
- marcas de conteo
- pictografía
- tabla de conteo

Entender el vocabulario

Encierra en un círculo la respuesta correcta usando la imagen de la izquierda.

Azul	Rojo	Verde
IIII	III	IIII

1. El Verde tiene _____ marcas de conteo.

   3   4   5   6

2. La imagen de la izquierda se llama _____.

   pictografía   tabla de conteo   encuesta   marca de conteo

---

Completa los espacios en blanco de las oraciones usando las palabras de la Lista de palabras.

Bebidas favoritas

Leche		
Jugo		

3. A esta gráfica se le llama _____.

4. "¿Cuál es tu bebida favorita?" podría ser la pregunta de una _____ para esta gráfica.

5. Puedes usar los _____ para contestar preguntas sobre la gráfica.

Usar el vocabulario al escribir

6. Escribe un problema-cuento usando al menos dos palabras de la Lista de palabras. Dibuja y escribe para resolver el problema.

_____

_____

_____

_____

_____

Nombre _____

Grupo A _____

Puedes reunir y agrupar datos en una tabla.

Jaime les pregunta a 10 amigos qué comida del día se tardan más en comer.

Comida más larga

Desayuno	Almuerzo	Cena
III	I	ЖЖ I

Cada **I** es la respuesta de un amigo.

....

La siguiente gráfica muestra los datos de Jaime usando objetos.

Comida más larga						
Desayuno	▣	▣	▣			
Almuerzo	▣					
Cena	▣	▣	▣	▣	▣	▣

Cada ▣ es la respuesta de un amigo.

6 amigos dijeron que la cena era la comida más larga.

Usa los datos de la encuesta de Jaime para resolver cada problema.

1. ¿Cuántos amigos dijeron que la cena era su comida más larga?

   _____ amigos

2. ¿Cuántos amigos dijeron que el desayuno o la cena eran las comidas más largas?

   _____ amigos

Escribe una ecuación para contestar cada pregunta.

3. ¿Cuántos amigos más escogieron desayuno que almuerzo?

   _____ − _____ = _____   _____ más

4. ¿Cuántos amigos más escogieron cena que desayuno?

   _____ − _____ = _____   _____ más

Puedes usar datos de la pictografía para hacer preguntas y contestarlas.

Mari les pregunta a 16 amigos cuál es su actividad favorita. Luego, anota las respuestas en una gráfica.

Actividad favorita							
Futbol	⚽	⚽	⚽	⚽			
Tenis	🎾	🎾	🎾	🎾	🎾	🎾	🎾
Correr	👟	👟	👟	👟	👟		

Hábitos de razonamiento

Entender y perseverar

¿Cuáles son las cantidades?

¿Qué estoy tratando de hallar?

Usa la pictografía de Mari para contestar cada pregunta.

5. ¿Cuántos amigos de Mari escogieron futbol o correr?

_____ − _____ = _____ o _____ + _____ = _____

6. Mari les pregunta a algunos amigos más y todos le contestan que el tenis es su actividad favorita.

Ahora, el número de niños que les gusta el tenis es igual al número de niños que les gusta el futbol o correr.

¿A cuántos amigos más les preguntó Mari?

_____ más

Explica cómo lo sabes.

_____

_____

_____

_____

Nombre _____

1. ¿Qué grupo de marcas de conteo muestra la cantidad de gorras que hay en la pictografía?

Gorras				
Guantes				

‖
Ⓐ

‖‖
Ⓑ

卌
Ⓒ

卌‖
Ⓓ

---

2. Mira la pictografía de la Pregunta 1. ¿Cuántos guantes menos que gorras hay?

4
Ⓐ

3
Ⓑ

2
Ⓒ

1
Ⓓ

---

3. Usa la pictografía para contestar la pregunta.
¿Cuál de los siguientes enunciados es verdadero?
Selecciona todos los que apliquen.

☐ Hay 2 pingüinos más que osos.

☐ Hay 2 osos menos que pingüinos.

☐ Hay más osos que pingüinos.

☐ Hay 8 animales entre osos y pingüinos.

Animales del zoológico

Pingüinos					
Osos					

Usa la tabla de conteo para resolver los problemas.

4.

Actividad favorita en el invierno

⛸	Patinar	卌
🎿	Esquiar	|||
🛷	Trineo	卌 ||

Vero hace una encuesta entre sus amigas. ¿Cuál es la actividad favorita de sus amigas en el invierno?

_____

5. Completa la siguiente pictografía usando la tabla de la Pregunta 4.

Actividad favorita en el invierno							
⛸ Patinar	⛸	⛸	⛸	⛸	⛸		
🎿 Esquiar							
🛷 Trineo							

6. ¿Cuántas amigas de Vero contestaron la encuesta? Escribe una ecuación para mostrar tu trabajo.

____ ◯ ____ ◯ ____ = ____

_____ amigas

7. Más amigos de Vero contestan la encuesta. Esquiar es ahora la actividad favorita. ¿Cuál es la cantidad menor de votos que se necesitan para que esto suceda? Explícalo.

_____

_____

_____

Nombre _____

Proyecto de dinosaurios La clase de la maestra Clinton está haciendo un proyecto de dinosaurios. La tabla de conteo muestra los dinosaurios que escogieron los estudiantes.

1. ¿Cuántos estudiantes más escogieron el Tiranosaurio que el Triceratops? Explica cómo lo sabes. Usa dibujos, números o palabras.

Proyecto de dinosaurios

Triceratops	Tiranosaurio	Apatosaurio
ⅢⅢⅢⅢ	ⅢⅢ ⅢⅢ Ⅱ	ⅢⅢ Ⅱ

_____ estudiantes más

2. Dos estudiantes no asistieron a la clase cuando se hizo la tabla de conteo. Al siguiente día escogieron su dinosario. La maestra Clinton dice que ahora dos dinosaurios tienen el mismo número. ¿Qué dinosaurios escogieron los 2 estudiantes? ¿Cómo lo sabes?

3. La clase de la maestra Ramos también está haciendo un proyecto de dinosaurios. La tabla de conteo muestra los dinosaurios que escogieron los estudiantes.

Los estudiantes dibujarán sus dinosaurios en la pictografía de abajo al terminar su informe.

Completa la pictografía para mostrar cómo se verá cuando todos los estudiantes hayan terminado su informe.

Proyecto de dinosaurios

Triceratops	Tiranosaurio	Apatosaurio
卌 III	卌 IIII	卌 I

4. ¿A cuántos estudiantes les falta terminar su informe sobre el Tiranosaurio? ¿Cuántos necesitan terminar su informe sobre el Apatosaurio? Usa dibujos, palabras o ecuaciones para explicar tus respuestas.

Ampliar la sucesión de conteo

Pregunta esencial: ¿Cómo puedes usar lo que ya sabes sobre el conteo para contar más allá de 100?

Recursos digitales

Resuelve Aprende Glosario

Herramientas Evaluación Ayuda Juegos

Los bebés o las crías hacen diferentes cosas que los ayudan a sobrevivir.

Algunos lloran o hacen ruidos para hacerle saber a sus padres que necesitan algo.

¡Qué interesante! Hagamos este proyecto para aprender más.

Proyecto de Matemáticas y Ciencias: Los animales y sus crías

Investigar Habla con tu familia y tus amigos sobre los diferentes tipos de animales y sus crías. Pídeles que te ayuden a encontrar información acerca de cómo se comunican las crías con sus padres.

Diario: Hacer un libro Muestra lo que encontraste. En tu libro, también:

- haz un dibujo de cómo los animales protegen a sus crías y de cómo las crías se comunican con sus padres.
- sal de tu casa o ve al zoológico y cuenta los animales adultos con sus crías. ¿Hasta qué número puedes contar?

Nombre _____

Repasa lo que sabes

A-Z Vocabulario

1. Encierra en un círculo la **suma o total** de esta ecuación.

   $17 = 9 + 8$

2. Escribe las **partes** que se muestran en este modelo.

   8

   _____ + _____

3. Encierra en un círculo la palabra que indica la parte que falta.

   $7 + \underline{\ ?\ } = 17$

   suma o total

   igual a

   sumando

Hallar la suma

4. Mónica encontró 7 piedras. Cárol encontró 6 piedras. ¿Cuántas piedras encontraron en total?

   _____ piedras

5. Tom tiene 6 carritos. Julia tiene algunos carritos. Ellos tienen 11 carritos en total. ¿Cuántos carritos tiene Julia?

   _____ carritos

El número que falta

6. Halla el número que falta para resolver la suma.

   _____ $= 10 + 5$

Mis tarjetas de palabras

Estudia las palabras de las tarjetas.
Completa la actividad que está al reverso.

---

tabla de 100

1	2	3	4	5	6	7	8	9	10
11	12	13	14	15	16	17	18	19	20
21	22	23	24	25	26	27	28	29	30
31	32	33	34	35	36	37	38	39	40
41	42	43	44	45	46	47	48	49	50
51	52	53	54	55	56	57	58	59	60
61	62	63	64	65	66	67	68	69	70
71	72	73	74	75	76	77	78	79	80
81	82	83	84	85	86	87	88	89	90
91	92	93	94	95	96	97	98	99	100

dígito de las decenas

El **dígito de las decenas** en 25 es el 2.

25

dígito de las decenas

fila

fila →

1	2	3	4	5
11	12	13	14	15
21	22	23	24	25
31	32	33	34	35

dígito de las unidades

El **dígito de las unidades** en 43 es el 3.

43

dígito de las unidades

columna

1	2	3	4	5
11	12	13	14	15
21	22	23	24	25
31	32	33	34	35

columna

Mis tarjetas de palabras

Usa lo que sabes para completar las oraciones. Para ampliar lo que aprendiste, escribe tu propia oración usando cada palabra.

Una línea recta de números u objetos que van de izquierda a derecha se llama

_____ .

Un número que indica cuántas decenas hay se llama

_____ .

Una _____

_____

muestra todos los números del 1 al 100.

Una línea recta de números u objetos que va de arriba a abajo se llama

_____ .

Un número que indica cuántas unidades hay se llama

_____

_____ .

Nombre _____

Resuélvelo y coméntalo

Alex puso fichas en algunos marcos de 10. ¿Cómo puedes saber cuántas fichas hay sin contar cada ficha?

Escribe el número de fichas.

_____ fichas en total.

Lección 7-1

Contar de 10 en 10 hasta 120

Puedo...
contar de 10 en 10 hasta 120.

© **Estándares de contenido**
1.NBD.B.2c, 1.NBD.A.1
Prácticas matemáticas PM.4, PM.7, PM.8

Resuelve

_____ fichas en total.

¿Cómo puedes contar hasta 50 de 10 en 10?

Puedo usar los marcos de 10 para contar de 10 en 10.

1 decena	2 decenas	3 decenas	4 decenas	5 decenas
10 diez	20 veinte	30 treinta	40 cuarenta	50 cincuenta

También puedes seguir un patrón para contar de 10 en 10.

6 decenas son 60 sesenta

7 decenas son 70 setenta

8 decenas son 80 ochenta

9 decenas son 90 noventa

10 decenas son 100 cien

11 decenas son 110 ciento diez

12 decenas son 120 ciento veinte

¿Lo entiendes?

¡Demuéstralo! ¿Cuándo podría ser mejor contar de 10 en 10 que de 1 en 1?

☆ Práctica guiada ☆

Cuenta de 10 en 10. Luego, escribe los números y el número en palabras.

1.

__4__ decenas son __40__

cuarenta

2.

_____ decenas son _____

_____

Tema 7 | **Lección 1**

Práctica independiente Cuenta de 10 en 10. Escribe los números y el número en palabras.

3.

_____ decenas son _____

_____

4.

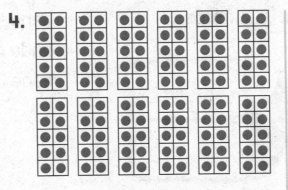

_____ decenas son _____

_____

5.

_____ decenas son _____

_____

Escribe los número que faltan.

6. **Sentido numérico** Julián escribió un patrón de números, pero olvidó escribir algunos.

¿Qué números olvidó escribir Julián?

10, 20, 30, 40, _____, 60, _____, _____, 90, 100, _____, 120

Prácticas matemáticas y resolución de problemas
Dibuja fichas en los marcos de 10 para resolver cada problema. Luego, escribe los números y el número en palabras.

7. © **PM.4 Representar** José tiene 3 cajas con 10 libros en cada caja. ¿Cuántos libros tiene José en total?

_____ decenas

_____

_____

8. © **PM.4 Representar** Juan tiene 4 cajas con 10 libros en cada caja. ¿Cuántos libros tiene Juan en total?

_____ decenas

_____

9. Razonamiento de orden superior
Dani cuenta de 5 en 5 hasta 50. Alex cuenta de 10 en 10 hasta 50. Escribe los números que dice Dani.

5, _____, _____, _____, _____,

_____, _____, _____, _____, 50

Escribe los números que dice Alex.

10, _____, _____, _____, 50

¿Qué números dicen los dos niños?

_____, _____, _____, _____,

10. © **Evaluación** Nadia tiene algunos libros. Los pone en pilas de 10 sin que le quede ninguno solo. ¿Qué número **NO** muestra cuántos libros podría tener Nadia?

Ⓐ 50

Ⓑ 60

Ⓒ 65

Ⓓ 70

Tema 7 | Lección 1

Nombre _____

¡Revisemos! Puedes usar marcos de 10 para contar grupos de 10.

El marco de 10 muestra un grupo de 10.

Puedes contar los marcos de 10, de 10 en 10.

10   20   30   40   50

50 son 5 grupos de 10.

50 es cincuenta.

10   20   30   40

40 son __4__ grupos de 10.

40 es ___cuarenta___.

ACTIVIDAD PARA EL HOGAR
Haga que su niño(a) practique la cuenta de 10 en 10 hasta el 120. Luego, hágale preguntas como: "¿Cuántos 10 forman 50? ¿Qué número forman 3 grupos de 10?".

Cuenta de 10 en 10. Escribe los números y el número en palabras.

I.

____ son ____ grupos de 10.   ____ es _____.

2. _____, 20, _____, _____, 50, _____

3. 70, _____, 90, _____, _____, _____

4. 50, _____, _____, _____, 90, _____

5. _____, _____, 50, _____, _____, 80

6. **Razonamiento de orden superior** Encierra en un círculo los grupos de 10. Luego cuenta de 10 en 10 y escribe los números.

_____ grupos de 10

_____ botones

2 grupos más de 10 serían _____ botones.

7. © **Evaluación** Irma compra 2 bolsas de canicas. Cada bolsa tiene 10 canicas. ¿Cuántas canicas compra Irma?

2   12   20   22

Ⓐ   Ⓑ   Ⓒ   Ⓓ

8. © **Evaluación** Manuel tiene 4 cajas de crayones. Cada caja tiene 10 crayones. ¿Cuántos crayones tiene Manuel?

4   10   14   40

Ⓐ   Ⓑ   Ⓒ   Ⓓ

Resuélvelo y coméntalo

Jada y Alex toman turnos para contar de 1 en 1. Jada cuenta desde 98 hasta 100. Ahora es el turno de Alex para seguir contando. Escribe los siguientes tres números que Alex debe contar. Di cómo sabes que tienes razón.

Lección 7-2
Contar de 1 en 1 hasta 120

Puedo...
contar de 1 en 1 hasta 120.

© **Estándar de contenido**
1.NBD.A.1
Prácticas matemáticas PM.2, PM.6, PM.7

98, 99, 100

_____ , _____ , _____

Este bloque muestra 100 partes. A este número le dices cien.

100

El siguiente número que dices es ciento uno porque ya tienes 1 ciento o centena y 1 unidad.

101

Cuando sigues contando, cuentas de uno en uno.

101, 102, 103, 104, 105

105 significa 1 centena y 5 unidades. Dices ciento cinco.

Cuando sigues contando números con cien, siempre empiezas con la palabra ciento.

116, 117, 118, 119, 120

116 se dice ciento dieciséis.

¿Lo entiendes?

¡Demuéstralo! ¿Cómo dices y muestras 110 cuando cuentas? ¿Qué número sigue?

Cuenta hacia adelante de 1 en 1. Escribe los números.

1. 116, __117__, 118, __119__, __120__

2. _____, 110, _____, _____, 113

3. 104, _____, _____, 107, _____

Tema 7 | Lección 2

☆ **Práctica** ☆
independiente   Cuenta hacia adelante de 1 en 1. Escribe los números.

4. 110, _____, _____, _____, 114

5. 52, _____, _____, 55, _____

6. _____, 94, _____, 96, _____

7. _____, 102, 103, _____, _____

8. _____, _____, 115, _____, 117

9. 67, _____, _____, _____, 71

Usa las pistas para hallar cada número misterioso.

10. Sentido numérico Pista 1: El número está después del 116. Pista 2: El número está antes del 120.

El número misterioso podría ser:

_____, _____, _____

Pista 3: El número tiene 8 unidades.
Encierra en un círculo el número misterioso.

11. Sentido numérico Pista 1: El número está antes del 108. Pista 2: El número está después del 102.

El número misterioso podría ser:

_____, _____, _____, _____, _____

Pista 3: El número tiene 5 unidades.
Encierra en un círculo el número misterioso.

12. **A-Z Vocabulario** Marta cuenta hasta 120. Dice el número que es uno **más** que 113. ¿Qué número dice?

13. En esta tabla, Tom escribió los números del 102 al 108 en orden. Pero les cayó agua a los números y algunos se borraron. Ayuda a Tom a escribir los números que se borraron en su tabla.

102		104	105			108

14. **© PM.2 Razonar** Charo cuenta 109 tapas de botella. Luego, cuenta 4 más. ¿Cuántas tapas de botella ha contado Charo?

_____ tapas de botella

Piensa en los números que cuentas hacia adelante.

15. **Razonamiento de orden superior** Escoge un número mayor que 99 y menor que 112. Escríbelo en el recuadro.

Después, escribe los tres números que van antes y el número que va después.

_____, _____, _____, ☐ , _____

16. **© Evaluación** ¿Qué filas de números están en el orden correcto de 1 en 1? Selecciona todas las que apliquen.

☐ 103, 104, 105, 102

☐ 117, 118, 119, 120

☐ 101, 102, 103, 104

☐ 114, 112, 110, 108

Nombre _____

Ayuda   Herramientas   Juegos

Tarea y práctica
7-2
Contar de 1 en 1
hasta 120

¡Revisemos! Puedes usar bloques de valor de posición para contar hacia adelante de 1 en 1.

1 centena es igual a 10 decenas.

 =

ACTIVIDAD PARA EL HOGAR
Diga un número entre 100 y 105. Pídale a su niño(a) que cuente de 1 en 1 hasta 120. Repita la actividad con otros números.

103   1͏04   105   106

Empieza en 103 y cuenta hasta 106.

Cuenta hacia adelante de 1 en 1. Escribe los números.

1.   105   _____   _____

2.   _____   110   _____

3. Empieza en 118 y cuenta hacia adelante. ¿Cuáles son los siguientes 2 números que dices?

_____ y _____

4. Empieza en 111 y cuenta hacia adelante. ¿Cuáles son los siguientes 2 números que dices?

_____ y _____

5. © PM.7 **Buscar patrones** Sandra empieza en 99 y dice: "101, 102, 103, 104..."

¿Qué número se le olvidó decir a Sandra?

_____

6. © PM.7 **Buscar patrones** César empieza en 107 y dice: "108, 109, 110, 112..."

¿Qué número se le olvidó decir a César?

_____

7. Razonamiento de orden superior Escribe los números que faltan en las tarjetas.

Intenta contar hacia atrás para hallar el número que va antes de 103.

		103		105
	108		110	

8. © **Evaluación** ¿Qué filas de números están en el orden correcto de 1 en 1? Selecciona todas lo que apliquen.

☐ 99, 101, 102, 103

☐ 111, 112, 113, 114

☐ 116, 117, 119, 120

☐ 108, 109, 110, 111

Escoge un número y escríbelo en el recuadro. ¿Cómo puedes encontrar un número que es 1 más? Escribe ese número. Luego, escribe los siguientes 3 números.

Lección 7-3

Contar en una tabla numérica hasta 120

Puedo…

puedo contar en una tabla numérica hasta 120.

© **Estándar de contenido** 1.NBD.A.1
Prácticas matemáticas PM.3, PM.5, PM.7

1	2	3	4	5	6	7	8	9	10
11	12	13	14	15	16	17	18	19	20
21	22	23	24	25	26	27	28	29	30
31	32	33	34	35	36	37	38	39	40
41	42	43	44	45	46	47	48	49	50
51	52	53	54	55	56	57	58	59	60
61	62	63	64	65	66	67	68	69	70
71	72	73	74	75	76	77	78	79	80
81	82	83	84	85	86	87	88	89	90
91	92	93	94	95	96	97	98	99	100

☐ _____, _____, _____,

Aprende Glosario

Puedes hallar patrones cuando cuentas hacia adelante en una **tabla de 100.**

1	2	3	4	5	6	7	8	9	10
11	12	13	14	15	16	17	18	19	20
21	22	23	24	25	26	27	28	29	30
31	32	33	34	35	36	37	38	39	40
41	42	43	44	45	46	47	48	49	50
51	52	53	54	55	56	57	58	59	60
61	62	63	64	65	66	67	68	69	70
71	72	73	74	75	76	77	78	79	80
81	82	83	84	85	86	87	88	89	90
91	92	93	94	95	96	97	98	99	100

El dígito de las decenas en cada número de esta fila es 1.

1	2	3	4
11	12	13	14
21	22	23	24
31	32	33	34

El dígito de las unidades en cada número de esta columna es 4.

1	2	3	4
11	12	13	14
21	22	23	24
31	32	33	34

Una tabla numérica puede contener números mayores que 100.

81	82	83	84	85	86	87	88	89	90
91	92	93	94	95	96	97	98	99	100
101	102	103	104	105	106	107	108	109	110
111	112	113	114	115	116	117	118	119	120

Los números mayores que 100 siguen el mismo patrón.

¿Lo entiendes?

¡Demuéstralo! ¿Cómo cambian los números en una tabla numérica?

☆ Práctica guiada

Cuenta de 1 en 1. Escribe los números. Usa la tabla numérica para ayudarte.

1. 14, 15 , 16 , 17 , 18

2. 21, _____, _____, _____, _____

3. 103, _____, _____, _____, _____

4. _____, _____, 49, _____, _____

Nombre _____

Herramientas Evaluación

Práctica independiente

Cuenta de 1 en 1. Escribe los números. Usa la tabla numérica para ayudarte.

5. _____, 65, _____, _____, _____

6. _____, 52, _____, _____, _____

7. _____, _____, 83, _____, _____

8. 110, _____, _____, _____, _____

9. _____, _____, _____, _____, 79

10. _____, _____, _____, _____, 98

11. _____, _____, _____, _____, 91

12. _____, _____, _____, 102, _____

Razonamiento de orden superior Mira cada tabla numérica.
Escribe los números que faltan.

13.

34		36	
	45		47

14.

	98		
107			110

Tema 7 | Lección 3

cuatrocientos nueve **409**

1	2	3	4	5	6	7	8	9	10
11	12	13	14	15	16	17	18	19	20
21	22	23	24	25	26	27	28	29	30
31	32	33	34	35	36	37	38	39	40
41	42	43	44	45	46	47	48	49	50
51	52	53	54	55	56	57	58	59	60
61	62	63	64	65	66	67	68	69	70
71	72	73	74	75	76	77	78	79	80
81	82	83	84	85	86	87	88	89	90
91	92	93	94	95	96	97	98	99	100
101	102	103	104	105	106	107	108	109	110
111	112	113	114	115	116	117	118	119	120

15. © **PM.5 Usar herramientas** Beto contó hacia adelante hasta 50. ¿Cuáles son los siguientes 5 números que cuenta? Escribe los números.

50, _____, _____, _____, _____, _____

16. © **PM.5 Usar herramientas** Sara contó hacia adelante hasta 115. ¿Cuáles son los siguientes 5 números que cuenta? Escribe los números.

115, _____, _____, _____, _____, _____

17. Razonamiento de orden superior Escoge un número de la tabla numérica. Cuenta hacia adelante y escribe los números.

_____, _____, _____, _____, _____,

_____, _____, _____, _____,

18. © **Evaluación** Une con una flecha el número que falta en la tabla numérica.

75	100	101	114

112	113		115	116	117	118

Tema 7 | Lección 3

Nombre _____

Ayuda Herramientas Juegos

Tarea y práctica
7-3
Contar en una
tabla numérica
hasta 120

¡Revisemos! Puedes usar una tabla numérica para contar hacia adelante.

1	2	3	4	5	6	7	8	9	10
11	12	13	14	15	16	17	18	19	20
21	22	23	24	25	26	27	28	29	30
31	32	33	34	35	36	37	38	39	40
41	42	43	44	45	46	47	48	49	50
51	52	53	54	55	56	57	58	59	60
61	62	63	64	65	66	67	68	69	70
71	72	73	74	75	76	77	78	79	80
81	82	83	84	85	86	87	88	89	90
91	92	93	94	95	96	97	98	99	100
101	102	103	104	105	106	107	108	109	110
111	112	113	114	115	116	117	118	119	120

¿Qué número viene

después de 33? __34__

¿Qué número viene

después de 34? __35__

¿Qué número viene

después de 35? __36__

33, __34__, __35__, __36__

ACTIVIDAD PARA EL HOGAR
Escriba la siguiente serie de
números: 15, 16, _____, 18,
_____, 20. Pídale a su niño(a) que
escriba los números que faltan.
Si es necesario, haga la parte
de la tabla numérica en un papel
para que su niño(a) la use cuando
escriba los números que faltan.
Repita la actividad con otros
números.

Cuenta de 1 en 1. Escribe los números. Usa la tabla numérica para ayudarte.

1. 71, _____, _____, _____, _____

2. _____, _____, _____, 101, _____

3. _____, _____, _____, _____, 111

4. _____, _____, 65, _____, _____

Cuenta de 1 en 1. Escribe los números. Usa la tabla numérica para ayudarte.

5. 40, _____, _____, _____, _____

6. _____, _____, _____, 32, _____

Razonamiento de orden superior Escribe los números que faltan. Busca los patrones.

7.

			85		88		90
92		94		96		99	

8.

9. © **Evaluación** Une con una flecha el número que falta en la tabla numérica.

92	70	55	31

54		56	57	58	59	60

10. © **Evaluación** Une con una flecha el número que falta en la tabla numérica.

46	33	84	17

81	82	83		85	86	87

Nombre _____

Cuenta de 10 en 10, empezando en 10. Colorea de amarillo los números que cuentes. ¿Qué patrón ves? Cuenta de 1 en 1, empezando en 102. Encierra en un cuadrado rojo cada número que cuentes. Cuenta de 10 en 10, empezando en 34. Encierra en un círculo azul cada número que cuentes. Describe los patrones que ves en cada grupo.

ⓒ **Estándar de contenido**
1.NBD.A.1
Prácticas matemáticas PM.5, PM.7, PM.8

1	2	3	4	5	6	7	8	9	10
11	12	13	14	15	16	17	18	19	20
21	22	23	24	25	26	27	28	29	30
31	32	33	34	35	36	37	38	39	40
41	42	43	44	45	46	47	48	49	50
51	52	53	54	55	56	57	58	59	60
61	62	63	64	65	66	67	68	69	70
71	72	73	74	75	76	77	78	79	80
81	82	83	84	85	86	87	88	89	90
91	92	93	94	95	96	97	98	99	100
101	102	103	104	105	106	107	108	109	110
111	112	113	114	115	116	117	118	119	120

Al contar en una tabla numérica puedes encontrar patrones.

1	2	3	4	5	6	7	8	9	10
11	12	13	14	15	16	17	18	19	20
21	22	23	24	25	26	27	28	29	30
31	32	33	34	35	36	37	38	39	40
41	42	43	44	45	46	47	48	49	50
51	52	53	54	55	56	57	58	59	60
61	62	63	64	65	66	67	68	69	70
71	72	73	74	75	76	77	78	79	80
81	82	83	84	85	86	87	88	89	90
91	92	93	94	95	96	97	98	99	100
101	102	103	104	105	106	107	108	109	110
111	112	113	114	115	116	117	118	119	120

Cuenta de 10 en 10.

10, 20, 30, 40

1	2	3	4	5	6	7	8	9	10
11	12	13	14	15	16	17	18	19	20
21	22	23	24	25	26	27	28	29	30
31	32	33	34	35	36	37	38	39	40

Cuenta de 1 en 1 desde 58 hasta 61.

58, 59, 60, 61

41	42	43	44	45	46	47	48	49	50
51	52	53	54	55	56	57	58	59	60
61	62	63	64	65	66	67	68	69	70
71	72	73	74	75	76	77	78	79	80

Cuenta de 10 en 10, empezando en 84.

84, 94, 104, 114

81	82	83	84	85	86	87	88	89	90
91	92	93	94	95	96	97	98	99	100
101	102	103	104	105	106	107	108	109	110
111	112	113	114	115	116	117	118	119	120

¿Lo entiendes?

¡Demuéstralo! Compara el conteo de 1 en 1 con el de 10 en 10. ¿En qué se parecen los patrones? ¿En qué se diferencian?

☆ Práctica guiada ☆

Escribe los números que siguen en cada patrón. Usa la tabla numérica para ayudarte.

1. Cuenta de 1 en 1.

12, 13, 14, __15__, __16__, __17__, __18__, __19__, __20__

2. Cuenta de 10 en 10.

22, 32, 42, _____, _____, _____, _____, _____, _____

3. Cuenta de 1 en 1.

90, 91, 92, _____, _____, _____, _____, _____, _____

☆ **Práctica** ☆
independiente
☆

Escribe los números que siguen en cada patrón.
Usa la tabla numérica para ayudarte.

4. Cuenta de 10 en 10.

10, 20, 30, _____, _____, _____, _____, _____, _____, _____, _____,

5. Cuenta de 10 en 10.

35, 45, 55, _____, _____, _____, _____, _____, _____,

6. Cuenta de 1 en 1.

102, 103, 104, _____, _____, _____, _____, _____, _____, _____, _____,

Sentido numérico Escribe los números que faltan en la siguiente tabla numérica.
Luego, escribe los tres números que siguen en el patrón de los números que escribiste.

7.

62	63	64	65	66	67	68	69	70
72	73	74	75	76	77	78	79	80
82	83	84	85	86	87	88	89	90

_____, _____, _____

8. © **PM.7 Buscar patrones** Anita saca a pasear al perro de su vecino para ganar dinero. Anita paseó al perro desde el Día 13 hasta el Día 19 una vez al día. ¿Cuántas veces sacó a pasear el perro Anita?

Usa la tabla para contar.
Escribe el número de veces.

1	2	3	4	5	6	7	8	9	10
11	12	13	14	15	16	17	18	19	20

_____ veces

9. © **PM.7 Buscar patrones** Mario toma clases de natación cada 10 días. Empezó sus clases el Día 5. ¿Cuántas clases tomará en 30 días?

Usa la tabla para contar.
Escribe el número de clases.

1	2	3	4	5	6	7	8	9	10
11	12	13	14	15	16	17	18	19	20
21	22	23	24	25	26	27	28	29	30

_____ clases

10. Razonamiento de orden superior
Amanda cuenta hasta 30. Solo cuenta 3 números. ¿Contó Amanda de 1 en 1 o de 10 en 10? Usa dibujos, números o palabras para explicarlo.

11. © **Evaluación** Toño está contando de 10 en 10, empezando en el 54.

54, 74, 84, 94, 114

¿Qué números se le olvidó contar a Toño?

_____

 Tema 7 | Lección 4

Nombre _____

**Tarea y práctica
7-4**

Contar de 1 en
1 o de 10 en 10
hasta 120

¡Revisemos! Puedes contar en una tabla numérica. Cuando cuentas de 10 en 10, el número del dígito de las decenas aumenta en 1, pero el número en el dígito de las unidades se queda igual.

21	22	23	24	25	26	27	28	29	30
31	32	33	34	35	36	37	38	39	40
41	42	43	44	45	46	47	48	49	50
51	52	53	54	55	56	57	58	59	60
61	62	63	64	65	66	67	68	69	70
71	72	73	74	75	76	77	78	79	80
81	82	83	84	85	86	87	88	89	90
91	92	93	94	95	96	97	98	99	100
101	102	103	104	105	106	107	108	109	110
111	112	113	114	115	116	117	118	119	120

¿Qué números dices cuando cuentas de 10 en 10, empezando en 60?

60, 70, 80, _90_, _100_, _110_, _120_

¿Qué números dices cuando cuentas de 10 en 10, empezando en 25?

25, 35, 45, _55_, _65_, _75_, _85_

ACTIVIDAD PARA EL HOGAR
Cuente de 1 en 1 o de 10 en 10 en voz alta con su niño(a). Si es necesario, pídale que use una tabla numérica. Pregúntele: "¿Qué patrones ves cuando cuentas de 10 en 10?".

Escribe los números que siguen en cada patrón. Usa la tabla numérica para ayudarte.

1. Cuenta de 10 en 10.

   38, 48, ____, ____, ____, ____

2. Cuenta de 1 en 1.

   66, 67, ____, ____, ____, ____

3. Cuenta de 10 en 10.

17, 27, _____, _____, _____, _____

4. Cuenta de 1 en 1.

108, 109, _____, _____, _____, _____

5. Razonamiento de orden superior Vanesa empezó sus prácticas de beisbol el 5 de mayo. Tiene prácticas cada 10 días. ¿Tendrá prácticas el 19 de mayo? Escribe **SÍ** o **NO.** _____

¿Cómo lo sabes?

Usa este calendario para ayudarte.

Mayo						
Domingo	Lunes	Martes	Miércoles	Jueves	Viernes	Sábado
	1	2	3	4	5	6
7	8	9	10	11	12	13
14	15	16	17	18	19	20
21	22	23	24	25	26	27
28	29	30	31			

_____

_____

_____

Escribe 2 fechas más en las que Vanesa tendrá prácticas.

_____

_____

6. © Evaluación ¿Qué números faltan?

65, __?__, __?__, 95, __?__

7. © Evaluación Javier cuenta de 1 en 1.
Cuenta: 54, 56, 57, 59.
¿Qué números olvidó contar Javier?

_____

Resuélvelo y coméntalo

Usa la recta numérica vacía para mostrar cómo contar de 78 a 84.

Puedo...
contar hasta 120 usando una recta numérica vacía.

© **Estándar de contenido** 1.NBD.A.1
Prácticas matemáticas PM.4, PM.5, PM.7

78

Puedes usar una recta numérica vacía para contar de 1 en 1.

Cuenta de 1 en 1 de 97 a 103.

97

97

Puedes usar una recta numérica vacía para contar de 10 en 10.

Cuenta de 10 en 10 de 56 a 116.

56

56

Cuento los saltos de 1 en 1 hasta que llego a 103.

Cuento los saltos de 10 en 10 hasta que llego a 116.

¿Lo entiendes?

¡Demuéstralo! Usa una recta numérica vacía. ¿Qué número viene después de 109 cuando cuentas de 1 en 1?
¿Qué número viene después de 109 cuando cuentas de 10 en 10?

☆Práctica guiada☆ Muestra cómo cuentas en la recta numérica vacía.

1. Empieza en 99 y cuenta de 1 en 1 hasta 105.

99   100   101   102   103   104   105

2. Empieza en 72 y cuenta de 10 en 10 hasta 112.

72

420 cuatrocientos veinte

Tema 7 | Lección 5

☆ Práctica ☆ independiente
☆

Muestra cómo cuentas en la recta numérica vacía.

3. Empieza en 89 y cuenta de 10 en 10 hasta 119.

⟵——————————————————————⟶

4. Empieza en 111 y cuenta de 1 en 1 hasta 118.

⟵——————————————————————⟶

5. **Sentido numérico** Teresa y David dibujaron cada uno una recta numérica que empieza en 27. Teresa cuenta de 1 en 1 cinco veces. David cuenta de 10 en 10 cinco veces.

¿Terminarán de contar en el mismo número Teresa y David? Usa las rectas numéricas. Explica tu respuesta.

Teresa   David

_____

_____

_____

Escribe los números en las rectas numéricas para ayudarte a hallar la respuesta.

Prácticas matemáticas y resolución de problemas

Usa la recta numérica para resolver cada problema-cuento.

6. © PM.4 **Representar** Pedro cuenta 41 canicas. Luego, cuenta 8 canicas más. ¿Cuántas canicas contó en total?

_____ canicas

41

7. **Álgebra** Selena usa la recta numérica para contar de 12 a 15. Completa la ecuación de suma para mostrar lo que hizo Selena.

$12 +$ _____ $=$ _____

12   13   14   15

8. **Razonamiento de orden superior** El lunes, Carmen puso 12 monedas de 1¢ en su alcancía. El martes, puso algunas monedas de 1¢ más. Carmen puso 19 monedas de 1¢ en total en su alcancía. ¿Cuántas monedas de 1¢ puso el martes?

_____ monedas de 1¢

12

9. © **Evaluación** Tim hizo esta recta numérica para mostrar cómo contó. Completa la siguiente oración para decir cómo contó Tim.

44   54   64   74   84   94   104

Tim contó de _____ de _____ a _____.

Nombre _____

¡Revisemos! Contar hacia adelante es como sumar.

Empieza en 87 y cuenta de 1 en 1 hasta 92.

87 88 89 90 91 92

¡Le sumas 1 cada vez que cuentas!

Empieza en 62 y cuenta de 10 en 10 hasta 112.

62 72 82 92 102 112

¡Le sumas 10 cada vez que cuentas!

ACTIVIDAD PARA EL HOGAR
Dibuje dos rectas numéricas sin números. Pídale a su niño(a) que cuente de 1 en 1 del 53 al 58 en la primera recta numérica. Pídale que cuente de 10 en 10 del 67 al 107 en la segunda recta numérica.

Muestra cómo cuentas en la recta numérica vacía. Puedes usar la suma para ayudarte.

1. Empieza en 115 y cuenta de 1 en 1 hasta 120.

115

2. Matemáticas y Ciencias Hay 16 pollitos durmiendo en un gallinero. Afuera del gallinero, hay 6 pollitos más buscando a sus mamás. ¿Cuántos pollitos hay en total?

3. Empieza en 18 y cuenta de 10 en 10 hasta 78.

4. Razonamiento de orden superior Lorena empieza a contar en 48. Cuenta de 10 en 10 cuatro veces. Luego, cuenta de 1 en 1 tres veces. ¿Cuál es el último número que dice Lorena? Di cómo lo sabes.

5. © Evaluación Ben mostró parte de su conteo en esta recta numérica. Escribe los números que faltan. Completa la siguiente oración.

105   106   ☐   108   109   ☐   111   112

Ben contó de _____ de _____ a _____ .

Mira las naranjas. Cuenta para saber cuántas hay en total y luego escribe el número abajo. Explica cómo contaste las naranjas.

Resuelve

Puedo...

escribir un número para mostrar cuántos objetos hay en un grupo.

© **Estándar de contenido**
1.NBD.A.1
Prácticas matemáticas PM.1, PM.2, PM.6, PM.8

Hay _____ naranjas.

¿Cuántas calcomanías hay?

¿Cuál es la mejor manera de contar esta cantidad de calcomanías?

Puedes contar de 1 en 1.

1	2	3	4	5	6	7	8	9	10
11	12	13	14	15	16	17	18	19	20
21	22	23	24	25	26	27	28	29	30
31	32	33	34	35	36	37	38	39	40
41									

¡Hay 41 calcomanías!

Puedes contar de 10 en 10.

10
20
30
40
41

Puedo contar 10, 20, 30, 40. Luego, puedo sumar el 1 que queda y así obtener 41.

¿Lo entiendes?

¡Demuéstralo! Empieza en 19 y cuenta 6 más. Luego, escribe el número que obtuviste.

☆ Práctica guiada ☆

Cuenta los objetos de la manera que prefieras y escribe cuántos hay en total.

1.

_46_ pelotas

2.

_____ conejos

Nombre _____

Herramientas Evaluación

Práctica independiente

Cuenta los objetos y escribe cuántos hay en total.

3.

_____ calcetines

4.

_____ plátanos

Cuenta las decenas y las unidades y escribe cuántas hay en total.

5.

_____ decenas
_____ unidades
_____ en total

6.

_____ decenas
_____ unidades
_____ en total

7.

_____ decenas
_____ unidades
_____ en total

Tema 7 | Lección 6

cuatrocientos veintisiete **427**

8. © **PM.2 Razonar** Daniel encontró 3 cajas de osos de peluche y 4 osos más. Cada caja contiene 10 osos. ¿Cuántos osos encontró Daniel?

Daniel encontró _____ osos de peluche.

9. © **PM.2 Razonar** Beti está organizando una fiesta. Tiene 8 cajas de gorros y 6 gorros más. Cada caja contiene 10 gorros. ¿Cuantos gorros tiene Beti?

Beti tiene _____ gorros.

10. **Razonamiento de orden superior**
Escribe el número de objetos que ves. Di cómo los contaste.

_____

11. © **Evaluación** ¿Cuántas fresas hay en este conjunto?

Ⓐ 18

Ⓑ 24

Ⓒ 26

Ⓓ 62

Nombre _____

¡Revisemos! Puedes contar grupos de objetos de 1 en 1 o de 10 en 10.

Cuando cuentas de 1 en 1,
cuentas cada objeto por separado.

Cuando cuentas de 10 en 10, cuentas
grupos de 10 y luego sumas de 1 en 1.

1	2	3	4	5	6	7	8	9	10
11	12	13	14	15	16	17	18	19	20
21	22	23	24	25	26	27	28	29	30
31	32	33	34	35	36	37	38	39	40
41	42	43	44	45	46	47	48	49	50
51	52	53							

Hay **53** botones.

10
20
30
40
50
51 52 53

Hay **53** botones.

ACTIVIDAD PARA EL HOGAR
Junte un grupo de 50 a 120
objetos pequeños y pídale a
su niño(a) que los cuente de
la manera más rápida que se
le ocurra. Recuérdele que es
más fácil agrupar los objetos
que contarlos de 1 en 1. Repita
la actividad con una cantidad
diferente de entre 50 y 120
objetos.

Cuenta las decenas y las unidades y escribe cuántas hay en total.

1.

_____ decenas

_____ unidades

Total _____

2.

_____ decenas

_____ unidades

Total _____

3.

_____ decenas

_____ unidades

Total _____

Cuenta los objetos. Muestra cómo los contaste y escribe cuántos hay en total.

4.

_____

5.

_____

6. Razonamiento de orden superior
Explica por qué el contar de 10 en 10 puede ser más rápido que contar de 1 en 1.

_____

_____

7. © Evaluación ¿Cuántas decenas y unidades se muestran?

Ⓐ 4 decenas y 5 unidades

Ⓑ 4 decenas y 6 unidades

Ⓒ 5 decenas y 5 unidades

Ⓓ 5 decenas y 6 unidades

Nombre _____

Resuelve

¿Cómo puedes saber el número de manzanas que hay en el suelo sin contarlas de 1 en 1? Explica el método corto que usaste.

Puedo...
encontrar formas más rápidas de resolver problemas.

© **Prácticas matemáticas** PM.8. También, PM.1, PM.2, PM.7. **Estándar de contenido** 1.NBD.A.1

Conté de _____. _____ manzanas

Hábitos de razonamiento

¿Hay algún método más corto que tenga sentido usar?

¿Qué cosas de este problema me pueden ayudar a resolver otro problema?

A Matías se le cayeron algunas piezas del rompecabezas al piso. Hay 61 piezas todavía en la caja. ¿Cómo puede saber Matías el número total de piezas del rompecabezas?

¿Cómo puedes usar lo que ya sabes para resolver el problema?

Puedo buscar métodos cortos y cosas que se repitan.

Encierra en un círculo un grupo de 10 y cuéntalo. Repite el proceso hasta que ya no haya grupos de 10. Luego, cuenta hacia adelante de 1 en 1.

61, 71, 81, 82, 83, 84, 85. Hay 85 piezas del rompecabezas en total.

¿Lo entiendes?

¡Demuéstralo! ¿Por qué contar de 10 en 10 y luego de 1 en 1 es mejor que contar 1 a la vez?

☆Práctica guiada☆

¿Cuántos hay en total? Usa un método corto para contar hacia adelante y di qué método usaste.

1.

30 zapatos

_58_ zapatos

Conté hacia adelante de
_10 en 10 y de 1 en 1_.

2.

60 pastelitos

_____ pastelitos

Conté hacia adelante de

_____.

☆ **Práctica independiente** ☆ ¿Cuántos hay en total? Usa un método corto para contar hacia adelante y di qué método usaste.

3.

_____ relojes

Conté hacia adelante de _____.

4.

_____ vagones de tren

Conté hacia adelante de _____.

5.

_____ libros

Conté hacia adelante de _____.

6.

_____ escritorios

Conté hacia adelante de _____.

Prácticas matemáticas y resolución de problemas

Evaluación del rendimiento

Estudiantes y muñecos de nieve

62 estudiantes se quedaron adentro en el recreo. Los que salieron hicieron un muñeco de nieve cada uno. ¿Cómo puedes contar para saber el número total de estudiantes?

62 estudiantes

7. **PM.1 Entender** ¿Qué sabes sobre los estudiantes? ¿Qué necesitas hallar?

_____

_____

_____

_____

8. **PM.2 Razonar** ¿Qué me dice el número de muñecos de nieve?

_____

_____

9. **PM.8 Generalizar** ¿Cuántos estudiantes hay en total? ¿Qué método corto puedes usar para hallar la respuesta?

_____

_____

_____

_____

_____

_____

_____

Nombre _____

¡Revisemos! Es más fácil contar hacia adelante cuando agrupas los objetos.

Ana Luz tiene algunos carritos en la caja y otros en el piso. ¿Cómo puede contar para saber cuántos hay en total?

> Yo contaría hacia adelante desde 100.

100 carritos

101, 102, 103, 104

> Como son poquitos carros, yo contaría de 1 en 1. Ana Luz tiene 104 carritos.

ACTIVIDAD PARA EL HOGAR
Hable con su niño(a) sobre cómo contar de 10 en 10 y luego de 1 en 1. ¿Por qué es más fácil? Practiquen agrupando y contando objetos, empezando de cero, y luego, empezando desde otro número entre 1 y 100.

> Agrupa y cuenta hacia adelante por ese número para ayudarte a hallar cuántos hay en total.

1.

82 dinosaurios

_____ dinosaurios

Conté hacia adelante de _____.

2.

50 osos de peluche

_____ osos de peluche

Conté hacia adelante de _____.

Los pollitos

Alfonso contó 75 pollitos adentro del gallinero. También vio más pollitos afuera del gallinero. ¿Cómo puede Alfonso contar para saber cuántos pollitos hay en total?

75 pollitos

3. **PM.1 Entender** ¿Qué sabes sobre los pollitos? ¿Qué necesitas hallar?

_____

_____

_____

4. **PM.2 Razonar** ¿Cómo te ayudan los dibujos de los pollitos?

_____

_____

_____

5. **PM.8 Generalizar** ¿Cuántos pollitos hay en total? ¿Qué método corto puedes usar para hallar la respuesta?

_____

_____

_____

_____

_____

_____

Nombre _____

Colorea las casillas que tengan estas sumas y diferencias. Deja el resto en blanco.

| 8 | 5 | 6 |

TEMA 7

Actividad de práctica de fluidez

Puedo...
sumar y restar hasta 10.

© **Estándar de contenido**
I.OA.C.6

4 + 2	5 − 3	0 + 6	6 + 2	8 + 1	7 + 1	8 − 3	7 − 6	1 + 4
9 − 3	10 − 3	8 − 2	10 − 2	2 − 2	2 + 6	2 + 3	2 + 2	6 − 1
10 − 4	6 + 0	3 + 3	1 + 7	10 − 7	3 + 5	1 + 2	5 − 0	9 − 0
5 + 1	1 + 1	2 + 4	5 + 3	9 − 5	9 − 1	4 − 1	0 + 5	9 − 7
7 − 1	1 − 1	6 − 0	8 − 0	4 + 4	0 + 8	10 − 3	3 + 2	5 − 2

La palabra es

_____ _____ _____

A-Z Glosario

Lista de palabras
- columna
- decenas
- fila
- tabla de 100
- tabla numérica
- unidades

Comprender el vocabulario

1. Encierra en un círculo el número que muestra el dígito de las unidades.

106

2. Encierra en un círculo el número que muestra el dígito de las decenas.

106

3. Encierra en un círculo una columna de esta parte de la tabla de 100.

87	88	89	90
97	98	99	100

4. Encierra en un círculo una fila de esta parte de una tabla numérica.

107	108	109	110
117	118	119	120

5. Encierra en un círculo el número que es 101 más 1.

97	98	99	100
101	102	103	104

Usar el vocabulario al escribir

6. Completa la tabla numérica para contar hacia adelante de 96 a 105. Luego, explica la diferencia entre una tabla numérica y una tabla de 100 y rotula la tabla usando palabras de la Lista de palabras.

91	92	93	94	95					
					106	107	108	109	110

_____

_____

_____

Nombre _____

Grupo A

Puedes contar de 10 en 10 cuando tienes muchos objetos que contar.

Hay ___6___ decenas.

6 decenas = ___60___

El nombre de 60 es ___sesenta___.

Cuenta de 10 en 10. Escribe el número que contaste de 3 maneras diferentes.

1.

_____ decenas

número: _____

nombre o número en palabras: _____

Grupo B

Puedes usar una tabla numérica para contar hacia adelante de 1 en 1 o de 10 en 10.

81	82	83	84	85	86	87	88	89	90
91	92	93	94	95	96	97	98	99	100
101	102	103	104	105	106	107	108	109	110
111	112	113	114	115	116	117	118	119	120

Contar hacia adelante de 1 en 1.

99, 100, ___101___, ___102___, ___103___

Usa una tabla numérica para contar hacia adelante.

2. Cuenta de 10 en 10.

80, _____, _____, _____, _____

3. Cuenta de 1 en 1.

114, _____, _____, _____, _____

Puedes usar una recta numérica vacía para contar hacia adelante de 1 en 1 o de 10 en 10.

29 30 31 32 33 34

35 45 55 65 75 85

Cuenta hacia adelante usando la recta numérica vacía.

4. Empieza en 62. Cuenta hacia adelante de 10 en 10 hasta 102.

5. Empieza en 97. Cuenta hacia adelante de 1 en 1 hasta 101.

Hábitos de razonamiento

Razonamiento repetido

¿Hay algo que se repite en el problema? ¿Cómo me puede ayudar eso?

¿Hay algún método más corto que tenga sentido?

Cuenta hacia adelante por grupos para hallar cuántos hay en total.

80

6. Samuel sacó algunas piezas del rompecabezas. Quedan 80 piezas en la caja. ¿Cuántas piezas del rompecabezas hay en total?

_____ piezas

1. Cuenta de 10 en 10. ¿Cuántas fichas son?

Escribe el número de 3 maneras diferentes.

© **Evaluación**

_____ decenas

número: _____

número en palabras: _____

Usa la siguiente parte de la tabla numérica para resolver cada problema.

91	92	93	94	95	96	97	98	99	100
101	102	103	104	105	106	107	108	109	110
111	112	113	114	115	116	117	118	119	120

2. Cora cuenta de 1 en 1 98 monedas de 1¢.

¿Qué número dirá Cora después?

89	90	99	108
Ⓐ	Ⓑ	Ⓒ	Ⓓ

3. Sam cuenta de 10 en 10. ¿Qué número olvidó contar Sam?

80, 90, 100, 120

89	105	110	115
Ⓐ	Ⓑ	Ⓒ	Ⓓ

4. Empieza en 58. Cuenta hacia adelante de 10 en 10 hasta 98.

⟵——————————————⟶

5. Empieza en 114. Cuenta hacia adelante de 1 en 1 hasta 118.

⟵——————————————⟶

6. Alex ve los pollitos en la granja. 50 pollitos están dentro del gallinero. Otros están afuera. ¿Cuántos pollitos hay en total? Usa el dibujo para resolver el problema.

Ⓐ 68

Ⓑ 72

Ⓒ 78

Ⓓ 80

7. El granjero dice que había 82 pollitos esta mañana. ¿Cuántos pollitos están escondidos? Usa el dibujo para resolverlo. Luego explica cómo lo sabes.

_____

_____

Nombre _____

Las canicas de Melisa

Melisa colecciona canicas y las guarda en frascos.

1. ¿Cuántas canicas azules tiene Melisa?
Encierra en un círculo cada grupo de 10. Luego, cuenta de 10 en 10.
Escribe los números y el número en palabras en el último espacio en blanco.

_____ grupos de 10 canicas   _____ canicas

_____ canicas

2. Melisa tiene algunas canicas rayadas. Usa estas pistas para saber cuántas tiene.

Pista 1: El número está después de 110.

Pista 2: El número está antes de 120.

Pista 3: El número **NO** tiene 4 unidades.

Pista 4: El número del lugar de la unidades es igual al número en el lugar de las decenas.

Melisa tiene _____ canicas rayadas.

3. Melisa tiene 105 canicas pequeñas en un frasco. Pone 13 canicas pequeñas más en el frasco. ¿Cuántas canicas pequeñas tiene en el frasco ahora?

Usa la recta numérica o la tabla numérica para resolver el problema. Luego explica cómo lo resolviste.

81	82	83	84	85	86	87	88	89	90
91	92	93	94	95	96	97	98	99	100
101	102	103	104	105	106	107	108	109	110
111	112	113	114	115	116	117	118	119	120

Hay _____ canicas pequeñas en el frasco.

4. Melisa tiene 48 canicas grandes en un frasco. Hay más canicas gandes en el piso. ¿Cómo puedes contar para hallar cuántas canicas grandes tiene Melisa en total?

48 canicas

¿Qué sabes sobre las canicas grandes?

¿Qué método corto usaste para contar las canicas? Di cómo las contaste.

Melisa tiene _____ canicas grandes en total.

Glosario

1 más

5 es 1 más que 4.

1 menos

4 es 1 menos que 5.

10 más

10 más que un número es 1 decena más o 10 unidades más.

10 menos

20 es 10 menos que 30.

adentro/dentro

Los perros están dentro de la casa. Están adentro.

afuera/fuera

5 perros están jugando fuera de su casa. 5 perros están jugando afuera.

agrupar

poner objetos en grupos de acuerdo a lo que tienen en común

Los botones están agrupados por tamaño.

aristas

B

balanza

La balanza se usa para medir cuánto pesan las cosas.

C

caras

casi doble

operación de suma que tiene un sumando que es 1 o 2 más que el otro sumando

$$4 + 5 = 9$$

$4 + 4 = 8$. 8 y 1 más son 9.

cilindro

columna

1	2	3	4	5
11	12	13	14	15
21	22	23	24	25
31	32	33	34	35

↑
columna

comparar

averiguar por qué las cosas son iguales o diferentes

cono

contar hacia adelante

Puedes contar hacia adelante de 1 en 1 o de 10 en 10.

15, 16 , 17 , 18
20, 30 , 40 , 50

cuadrado

cuartas partes

El cuadrado está dividido en cuartas partes.

cuartos

El cuadrado está dividido en cuartos, otra palabra para nombrar cuartas partes.

cubo

 D

datos

información que se reúne

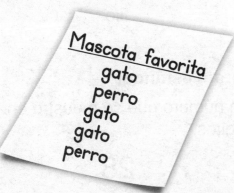

diferencia

la cantidad que queda después de restar

$$4 - 1 = 3$$

La diferencia es 3.

dígito de las decenas

El dígito de las decenas muestra cuántos grupos de 10 hay en un número.

 35 tiene 3 decenas.

35

dígito de las unidades

El dígito de las unidades en 43 es 3.

dígito de las unidades

dígitos

Los números tienen 1 o más dígitos.

43 tiene 2 dígitos.
El dígito de las decenas es 4.
El dígito de las unidades es 3.

 43

E

ecuación

$$6 + 4 = 10 \qquad 6 - 2 = 4$$
$$10 = 6 + 4 \qquad 4 = 6 - 2$$

ecuación de resta

$$12 - 4 = 8$$

ecuación de suma

$$3 + 4 = 7$$

encuesta

instrumento para reunir información

¿Qué te gusta más, los gatos o los perros?

Gatos   III
Perros   II

en punto

8:00
8 en punto

en total

Hay 4 pájaros en total.

esfera

esquina

F

familia de operaciones

un grupo de operaciones relacionadas de suma y resta

$3 + 5 = 8$
$5 + 3 = 8$
$8 - 3 = 5$
$8 - 5 = 3$

figuras bidimensionales

círculo   rectángulo   cuadrado   triángulo

figuras tridimensionales

Todas estas son figuras tridimensionales.

fila

1	2	3	4	5
11	12	13	14	15
21	22	23	24	25
31	32	33	34	35

fila

forma estándar

un número que se muestra en dígitos

28

formar 10

7 + 4 = ?

$$\begin{array}{r} 10 \\ + 1 \\ \hline 11 \end{array} \quad \text{por tanto} \quad \begin{array}{r} 7 \\ + 4 \\ \hline 11 \end{array}$$

H

hexágono

hora

Una hora son 60 minutos.

2:00

I

igual a

5 + 2 es igual a 7.

L

lado

Estas figuras tienen lados rectos.

longitud

la distancia que hay de un extremo a otro de un objeto

M

manecilla de la hora

La manecilla pequeña en el reloj es la manecilla de la hora.
La manecilla de la hora indica la hora.

manecilla de la hora

Son las 3:00.

marcas de conteo

marcas que se usan para anotar datos

Gatos	~~IIII~~
Perros	II

Hay 5 gatos y 2 perros.

más

La fila roja tiene más cubos.

más

$$5 + 4$$

5 más 4

Esto significa que se añade 4 a 5.

más corto(a)

Un objeto que mide 2 cubos de largo es más corto que uno que mide 7 cubos de largo.

más corto

más corto(a), el/la

El objeto más corto es aquel que necesita el menor número de unidades de medición para medirse.

el más corto

más largo(a)

Un objeto que mide 7 cubos de largo es más largo que un objeto que mide 2 cubos de largo.

más largo

más largo(a), el/la

El objeto que necesita más unidades para medirse es el más largo.

el más largo

mayor, el/la

el número o grupo con el valor más grande

| 7 | 11 | 23 |

23 es el número mayor.

mayor que (>)

42 es mayor que 24.

media hora

Media hora son 30 minutos.

1:30

---

medir

Puedes medir la longitud del zapato.

---

menor, el/la

el número o grupo con el valor más pequeño

7 | 11 | 23

7 es el número menor.

menor que (<)

24 es menor que 42.

---

menos

La fila amarilla tiene menos cubos.

---

menos

$$5 - 3$$

5 menos 3

Esto significa que se quitan 3 a 5.

minutero

La manecilla larga del reloj es el minutero.

El minutero indica los minutos.

minutero

Son las 3:00.

---

minutos

60 minutos son 1 hora.

---

mitades

El círculo está dividido en mitades.

O

operación de suma

$$9 + 8 = 17$$

---

operaciones relacionadas

operaciones de suma y de resta que tienen los mismos números

$$2 + 3 = 5$$
$$5 - 2 = 3$$

Estas son operaciones relacionadas.

---

ordenar

60   61   62   63

menor   mayor

Para contar, los números se pueden poner en orden de menor a mayor o de mayor a menor.

P

parte

un pedazo del todo

2 y 3 son partes de 5.

---

parte que falta

la parte que no conocemos

2 es la parte que no conocemos.

---

partes iguales

4 partes iguales

patrón

Puedes organizar 5 objetos en cualquier patrón, y seguirán siendo 5 objetos.

---

pictografía

gráfica que usa dibujos para mostrar los datos

Mascota favorita

---

prisma rectangular

Q

quitar

Empiezo con	Quito	Quedan
6	3	3

$$6 - 3 = 3$$

Quitar es sacar una cantidad o restar.

R

recta numérica

Una recta numérica es una recta que muestra los números en orden de izquierda a derecha.

recta numérica vacía

Una recta numérica vacía es una recta numérica sin marcas.

rectángulo

restar

Cuando restas, hallas cuántos quedan.

$$5 - 3 = 2$$

S

signo igual (=)

$$2 + 3 = 5$$

signo igual

signo más (+)

$$6 + 2 = 8$$

signo menos (−)

$$7 - 4 = 3$$

suma de dobles

operación de suma con los mismos sumandos

$$4 + 4 = 8$$

4 y 4 es un doble.

suma de dobles más 1

Uno de los sumandos es 1 más que el otro.

$$3 + 4 = 7$$

sumandos

suma de dobles más 2

Uno de los sumandos es 2 más que el otro.

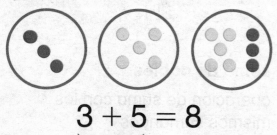

$$3 + \underbrace{5}_{} = 8$$
sumandos

suma o total

$$2 + 3 = 5$$

suma o total

sumandos

Son los números que sumas para hallar el total.

$$2 + 3 = 5$$

sumar

Cuando sumas, hallas cuántos hay en total.

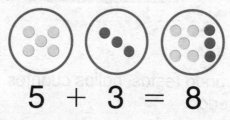

$$5 + 3 = 8$$

superficie plana

T

tabla de 100

La tabla de 100 muestra todos los números del 1 al 100.

1	2	3	4	5	6	7	8	9	10
11	12	13	14	15	16	17	18	19	20
21	22	23	24	25	26	27	28	29	30
31	32	33	34	35	36	37	38	39	40
41	42	43	44	45	46	47	48	49	50
51	52	53	54	55	56	57	58	59	60
61	62	63	64	65	66	67	68	69	70
71	72	73	74	75	76	77	78	79	80
81	82	83	84	85	86	87	88	89	90
91	92	93	94	95	96	97	98	99	100

tabla de conteo

Una tabla de conteo tiene marcas para mostrar los datos.

Caminar	Ir en autobús

tabla numérica

Una tabla numérica puede mostrar números mayores que 100.

81	82	83	84	85	86	87	88	89	90
91	92	93	94	95	96	97	98	99	100
101	102	103	104	105	106	107	108	109	110
111	112	113	114	115	116	117	118	119	120

todo

Se suman las partes para hallar el todo.

5

El todo es 5.

trapecio

triángulo

unidades

Los dígitos de las unidades muestran el número de unidades que hay en un número.

  42 tiene 2 unidades.

42

unir

juntar

3 y 3 son 6 en total.

vértice

punto donde 3 o más aristas se encuentran

vértice

Fotografías

Every effort has been made to secure permission and provide appropriate credit for photographic material. The publisher deeply regrets any omission and pledges to correct errors called to its attention in subsequent editions.

Unless otherwise acknowledged, all photographs are the property of Savvas Learning Company LLC.

Photo locators denoted as follows: Top (T), Center (C), Bottom (B), Left (L), Right (R), Background (Bkgd)